與其問：「我要怎樣才能不再這麼焦慮？」
我們應該要問：「我的焦慮正在告訴我什麼？」

Understanding and Overcoming the Body's Fear Response

THE ANATOMY OF ANXIETY

焦慮新解

區分「假焦慮」、「真焦慮」，瞭解並克服身體的恐懼反應

艾倫・沃拉
Ellen Vora, M.D.—著

聲明

本書包含醫療保健相關建議及資訊，應用於輔助而非取代醫生、或其他經訓練之健康專業人士的建議。若您知道或懷疑自己有健康方面的問題，建議您於展開任何醫療計畫或治療之前，先尋求醫生的意見。截至出版日為止，我們已盡一切努力確保本書所含資訊之正確性。對於運用本書建議之方法可能導致的任何醫療結果，本出版社及作者概不承擔任何責任。所有身分資訊，包括姓名及其他細節，都已變更以保護個人隱私。任何與真實個體或家庭的相似之處，純屬巧合。

獻給我媽媽

目錄

引言……006

Part I 不只是胡思亂想而已

01 焦慮的年代……016
02 可避免的焦慮……026
03 有目的的焦慮……044

Part II 假焦慮

04 現代生活的焦慮……060
05 疲憊又焦躁……065
06 科技焦慮……094
07 思想的食糧……108
08 失火的身體……152

09 女性的荷爾蒙健康與焦慮 …… 191
10 沉默的流行病 …… 219
11 釋放壓力並學習放鬆 …… 235

Part III 真焦慮

12 協調 …… 264
13 這正是你停止歌唱的原因 …… 311
14 連結使人平靜 …… 334
15 堅持、放手 …… 359
附錄：針對焦慮的藥草與營養補充品 …… 372
參考註釋 …… 378

引言

在如何看待及處理心理健康方面，我們正處於重大轉變的浪尖上。在過去的幾十年裡，功能性與整合醫學、營養精神醫學，甚至是迷幻療法等新興領域，都為更好的精神健康照亮了新的道路。這些學科已證明，那些我們曾認為純粹屬於精神病學性質的問題，可以更妥善地被理解為更細微而必然的身心相互作用的結果。

例如，身為全人精神科醫師（Holistic Psychiatrist），在工作時，我會審視病患的生活全貌，從他們吃些什麼、睡得如何、人際關係的品質怎樣，再到他們從何處找到生活的意義、目的和避風港等。在這麼做的過程中，我發現有越來越多困擾著我們的焦慮，其實是由長期睡眠不足、營養不良，甚至是持續瀏覽社群網站上的負面資訊直至深夜……等現代生活固有的習慣所引起。這些問題看似溫和得難以對心靈造成顯著影響，但實際上，它們能在體內製造出壓力反應，促進如皮質醇和腎上腺素等荷爾蒙的分泌。這等於是向大腦發出緊急狀態的訊號，而那會令我們感到焦慮。因此，換言之，身體健康就是心理健康。而焦慮，亦即那種迅速升級為災難與毀滅感的過度警戒感受，是源自於身體，程度一如其源自於心靈。

在我的角度看來，這樣的典範移轉，和幾十年前選擇性血清素再回收抑制劑（Selective Serotonin Receptor Inhibitors，ＳＳＲＩ，一種抗憂鬱藥物類型，包括百憂解〔Prozac〕和立普能錠〔Lexapro〕等）的問世一樣具革命性。當這些藥物成為治療憂鬱和焦慮的主流方法時，便替精神疾病提出了一個明確的醫療模型，而大眾的心理健康意識也因此提升。經歷了數個世紀的汙名與恥辱後，這就像是極大的解脫，因為它提供了一個觀念，亦即基本上，我們的心理健康困境並非基於個人的失敗，而是一種大腦化學作用的表現。現在，有鑑於我們對奧妙的身心連結理解日益加深，除了藥物外，我們有更多途徑可探索，以解決心理健康問題。在理解身體和大腦一樣能傳達情緒的過程中，我們也開始意識到，焦慮比過去所知的更容易預防。也就是說，透過對飲食與生活方式進行相對直接的調整，我們就能避免不必要的壓力反應，並將焦慮半路攔下。

當然，於生理之外，還有一種更深刻的焦慮存在，而這種不確定且不安的感受，並不是那麼容易就能解決的。不過我發現，一旦我和病患一起著手消除第一層的生理焦慮，挖掘那種更深刻痛苦的道路便會豁然開朗。當病患能夠分辨此種深層焦慮的訊息時，往往會發現是其內在智慧發出了耀眼光芒，指示他們的生活中有些東西不對勁，不論是在人際關係、工作方面，又或是就整個大環境而言。這有時說明了我們與群體或自我天性的疏遠，有時則表明了我們未能自我接納，或對周遭發生的嚴重不公不義缺乏敏銳的意識。探索此種焦慮讓我們能夠挖掘自己的私密真相。而且通常，這些被揭露的真相會激發行動並提供機會，讓我們把極度不安的感受轉變為有目的的東西。

就此意義而言，不論這焦慮是由習慣所造成的結果，又或是來自心靈的一封信，它都不是最終的診斷，而是我們調查的開始。也就是說，焦慮代表的不是你有問題，而是你的身體和心理強烈地在提醒你，要注意某些其他事情出錯了。焦慮是一種證據，證明在你的身體、心理、生活或環境中有某些東西失去了平衡，而只要帶著好奇心與實驗精神，你就能努力讓這些元素回歸平衡。不論是由日常習慣所造成的結果，還是深切的不安感受，又或是兩者皆有，你都必須先確認根本原因，才能夠往前邁進。

我很老實地接納這些真相。在哥倫比亞大學醫學院和在西奈山醫院擔任精神科住院醫師的那些年，對我來說並非幸福美好的太平日子，主要是因為我自己的身心健康問題把艱辛的訓練變得很複雜。當時我苦於情緒及消化、荷爾蒙，還有發炎問題，而我現在知道，這些都是傳統醫學無法從根本上解決的問題。

我花了好幾年的時間，才重新恢復身體和生活中的平衡。最終，在我擔任精神科住院醫師的最後一年，除了醫院的輪班工作外，我開始研究起其他的健康替代方案，不顧一切地想為我的工作帶來更多意義，並找出治療自己的方法。沒在病房徹夜工作時，我去學了針灸，然後在紐約布朗克斯的一家成癮治療診所輪班，替病人針灸。我利用選修課的時間完成了亞利桑那大學安德魯·威爾中心的整合醫學訓練，然後回到紐約接受了一位整合精神科醫師的指導。我也曾向一位催眠治療師學習，亦曾在峇里島接受密集的瑜伽老師訓練課程，並於當地認識了阿育吠陀（印度教及佛教的傳統醫學）。然後，我又繼續學習功能性醫學，並探索迷幻醫學及其對精神病學的可能影響。

若那時我沒有努力替自己開創這條獨特的道路，就不會學到這些其他的治療方式。在我九年的醫學院、研究團體和住院醫師時光中，從未曾有過一堂課專門討論這些來自其他文化及傳統的治療法。而當我沉浸於我的另類訓練時，感覺就像在以批判性的方式擴展自己的醫學觀點。實際在自己的生活中採納這些做法後，不僅讓我看見了一條幫助病患成長茁壯的道路，也讓我感覺到自己的身體變得更健康，這是自我成年以來從未有過的感受。我所體驗到的好處，似乎遠勝於透過一系列一般醫療干預措施所獲得的任何改善效果。這些知識進一步融入了我於治療時提供的多面向、整體性的心理健康方法，並體現於本書中的每一頁。

過去十年來，我見過各種狀況及焦慮程度不同的病患，他們多數都能透過先檢視自身日常習慣，再依需要深入研究其情感生活的方式，成功解決他們的心理健康問題。有些病患只與我短暫接觸，例如，有一位二十五歲的女性因有焦慮病史、消化問題及不明原因的皮膚疹，而來尋求我的幫助。我們一起過濾了她的飲食內容，找出並去除會導致發炎的食物，結果一個月內，她的消化能力便恢復正常，皮膚疹消失，焦慮也減輕了。有些病患則與我相處長達數年時間，其中有一位女性，讓我姑且稱她為賈奈兒，她在三十多歲時因躁症發作（Manic Episode）被迫住院之後來找我，當時她被診斷為躁鬱症，且服用了大量藥物。在過程中，賈奈兒和我一起發現了她其實患有橋本氏甲狀腺炎（Hashimoto's Thyroiditis），這是一種免疫系統會去攻擊甲狀腺的疾病，可能表現為憂鬱和活躍性焦慮交替的狀態，而這種狀態看起來就像躁鬱症。我們努力改善她的飲食與生活方式，以治療其甲狀腺，同時慢慢降低她情緒穩定劑的用量。結果，賈奈兒的焦慮明顯減少，躁症再也沒發作。我也曾治療過一位起初是為了探索童年創傷而來求診的年輕男性，不過，最後我們卻發現了要如何挖掘他細膩敏感的天賦，此後他就改變了自己的職業，以幫助他人克服創傷為目標。藉由學習區分始於身體的焦慮和具指標性質的焦慮，我的病患便能夠往前邁進至更寬廣的人生。

本書將提供實際可行的步驟，來幫助各位減輕焦慮。有鑑於心理健康照護的可及性和可負擔性依然存有門檻，因此，我盡一切努力提供觸手可及的工具。雖說對於嚴重的心理健康問題，一般仍建議尋求心理健康專業人士的支援，不過，我在本書中提出的許多調整方法都不昂貴，且可以靠你自己完成（也可選擇在心理健康專業人士的支援下完成）。儘管你能做的很多，並不代表你就「必須」做很多。我已列出我於診療時發現最有效、最具影響力的干預措施，而你應該要選擇你覺得最適合自己的策略。哪種做法感覺最平易近人，且最適合你的需求呢？若有某個章節段落令你難以忍受，就先跳過它，或許之後再回頭閱讀。從目前看來即使不輕鬆、也至少覺得可行的部分開始。每做一項改變，你的焦慮便會逐漸改善，進而讓下一步的調整變得更容易。換言之，我請各位以享用吃到飽餐廳的方式來使用本書，也就是拿你想拿的，吃你想吃的，不用擔心會出錯。

最重要的是，我鼓勵各位將焦慮視為一種邀請，它邀請你探索在你的身體和生活中，可能的細微失衡之處。我希望本書能讓你變得更靈敏，能夠察覺到你的焦慮一直試圖告訴你的訊息。這並不容易，畢竟人體和生活都很複雜，而改變可能也很困難。但比起以往，我們現在有更多機會能夠改善心理健康問題，而我樂觀地相信，其中必定有一條路能夠讓你好起來。

Part I

不只是
胡思亂想而已

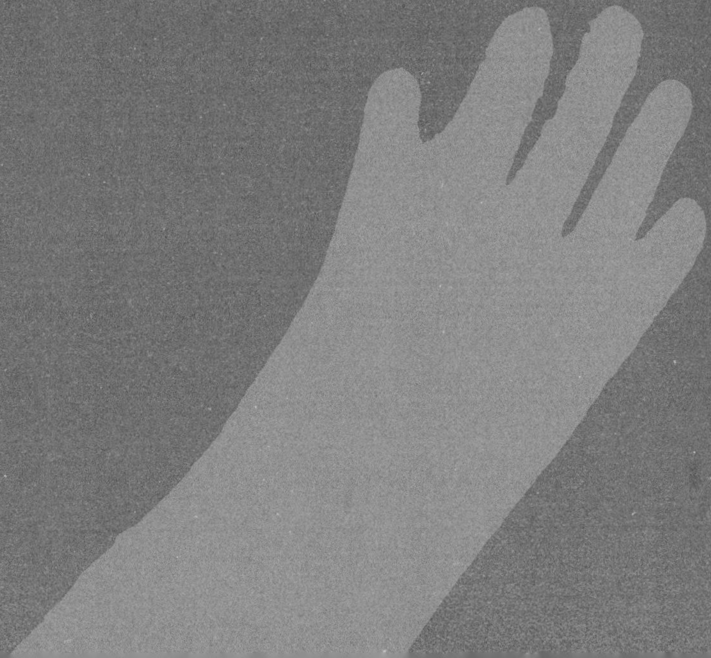

01 焦慮的年代

當問題一直無法解決時，就該懷疑是問問題的方式錯了。
——英國哲學家艾倫・瓦茨（Alan Watts），《The Book: On the Taboo against Knowing Who You Are》（暫譯：《這本書：關於反對知道自己是誰的禁忌》）

在心理健康方面，我們正處於史無前例的全球性危機中。據估計，每九個人之中就有一人——亦即約有八億人——苦於心理健康問題，而其中最常見的正是焦慮。確實，全世界有近三億人努力與焦慮症對抗[1]。而美國是最焦慮的國家之一，有高達33.7%的美國人在其一生中曾受到焦慮症的影響[2]。事實上，從二〇〇八到二〇一八年，焦慮症在美國的發生率增加了30％，其中十八至二十五歲的年齡層，更是跳升了84％，令人難以置信[3]。更別說近幾年新冠肺炎大流行，又讓本來就已經很嚴峻的情況再急劇升級。當美國非營利組織凱澤家族基金會（Kaiser Family Foundation）的研究人員比較二〇一九至二〇二一年的數據時發現，通報有焦慮與憂鬱症狀的人數，飆升到了驚人的270％[4]。

儘管這些統計數據描繪了一幅可怕的景象，它們卻也提供了一個讓人感到充滿希望的理由。如果這些疾病主要以遺傳為基礎（我們過去幾十年的主流理解），這些比率就不會如此急劇上升。畢竟我們的基因無法這麼快適應，故無法解釋我們為何會突然陷入焦慮。那麼照理說，我們之所以越來越焦慮，應該是如慢性壓力、發炎及社會孤立等生活在現代社會的各種新壓力所導致的。因此，聽來或許奇怪，但近來的這種加速上升其實是個好消息，因為這表示我們可以做出一些直接的改變（從飲食與睡眠習慣的改變，到更妥善地管理我們與手機的關係），以便對我們的集體情緒產生強大的影響。藉由擴大理解的層面，我們不僅關注發生在大腦內的焦慮，也將源自身體的那些面向納入範圍，如此就能更有效地解決目前最大規模的心理健康流行病。

「焦慮」是指什麼？

早在西元前四十五年，人們就已經認識到焦慮。當時，羅馬哲學家西塞羅（Marcus Tullius Cicero）曾於《圖斯庫蘭論辯集》（*Tusculan Disputations*）中以拉丁文提到「焦慮」，而翻成中文便是「有鑑於不安心靈與患病身體間的相似性，故將苦惱、憂慮和焦慮稱為疾病。」[5]他竟然會提到身體，這點真的相當有趣，畢竟焦慮從那時起，就在歷史中走出了自己的路，主要被理解為一種心理問題。直到現在，二十世紀之後，我們才又重新回到這樣的觀念，亦即身體在決定我們的心理健康方面，扮演著極為關鍵的角色。英文的「anxiety」（焦慮）一詞，源自拉丁文的「angor」及其動詞「ango」，意思是「壓迫」。而事實上，在聖經裡，約伯（Job）就是將他的焦慮描述為「我靈魂的狹隘」。隨著時間慢慢過去，焦慮一詞的意思變得更接近「即將到來的毀滅感」，又或是如法國精神病歷史學家約瑟夫．列維瓦倫西（Joseph Lévy-Valensi）所描述的：「一種黑暗且痛苦的預感。」[6]儘管此疾病一度在一九五二年出版的《精神疾病診斷準則手冊》（*Diagnostic and Statistical Manual of Mental Disorders*，簡稱ＤＳＭ，由美國精神醫學學會出版）第一版中被介紹過後，其描述就變得越來越臨床，但基本上，這個定義在整個現代歷史中都大致維持不變。在ＤＳＭ最新的第五版中，焦慮被通俗地定義為「對未來威脅的預感」。不過，此疾病也被分解為一系列類別，像是廣泛性焦慮症（Generalized Anxiety Disorder）、社交焦慮症（或社交恐懼症，Social Anxiety）、恐慌症（Panic Disorder）、強迫症（Obsessive-Compulsive Disorder，簡稱ＯＣＤ），以及創傷後壓力症候群（Post-Traumatic Stress Disorder，簡稱ＰＴＳＤ）[7]等。現代的傳統精神病學便使用這種多樣性的分類來指引治療。

然而，我個人在治療時，並不使用這種具體名稱來稱呼病患的焦慮。雖然有些人認為「焦慮」一詞已被淡化，或變得過於籠統（泛指幾乎所有的不安不適感），但我覺得不能太廣泛地使用這個詞彙。若你會問「我有臨床焦慮症嗎？」這樣的問題，那麼，我相信你一定相當痛苦。我希望你相信自己對不安的主觀體驗，而不要擔心自己是否符合診斷標準。多年來，我看過我的病人以各式各樣的方式表達焦慮，這讓我接受了人們對焦慮的體驗可以是大量且不斷變化的一系列症狀。曾有病人告訴我，整體而言，他們的生活感覺還不錯，他們健康快樂，擁有充滿活力又具支持性的人際關係。然而，一旦遇上工作壓力，他們就癱瘓了。對他們來說，焦慮（不論是否斷定為「冒名頂替症候群」，又或者只是無法阻止腦袋一次朝太多方向旋轉）是做為一種投入及集中注意力時的障礙。我也治療過其他只對社交生活感到焦慮的人。其中有些人從未感到放鬆，彷彿不斷被某種恐懼或反芻思考所困擾；有些則經歷了突如其來的恐慌發作；還有一些人只有身體上的感受，像是頭暈、頭重腳輕、胸悶或肌肉緊繃等。這些感覺都有效地表達了焦慮。

但其實還有另一個重要原因，讓我在工作中不強調診斷。那就是，我發現診斷的標籤（雖說這能做為混亂情況的簡單解釋，而提供即時的慰藉）可能很快就會變成某種緊身衣，狹隘地定義人們，並深刻地形塑他們的生活敘事。病患有時會開始讓他們的故事與診斷趨向一致，讓自己變得更渺小，而非朝著他們可能擁有的、更加寬廣的生活敞開心胸。因此，我自己不太關心眼前的病人是否患有伴隨懼曠症（Agoraphobia）★的恐慌性疾患、強迫症，又或是廣泛性焦慮症。為了讓他們走上復原之路，我對於探索每個病患的生活與習慣細節更感興趣。

真焦慮與假焦慮

不過，我還是會在焦慮的範圍內做一種區分，以幫助釐清病患的身體正在向他傳達怎樣的訊息。我會做的，就是區別「真焦慮」和「假焦慮」。這不是一種診

★懼曠症患者害怕擁擠的地方，特別是在封閉的空間當中，會感到焦慮、恐慌。

斷，而是一種我發現的解釋，而這種解釋幫助我的病患鎖定了其不安的根源，並更快速地確認為了變得更安心舒適、幸福快樂所需採取的步驟。我第一次看到這個概念，是在營養療法的先驅茱莉亞・羅斯（Julia Ross）的著作《The Mood Cure》（暫譯：《情緒治療》）。她提出了我們有真情緒，也有假情緒的論點。真情緒產生於當嚴峻的挑戰發生時，例如有家人過世令你感到悲傷、失去了工作而備感壓力的時刻，又或者你正在經歷一次分手，因此十分傷心。茱莉亞・羅斯寫到：「這些我們對生活中遇到的真正困難所做出的真實回應，或許令人難以承受，卻也可能非常重要。」[8]而另一方面，就如茱莉亞・羅斯說的，假的情緒比較像是「情緒的冒牌貨」，當我們一起床就心情不好（起床氣），或者發現自己似乎毫無來由地對通常不會影響我們的事情感到煩躁、傷心、憤怒或焦慮。在這些時候，我們的大腦都很樂於立刻做出解釋。我們的腦子會說：「我會焦慮，可能是因為我老闆寫來的電子郵件用詞冷淡，似乎暗示了我在工作上表現不佳。」或者：「某個老朋友傳來的簡訊內容令我難以接受。」我們的大腦會自行創造意義。如果給我們一張有兩個點和一條線的圖片，我們的大腦就會看到一張臉；當宿醉時以冷萃咖啡取代早餐，我們就會自認在工作上遇到了麻煩、感情關係快要毀了，或者世界末日已到來。這是因為我們的腦袋喜歡用故事來解釋我們的生理感受。我們主要擔心的就是：大腦在試圖合理化身體的壓力反應。

茱莉亞．羅斯的範例也可以套用在焦慮上。假焦慮是身體在傳達生理失衡的訊息，通常是透過壓力反應來傳達，而真焦慮則是身體在傳達關於我們生活的重要訊息。在假焦慮的情況下，壓力反應會向我們的大腦傳遞訊號，告訴我們：「有些事情不對勁。」然後，大腦便會提供故事來解釋我們為何感到不安。它會告訴我們，我們是因為工作或健康，或這世界的狀態而感到焦慮。但事實上，永遠有某些事情會讓我們感到不安。我們之所以會在這一刻陷入焦慮，其實與辦公室無關，一切都與體內的生理失衡狀態有關，像是血糖驟降或腸道發炎等簡單的理由。依此邏輯，我們的焦慮，大部分都與我們以為的原因無關。

但容我鄭重澄清一下：雖然我把這些感受稱為假焦慮，但這並不表示其痛苦或折磨就不那麼真實。即使某個情緒是生理壓力反應的直接結果，它依舊可能如地獄般痛苦。「假焦慮」這個詞彙，並不是要否定這些情緒體驗的真實性。我之所以覺得必須要把這些狀態判別為假的，理由在於，這樣能讓我們看到一條清楚而直接的出路。這種類型的焦慮，不是在告訴你有關更深層自我的有意義資訊，它提供的其實是關於身體更基本的資訊。當我們認知到自己正在經歷由生理壓力反應引發的焦慮時，就能透過改變飲食、多曬太陽或增加睡眠等方式，從身體的層面來解決該問題。換句話說，假焦慮很常見，儘管會造成巨大痛苦，但大多是可避免的。

一旦能鎖定並消除這種引發痛苦的生理根源，我們就能夠更直接地處理因偏離重要的目的感及意義感，所導致的更深層焦慮（也就是真正的焦慮）。基本上，這種真焦慮就是身為人類的意義，亦即理解人活在世上的脆弱本質，理解我們可能會失去所愛的人，而終有一天我們自己也會死去。或者就如十九世紀丹麥存在主義哲學家齊克果（Søren Kierkegaard）所描述的——焦慮是「對自由的暈眩」。其實在某些方面，這樣的焦慮也保護了我們的安全。畢竟，都是因為祖先夠警覺而倖存，我們才能夠出現在這裡。這種焦慮能促使我們保護自己，並讓生活持續運作。但它往往也會帶來一種訊息（來自內心深處的直覺與智慧），這訊息是關於我們需要做些什麼，以使生活更符合自己的特定能力和目標。在本質上，這就是一種指引，一個引導我們讓人生盡可能充實的指南。

02 可避免的焦慮

暗示「灰心喪志有時只是因為低血糖和疲憊」，並不是對存在之複雜性的不敬。

——英國知名作家艾倫．狄波頓（Alain de Botton）

當我們焦慮時，感覺一切都偷偷聯合起來要壓垮我們：人際關係令我們不知所措、工作壓榨且傷害我們，整個世界彷彿正朝著某種災難加速前進。但許多我們稱之為焦慮的糟糕感覺和可怕想法，都只是大腦對包含壓力反應的單純生理過程解釋罷了。在傳統的精神病學中，醫生們被訓練成只透過心理部分的處理來治療心理健康問題，他們以藥物改變大腦的化學作用，並運用一些針對思想和行為的治療法。於是，大部分的精神科醫師都默默地學會了不要越界，不要干涉生理的部分。然而我相信，在有這麼多方法能透過身體來治療心靈的情況下，這種方式已阻礙了該領域，限制了精神科醫師的治療選擇。

隨著整合醫學與功能性醫學的興起（還有近來急速增長的整體精神病學領域），我們已開始重新理解心理健康問題。實際上，已有越來越多證據顯示（更別說是病患的要求），醫師們開始對心理健康問題採取更全面、整體的治療方法。例如，二〇一七年有一項研究名為SMILES（Supporting the Modification of lifestyle in Lowered Emotional States，支援於情緒低落時改變生活方式）試驗，由費莉斯．傑卡（Felice Jacka）領導，她是澳洲迪肯大學營養與流行精神病學副教授。此研究比較了改善營養，與社會支援對中度至重度憂鬱症患者的影響，這些人的飲食都以加工食品為主。最終研究人員發現，在接受飲食支援的人中，有32%的人症狀減輕了；而接受社會支援的一方，僅有8%的人症狀減輕[1]。同樣地，在許多不同的研究中都已證實，香料「薑黃」（在印度次大陸的古代醫術阿育吠陀醫學中，使用了好幾個世紀）能夠消炎，從而調節與憂鬱和焦慮之病理生理機制有關的神經傳導介質濃度[2]（當免疫系統被動員以應對如受傷或感染等威脅時，就會產生發炎現象，它可直接發出訊號表示身體需要反擊，於是我們便感到焦慮）。因此，當大腦的化學作用和思維模式確實在焦慮中起作用，我會說這些通常都是「下游效應」，意思就是多數時候，大腦的化學變化是由於身體失衡所導致的結果。換言之，假焦慮的根本原因始於身體，也應於身體進行治療。

假焦慮的科學

在傳統精神病學中，一般認為，焦慮主要是大腦裡的遺傳化學失衡所造成的結果。但除了對神經傳導介質血清素的一致關注外，對於引發焦慮的機制方面，大家尚未達成共識。然而，還有另一種神經傳導介質，GABA（伽馬氨基丁酸），做為中樞神經系統的主要抑制性化學訊息傳導物，在鎮靜我們的神經方面也扮演了關鍵的角色。在我看來，就對抗焦慮的重要自然資源而言，GABA根本沒獲得應有的關注，至少在我們的公共論述中是如此。

這種神經傳導介質的作用，是製造一種平靜輕鬆的感覺，因此能夠抑制焦慮的漩渦。因此，當我們開始幻想所有可能發生在自己生活中的最糟情況時，GABA就能夠低聲告訴我們：「別擔心，這不太可能發生，一切都會沒事的。」於是，傳統精神病學往往就會推斷出，有焦慮感的人其血清素不足或GABA訊號傳導較差，說到底，就是沒能獲得這些神經傳導介質必須提供的足夠保證。但我相信，假焦慮和遺傳命運較無關，而是和我們現代生活方式所呈現的狀況（從服用抗生素的療程，到我們許多人所承受的長期且持續的壓力）更密切相關。不只是這些對身體的攻擊會削弱GABA的分泌（這部分稍後我會再進一步說明），還有其他途徑也能讓身體向大腦傳達情況不妙的訊息。引發焦慮的兩個主要生理過程，是壓力反應（神經系統對所感知到的威脅做出的反應），以及與腸道有關的系統性發炎狀況。

壓力反應

一般而言，我們都將壓力反應視為對如壞消息或生理威脅等外部事件的自動反應，但其實，它也可能由身體內部的各種不平衡狀態引發，像是睡眠不足❸，或者甚至只是一杯很濃的咖啡（會促使身體分泌皮質醇，而皮質醇正是身體的主要壓力荷爾蒙之一❹）。要不是有這樣的好消息，這個真相似乎就顯得虎頭蛇尾了，畢竟這些引發壓力和焦慮的生理原因，是可預防的。經過數百萬年的演化，壓力反應已根植於我們的身體，它能幫助我們在面臨危及生命的狀況時保持安全，例如當具威脅性的掠食者出現時，而這曾是過去日常生活的一大特色。這樣的反應始於一種今日以「戰鬥或逃跑反應」（fight-or-flight）之名，而為人們所熟知的一連串荷爾蒙反應。我們的身體會預期是需要立即進行攻擊，還是馬上逃跑。為此，身體將血液從腸胃道和生殖器等部位導引至肌肉、心臟、肺、眼睛和大腦，以利激烈奮戰、快速奔跑、看得更清楚，並用計謀打敗任何迫在眉睫的威脅。壓力反應藉由瘋狂抽取如腎上腺素、去甲腎上腺素及皮質醇等荷爾蒙的方式來達成上述目的，其中前兩者會讓我們的瞳孔和肌肉中的血管擴張，同時收縮腸道和皮膚的血管；而皮質醇則會使我們警覺，並調動血糖以提供能量。於此同時，隸屬於邊緣系統（大腦中負責處理生存所需之情緒、記憶和行為的部分）的杏仁核也開始運作，令我們的周遭環境感覺更具威脅性。

儘管今日我們具備同樣的生理條件可應對壓力，但我們所應付的世界與過去大不相同。我們遇到的壓力源並非急性、生死攸關的，而是長期、低等級的，例如發炎食物、睡眠不足，以及透過電子郵件、簡訊和各種網路通訊軟體湧向我們的大量訊息。雖說這些壓力源不如面對美洲豹那麼嚴重，可是它們依舊會引發壓力反應。不論所察覺到的危險是大還是小，身體都會盡職地讓我們做好準備以面對威脅。於是，以現代這樣經常引發身體壓力反應的飲食和習慣來說，我們很多人都生活在一種近乎恆久不變的圍困感之下。吃了甜食後，你的血糖突然下降？身體會將此解釋為一種對生存的輕微威脅。你熬夜滑手機看那些網路上的負面資訊？身體會覺得自己身陷險境。對你的身體來說，睡眠不足、食用自己無法負擔的食物而導致慢性發炎，以及在推特（Twitter）上的留言等，這些都顯示了你所在的環境不安全。所以身體便將壓力荷爾蒙釋放至血液中，而這看不見的一連串化學反應，就以假的焦慮感表現了出來。

這種反應不僅在很大程度上是可避免的，也有方法能夠排除在壓力反應產生後，奔流於我們體內的腎上腺素，好讓我們恢復平靜。大體上，這要藉由完成壓力循環來實現。而壓力循環是個最近由一對姊妹艾蜜莉・納戈斯基（Emily Nagoski）博士與阿梅利亞・納戈斯基（Amelia Nagoski）音樂藝術博士所推廣的概念，她們合著了一本《Burnout: The Secret to Unlocking the Stress Cycle》（暫譯：《倦怠：解開壓力循環的秘訣》）。該書斷定你必須從事一項活動（包括某些類型的運動和自我表達），以告訴大腦「你已成功從威脅中倖存下來，現在你的身體是一個安全的居所。」[5]在本書的Part II，待我們更深入瞭解如何預防壓力反應（以及隨之而來的假焦慮）後，便會再進一步探索當壓力不可避免時，完成循環的特定技巧。

假焦慮盤點清單

正如你所見，此清單所列的問題簡單又直覺，我的病人都說這個盤點清單是對焦慮最有幫助，也最具影響力的干預措施之一。只要在混亂中暫停，並查看一遍如下的可能觸發因素清單，我們就能辨識出可能正在發生的特定假焦慮，並瞭解其簡易治療方式。而這個過程也有助於擺脫焦慮感，尤其是當我們能明確找出原因時。我會建議病患將此清單貼在家中的冰箱門上。

我很焦慮，而且不確定原因為何。我是否……

- 飢餓？（去吃點東西）
- 低血糖或是有某些體內化學物質低落的狀況？（我剛剛是不是吃了甜的、加工的、含有食用色素或防腐劑的東西？去吃些點心，下次記得要認真選擇不同的食物）
- 咖啡因過量？（這樣的緊張焦慮，或許其實是對咖啡因敏感，明天少喝點咖啡吧）

• 咖啡因不足？（我今天喝的咖啡比平常少，往後要加量，並以維持每日一致的咖啡因攝取量為目標）
• 疲倦？（去小睡一會兒，今晚優先考慮早點上床睡覺）
• 脫水？（去喝點水）
• 覺得懶散？（去外頭走走，或是跳個舞）
• 情緒失調？我是不是沉迷於網路或社群媒體？（跳個舞或出門晃晃，重設一下神經系統）
• 喝醉了或宿醉？（記住這個狀況，以幫助自己未來在面對酒精飲料時，做出正確的選擇）
• 需要服用一劑精神科藥物？（正好處於下一劑前的藥理學最低點，亦即血液中的藥物水平處於最低點，而這可能會影響情緒。該吃藥了）

大腦、腸道與發炎

正如過去十年的科學研究所顯示的，腸道及其菌叢（由生活在我們腸道中的數萬億微生物組成）的功能，遠超出單純地消化和吸收食物而已。首先，腸道是我們免疫系統的總部，有超過70％的免疫細胞都位於腸壁上❻。此外，腸道也與內分泌系統密切相關，該系統分泌包括調節食欲、新陳代謝和生殖健康等的荷爾蒙。最後，腸道是腸神經系統的根據地，有越來越多人稱之為「第二大腦」，該系統分泌、使用並調節三十多種神經傳導介質。事實上，這第二大腦製造並儲存我們體內95％的血清素，只有5％的血清素存在於大腦中❼。

還有一個腸道健康的關鍵面向依舊為人們所大幅低估，那就是——腸道與大腦間的通訊是雙向的。我們多數人都理解由上而下的通訊方式，亦即當我們焦慮時，消化作用可以被拋棄，請想像當你在進行大型演講前感覺緊張或拉肚子時，胃部翻攪的那種感受。此現象之所以發生，是因為我們的身體已習慣在面對重大壓力源時要排空腸子，這樣在戰鬥時負擔就比較少，流向消化道的血液需求也較低，於是便能讓更多的血液流向肌肉、眼睛和心臟。但正如大腦會對腸道通訊一樣，腸道也會將資訊回送至大腦。如果腸道穩定而健康，它就會傳送「一切正常」的訊號給大腦，讓我們感到平靜。但若微生物之間不平衡，或是我們吃了某些身體無法負擔的東西，所傳遞的訊息就會改變。在這些情況下，腸道可能會告訴大腦：感到焦慮。

這種通訊主要經由迷走神經進行，迷走神經是人體內最長的腦神經，貫穿胸部與腹部。事實上，大約80％的迷走神經纖維是「傳入」的，意思就是這些神經從如腸道、肝臟、心臟及肺臟等內部器官收集資訊，然後將各種狀態消息傳遞至大腦[8]。這基本上表示，透過迷走神經，腸道便擁有了一條直通大腦的熱線，可讓大腦隨時掌握目前發生了些什麼事情。若我們的腸道不健康，我們就會感到不安。

而這種對腸道及其與大腦之雙向通訊的更深入認識，能幫助我們理解腸道菌叢失衡（或稱腸道微生物群失調，是由服用抗生素的療程、食用加工食品或生活在慢性壓力下等行為所引發），如何能直接影響我們的焦慮程度。甚至已有證據顯示，某些腸道細菌的類桿菌屬菌株（也會受到不良飲食和壓力的影響），與極重要的神經傳導介質GABA的合成有關[9,10]。事實上，有鑑於我們的生活習慣，我認為GABA可算是現代生活中的瀕危物種。

不過，腸道還有其他途徑可在遇到麻煩時向大腦發送求救訊號。例如當腸道受刺激而發炎時，它可以促使如細胞激素等發炎分子擴散至全身，引發全身性的廣泛發炎現象，藉此向大腦發出焦慮的訊號。此狀況有一種發生方式，是當內毒素（endotoxins，正式名稱為脂多醣，lipopolysaccharide，縮寫為LPS）穿過受損的腸道屏障時，而這種情況通常稱為「腸漏」。雖然健康的腸道中存在有內毒素是正常現象，但當這些內毒素穿過腸道屏障並到達血液（一種叫內毒素血症的狀態）時，免疫系統就會收到入侵者出現的警報，進而展開行動，使身體和大腦發炎。

內毒素血症，並不是腸道影響我們發炎與焦慮程度的唯一途徑。在維持免疫系統平靜以減低大腦發炎方面，消化道也扮演了主要角色[11]。免疫系統的健康穩定，取決於腸道中微生物的多樣化生態系統。腸道益菌、真菌、病毒，甚至是寄生生物的數量[12]，提供了免疫系統有關耐受性與威脅的訊息，告訴它什麼時候該放鬆，什麼時候又該擔心。腸道就是以此方式，藉由教導免疫系統辨別敵友來教育免疫系統。但若我們的腸道缺乏益菌或是被病原菌侵占，免疫系統便會錯過此一基本訓練，並開始失靈。像這樣的免疫系統失控狀態，可以直接使我們的大腦發炎，當發炎分子通過名為膠狀淋巴系統的血管網路進入大腦時，就等於直接發出了一個表示一切都不對勁的信號彈。像這樣明顯的發炎現象會透過疲勞、疼痛、腦霧或不適感等症狀，讓我們感覺到身體不舒服，而且也會讓我們感到焦慮。

有鑑於飲食和生活方式，在很大程度上影響了腸道與免疫系統的狀態，因此兩者可說是心理健康的關鍵要素。當然，基因和思想也左右著我們的情緒，不過，我們的日常習慣才是大部分焦慮的決定因素。說到底，我們越是能降低體內壓力與腸道發炎狀況，就越有機會打造出更健康的情緒。在 Part II 中，我們將全面瞭解各種可用於消除假焦慮的策略，其中包括了穩定血糖以避免不必要的壓力反應，以及使腸道恢復健康以減少發炎等。

針對精神科藥物的一些話

讓我先說清楚：對於抗憂鬱劑和其他治療心理健康問題藥物的問世，我是心存感激的。它們滿足了許多人（也包括我的病人）迫切的緩解需求，在某些情況下，藥物確實有效且有必要。然而行醫十多年來，我已看到精神科藥物的功效以各種不同方式發揮作用，有的病患獲得了極大的幫助，有的病患經歷到藥效隨時間遞減的狀況，有些沒感受到藥物有任何效果，甚至還有些人因產生戒斷效應而痛苦萬分。考量到這些差異極大的眾多不同情境，對於我們目前對焦慮的理解（以及越來越多證實焦慮往往是基於身體的證據）讓我能調整治療方式，以幫助許多病患透過改變生活方式來獲得平衡感和健康這點，我也同樣心存感激。

但傳統的精神病學並未完全跟上這種模式，依舊將焦慮視為主要由思想導致的結果，以及大腦中由基因決定的化學失衡現象，而忽略了大部分的焦慮其實是由生理失衡所引發。而實情是，精神科藥物（其目標是處理單一的神經傳導介質，例如血清素或GABA等）無法從根本上解決假焦慮。它們充其量只能緩解症狀。我有時會把假焦慮比喻為身體的引擎故障燈，與其忽略此警告燈號或用藥物掩蓋它，確實解決根本問題通常是比較好的選擇。此外我還發現，當一個人的焦慮確實是來自生理上的原因時，在身體層面進行干預，往往是更快、更便宜，也更有效的。

稍後，在Part II中，我們將進一步探討精神科藥物及其複雜性。不過在此我想先澄清一下，若你曾獲得精神科藥物的幫助，那就沒必要再去質疑它。就當你是幸運的人之一，好好吃藥就是了。或者，若你正打算開始用藥，且覺得自己已充分了解所有考量，那麼，請與有愛心的醫療從業人員一起努力前進。我們稍後將介紹的策略，可以和藥物一起搭配運用，從兩個方面來解決焦慮。重點在於，當我討論藥物的替代方案時，我的目的是要幫助那些沒能獲得藥物幫助的人，而不是要讓有獲得藥物幫助的人質疑其選擇。但若你確實屬於那種無法靠藥物改善情緒的人，或者你經歷過副作用問題、基於某些理由想減藥，又或是單純想嘗試不同的方法，那麼，就讓本書帶領你瞭解當今治療焦慮症的多種不同選擇吧。

你知道如何治療自己

如果更多更廣泛的治療機會沒降低你的焦慮感，卻反而讓你更焦慮的話，請放心，我向你保證，你的身體的確想要痊癒。本書的目的也是要幫助人們傾聽其身體，及瞭解身體希望他們做些什麼，以恢復穩定與平靜。

在Instagram上有個很紅的網路梗圖，圖中一位醫生坐在辦公桌旁得意地說：「別誤以為你的Google搜尋結果，就等同於我的醫學院教育。」而病患則回應說：「別誤以為你對我健康狀況的那一小時告誡，就等同於我與它共存的一生。」精神病學能提供可救命的干預措施和有用的支援，但坦白說，對你的心理健康狀況最瞭解的人，還是你自己。你是你自己最強大的治療者。這是很大的責任，卻也是一種解脫。

我鼓勵你信任你對自己的瞭解，以及你身體的智慧和恢復力。我們所經歷的惱人症狀，往往是身體試圖自我糾正的訊號，是我們的身體在嘗試讓我們回復到體內恆定，亦即一種身體的自然平衡狀態。與其和自己的身體對抗，我們的目標，應該是要達到與身體相互理解及信任的關係。

有個病人曾在我跟她討論她與飲食失調多年的鬥爭時，對我說了這句話：「我覺得我好像在跟自己的身體進行伴侶諮商呢。」這是對我治療哲學極貼切的比喻，令我印象深刻。我希望我的治療方式（以及本書），能提供一種你和你身體之間的伴侶治療。對我們許多人來說，那是一種溝通和尊重都已失效的關係。其中存在怨恨、沮喪、不信任和失控蔓延的誤解。因此，讓我們仿效專門處理這種關係的伴侶諮商：我們需要傾聽自己的身體，以瞭解它們需要什麼，還有我們能做些什麼，才能回到平衡一致的狀態。首先，辨識並解決生理焦慮很重要，而所謂的生理焦慮，就是我們因身體的自然狀態被不穩定的生理機能、睡眠不足或營養不良推翻，而感受到的情緒。

畢竟，唯有在學會避免這種不必要的焦慮之後，我們才能夠關注並處理剩下的更深層、真實的焦慮。而雖然這些情緒較不容易改善，但透過引導，它們所能提供的也更多，能讓我們踏上通往持久目標感及成就感的道路。

03 有目的的焦慮

不論我們多麼努力地試圖忽略它，心靈總是知道真相並且想要清楚透明。

——〈Booker〉，托妮・莫里森（Toni Morrison）的《God Help the Child》（暫譯：《上帝幫助孩子》）

我有個病人叫蘇英，她來找我處理她的焦慮問題，因為焦慮令她很難專注於工作，晚上也睡不著，甚至讓她難以疼愛自己的孩子。蘇英在紐約的皇后區長大，她的父母離開韓國移民到美國後，就定居於皇后區。她告訴我，她的父母在美國白手起家，非常重視外表，而她覺得父母對她的愛是有條件的，端看她的外表和行為是否令他們滿意，並且讓他們所處的社群留下深刻印象。

蘇英在二十幾歲時，和一個很難相處又自戀的男人結了婚，這個人令她想起了她所熟悉的、她父母的特質。結果，在她的整個婚姻及撫養兩個孩子的過程中，蘇英幾乎一直持續在與焦慮對抗。第一次來見我時，她就已經在服用抗憂鬱藥帕羅西汀（Paxil）以穩定情緒了。我可以感覺到，她透過一種希望讓別人放心的自身需求，就彷彿讓房間裡的每個人都感到舒適是她的責任般，藉此疏導她的部分焦慮。對於像這樣的病患，我必須小心一些，他們雖然很容易相處，可以讓我的工作感覺輕鬆不費力，但他們喜歡討好人的傾向，會讓他們冒著無法從治療中獲得其所需的風險。

我們開始更深入探究蘇英的個人歷史，以及她與她先生的關係，嘗試探索她不安的根源。蘇英的心態和我的許多病患類似：她相信自己天生就是會焦慮的那種人。她的兩個姊妹也都在吃藥，而媽媽也有焦慮的傾向（但不願意接受心理健康照護）。蘇英的其中一個姊妹曾告訴她：「在這件事上我們真的別無選擇，我們會一直需要藥物。天生就是如此。」

雖然我相信蘇英的家人無疑有焦慮的遺傳傾向，但我也相信，俗話說得好：「基因替槍上膛，而環境扣扳機。」我不確定蘇英和我是否能找到並解決使她焦慮的更基本原因。經過幾個月的共同努力後，蘇英說她想逐漸減少帕羅西汀的藥量。這並非基於想從根本上解決其焦慮問題，老實說，當蘇英知道帕羅西汀會導致體重增加時，她就不想吃這種藥了。一開始，隨著用藥量慢慢遞減，蘇英說她感受到了更多各式各樣的情緒，這讓她「感覺更有活力」，這個早期的、意想不到的變化令她著迷。在接下來的幾個月，蘇英也開始以更憤憤不平的態度來描述其婚姻，她把她先生的行為認定為難以容忍，且不太可能改變。當她質疑起是否要離開先生並獨自撫養小孩時，我們的診療有了戲劇性的轉折。她性格中傾向於討好他人的部分大幅降低。她不再那麼注意周遭氣氛，因為此時她正在汲取其內心的信念與力量。儘管我對她婚姻中的動盪感到擔憂，不過我通常都把這種變化，視為與真正問題搏鬥的正面跡象。而依據蘇英的說法，主要是一直以來她都太過怠惰了，總是壓抑自己的需要，讓自己變小，好為先生騰出空間。然而，當她漸漸理解到，實際上她需要使用藥物才能忍受她先生，且有兩個年幼孩子的情況下，她選擇繼續服用帕羅西汀，而非面對前方艱難的道路。

但種子終究已播下。約莫一年後，蘇英以一種被動的表達方式，再次嘗試停藥，她在帕羅西汀吃完後沒再來拿藥（容我補充一下，這並不是我建議的停藥方法）。同樣地，在她停藥一段時間後，她又再次感覺到自己甦醒了，只不過這次她徹底投入於此過程。她經常在我們的診療時間說：「我又感覺到了自己。」彷彿她又驚又喜地再次偶然發現了「真實的自我」。不過，她也再次看到了關於她先生的真相，那就是他性格強烈而苛刻，且認為自己有資格擁有一個順從的妻子。這次，蘇英選擇堅持自己的立場，並為自己辯護。她拒絕了與先生及先生的朋友們的活動，以便待在家休息。當她心情不好時，便拒絕與先生行房。她變得更常與自己的朋友一起活動。她的先生會問她：「你到底是怎麼了？」他抗拒她新畫的、出人意料的界線，而蘇英向他解釋自己所經歷的，並告訴先生她希望他們的關係可以如何改變。

漸漸地，儘管仍有過數次艱難的對話，但她先生終於開始以不同的方式對待她，變得比較好，也更重視她的需求。透過為自己挺身而出，並認知到自己值得更多的尊重，蘇英成功從先生那兒獲得了她應得的支持。這條路並不容易，但整體而言，看到蘇英更徹底地覺悟，並讓自己的婚姻變得更好，真的是非常勵志。在我們一同努力的過程中，她持續看見自己除了迎合他人需求外的力量與價值，也意識到，別人的幸福並不是她的責任，她正逐漸增強對自身價值的信念。最重要的是，即使完全停藥，她也沒那麼焦慮了。我不知道隨著她的改變與成長，她的婚姻是否會繼續包容她，但我知道（更重要的是，她知道），她將能夠以對自身需求穩定且真實的感受，和滿足這些需求的固有價值，來引導自己。

傾聽焦慮

即使戒掉咖啡並治癒腸道，我們還是會留有一定程度的焦慮。這種焦慮源自於生命與生俱來的脆弱，但卻也為我們提供了確信的力量。也就是說，當我們的生活與我們的價值觀或能力不一致時，我們就會感到焦慮，而這種感覺也能做為我們需要修正路線時的關鍵指標。或許就像蘇英，你在掩飾自己伴侶關係中的不公平；或許你目前從事的工作符合你年輕時的生活，但現在卻覺得似乎中途轉錯了彎；又或者隨著地球繼續升溫及海平面急遽上升，你可能覺得自己無法坐視不管。不論問題為何，這是你的身體跟你說話的方式，它在告訴你：「請看看這個。」當你仔細傾聽，這種焦慮能為你指出所需採取的行動方向，以及你該在此做出的獨特貢獻。而這樣的不安感受終究可以轉化為一種目的感，這就是我所謂的真焦慮。

我告訴我的病人們，他們應該要擁抱這些感受，而不要試圖壓抑或避開。與其問：「我要怎樣才能不再這麼焦慮？」我們應該要問：「我的焦慮正在告訴我什麼？」反射性地抗拒這種不舒服的感覺是很自然的。在文化上，我們也被教導要將焦慮視為一種麻煩，應該要壓抑、制伏它才行，但當我們這麼做時，便可能錯過關鍵的指引。若你有辦法學會容忍焦慮，直到聽見哪些改變是必要的呢？若你能夠改變引發你焦慮的情況呢？如果你邀請真焦慮進來，並聽聽它要說什麼，而不是害怕並對抗它呢？或許你一直在阻擋自己意識中某些痛苦的東西，又或許你只是從未放慢腳步好讓它浮上檯面，但有一部分的你始終都知道自己的基本真理。「我們是誰」的這個「基本真理」，近來已變得有些陳腔濫調，太常被高談闊論以致於聽來有些空洞。不過就我的議題而言，我指的是一種被埋沒的本能，當被忽視太久時，就會變成所謂的心理不適。而那種不適，是在試圖告訴你某些重要的事情。

傾聽自身直覺的最佳方法，就是要安靜下來，這終究會打斷在你腦中反覆播放的惱人焦慮與喋喋不休（在 Part III，我們將探索各種方法，以連結至你內心的這個聲音）。當你熟悉這種更能引起共鳴的焦慮時，你也會開始在身體裡感受到它。當你感受到溫暖或膨脹感時，通常是你的身體在說：「是的」，亦即身體在點頭同意你的直覺。而當你的身體收縮，感到緊繃或不安時，則可能是你的真焦慮在輕拍你的肩膀，暗示你還沒完全聽清楚它所說的。

一般來說，真焦慮和直覺也會留下更實質的感受。紐約時報暢銷書作家、同時亦是行動主義者的格倫農・道爾（Glennon Doyle）曾說過：「我的焦慮彷彿來自高處，就像在高空不穩定地盤旋，它是高頻率的……嗡嗡作響。」她描述了她的恐懼與直覺之間的不同，她說：「但……在它之下有某種較重的東西，更穩固、不晃動、很堅實，那就是所謂的『知曉』。而事實上，我現在正處於我生命中一個能分辨出此差異的時間點——在四十五歲之齡。」[1]換言之，即使當真焦慮和直覺正在對你傳達資訊，告訴你有些事情不對勁，但這感覺還是和假焦慮不太一樣。那感覺不像是威脅，而像是來自某個清澈而慈悲的地方。

若你選擇傾聽真焦慮並讓它帶領你，它就可能成為黃金羅盤，幫助你航行於變幻莫測的人生。它能帶來更多的成長、學習與愛。然而，把真焦慮轉化為某種更具目的性的事物，並不表示事情就一定會變得比較容易。以我的許多病患來說，就在事情開始變得比較容易時，他們便會升級到更進階的挑戰。他們會到達另一個成長階段，就像蘇英在其婚姻中所發生的，他們會在熟悉的環境裡感到格格不入。通常，隨著你越來越善於運用真焦慮來做為指引，生活就會變得更嚴苛，因為你取得的成就越來越多。這有時會讓人覺得難以忍受。我的病人伊森曾說：「這就像扒掉有助於減輕一層焦慮的防禦。當我要去面對怪獸時，卻失去了武器。」對伊森來說，所謂的怪獸，是指他最終得以成功面對並釋懷的童年時期創傷。而創傷（我們將在Part III深入探討）尤其在真假焦慮典範中占有獨特地位，因為它存在於兩者的交匯處。也就是說，就如精神科醫師兼暢銷書作家的醫學博士貝塞爾·范德寇（Bessel van der Kolk）於其開創性著作《心靈的傷，身體會記住》中所寫的，創傷經歷往往儲存在身體裡，然後也會重新編寫大腦。當這狀況發生時，杏仁核（屬於邊緣系統的一部分，負責我們的恐懼反應）會一直處於過度興奮狀態，在整個人生中製造不成比例的焦慮。從性侵到對抗父母的情感剝奪等，許多不同的經歷都可能導致創傷，而即使威脅早已不存在，創傷仍會讓大腦持續高度警戒。因此，它具有假焦慮的面向，因為大腦可能在無危險的情況下推斷有危險。但創傷應被視為真焦慮，因為其身體變化是為了適應不安全的世界，而高度警戒的杏仁核正在要求這個人與創傷重新連結，以便到達一個相對性的解決點。真焦慮的感覺，就像創傷一樣，幾乎總是具有更大規模的歷史背景，亦即一次的焦慮事件可能容納了好幾十年（有時甚至更長）的過去生活經歷。我確實治療過許多人，他們揭開了持續在其生活中留下印記的過去數代人的創傷，並挖掘出依然從過去迴盪至今的真焦慮。必須承受的真相可能很多，也許會相當艱難且動盪不安。身為敢於感受一切的人類，這是我們沉重的責任。不過，這也是我們做為個體發展、與自身目標達成一致，並向彼此展現前方道路的方式。

真焦慮是你的超能力

對靈長類動物的研究顯示，族群中會有一些成員比其他成員更焦慮，這些成員往往較退縮，會聚集在主要群體的外圍。在一九八〇年代，已故動物學家黛安・佛西（Dian Fossey）決定把這些較敏感的成員從一群黑猩猩中移走，看看這將如何影響社群中的其他成員。結果六個月後，所有的黑猩猩都死了。「這暗示了焦慮的黑猩猩是生存的關鍵。」莎拉・威爾遜（Sarah Wilson）在她的著作《First, We Make the Beast Beautiful》（暫譯：《首先，我們讓野獸變得美麗》）中以引人入勝的方式寫出了這個實驗，她寫到：「牠們是局外人，是那些睡在邊緣的樹上、邊境上、社群邊界上的成員。牠們超敏感且高度警戒，就連最細微的小噪音都能嚇壞牠們、擾亂牠們。因此，晚上大部分時間牠們都醒著。我們把這種症狀稱為焦慮，但過去我們還在樹上時，這些成員可算是群體的早期警報系統。第一個大叫『小心！』的正是牠們。」[2]

同樣地，若你是人類中較靈敏、較焦慮的成員之一（若你的神經系統被調得比別人高一些），那麼人類族群欠你一份支持與感激，因為你的焦慮是為了保護我們所有人的一種重要存在。與其要求我們之中焦慮的那些人「別那麼敏感！」，我們其實應該對他們所傳達的訊息表示敬意。我們每個人越是擁抱自己的真焦慮，對世界就越有價值。真焦慮不只是引導我們走自己的路，還賦予我們更大的使命。我們的真焦慮能夠把我們放在前線，提醒他人注意可能剛好在視線範圍外的威脅。而真焦慮的集體聲音，會帶領我們整個社會朝著正確的方向前進。

而且客觀地說，這世界需要改變。我們正處於必然的報應清算之中。我們已看見「我也是」（#Me Too）運動拉開了性騷擾與性侵的布幕；「黑人的命也是命」（Black Lives Matter，BLM）運動，則為幾個世紀以來的不公與傷害開啟了早就該進行的新對話；對抗氣候變遷的環保人士正大聲疾呼，努力在為時已晚之前讓大家聽見警告。我們必須從病態化和壓抑這種焦慮的態度，轉變為留意其所傳遞的緊急訊息。我們需要傾聽那些人們，他們將耳朵貼在地面以感知地平線上微妙（但不細微）的危險。他們是先知，可能會及時喚醒我們所有人。

既是又是

美國知名小說家史考特・費茲傑羅（F. Scott Fitzgerald）在其一九三六年的散文著作《The Crack-Up》（暫譯：《崩潰》）中提出了一個著名的論點，他說：「對一流智力的檢驗，是其能夠同時在腦袋裡持有兩個相反的想法，而且依然保有運作能力。」[3] 焦慮也是如此：它是個「既是又是」（Both/And）的命題，因為有可能同時體驗到相互競爭、看似矛盾的兩種焦慮狀態（真與假）。焦慮是身體層面的，它是血清素、GABA、腸道發炎、皮質醇，以及過度活躍的杏仁核。但焦慮也是精神心理層面的，存在於我們的心理和精神需求之間的接口。它與目標的脫節、彼此的脫節，以及和我們自己的脫節有關。再多的腸道療癒、無咖啡因咖啡或帕羅西汀等藥物，都無法動搖這些感受。解決這種焦慮的唯一辦法，就是傾聽。你可以同時確認並參與這兩種形式的焦慮（事實上這是最理想的做法）。沒必要只以單一方式檢視你的情緒，而且正確的道路也幾乎從未只有一條。

我希望的是，透過學習在任何特定時刻辨別是哪種類型的焦慮在運作，並做出相應的回應，能夠幫助你知道該於何時從根本上解決你的焦慮，以及該於何時放慢腳步，傾聽它所傳遞的緊急訊息。

Part II

假焦慮

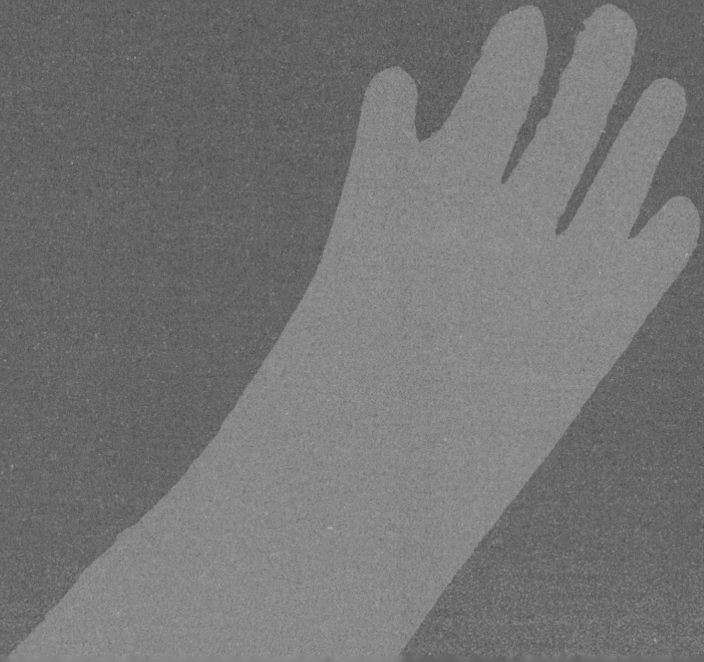

04 現代生活的焦慮

如果他們給你格線筆記紙，那就換個方式寫。

——西班牙著名詩人胡安．拉蒙．希梅內斯（Juan Ramón Jiménez）

就如你現在已經知道的，焦慮是一種既涉及身體也涉及心理的現象。在身體上，焦慮表現為壓力反應，以及面對真實的、或感知到的威脅時，釋放的一連串化學物質的副產品。焦慮也可能是其他從發炎、微量營養素缺乏到荷爾蒙不平衡，及GABA傳遞障礙等生理失衡狀態的結果。

這些身體形式的焦慮，可能是最持續且惱人的，但卻也是最容易預防及治療的。有些焦慮確實能夠完全避免。因此，接下來的章節將會特別介紹一些可供採用的可行策略，這些策略不僅能緩解假焦慮的症狀，還能讓你完全避開它們。我認為這些干預措施是唾手可得的果實，這些都是我在治療初期階段會提供給病患的建議，目的是讓他們迅速體驗到一些成就感，並讓腦袋開始有一些較清晰的空間，可應付更具挑戰性的真焦慮。我們將討論你可以對自己的睡眠習慣做出哪些改變、你和科技之間的關係、你吃的食物，還有你的腸道、免疫系統及荷爾蒙的狀態。最後，我們將以釋放壓力的有效技巧收尾，畢竟在生活中無可避免地還是會累積一些壓力。我有一些病人甚至只靠這些步驟就夠了，完全不必更進一步。他們的生活井然有序，只是需要改變一下習慣，以便為其身心健康提供更好的支援。這些都是專門處理假焦慮的方法，且能相對快速地讓人感覺變好。

話雖如此，但即使你「只」處理假焦慮，還是必須注意到，任何改變都可能難以維持，人們總是很容易就回到熟悉的常態。尤其是我對於該吃什麼、喝什麼的建議，對我的許多病患帶來了重大挑戰，但偏偏這類改變在減輕其焦慮上，也往往是最具影響力的。不過，你並不需要聽從我提出的每一項建議，也不必一舉達成或以任何特定順序做到所有改變。就從感覺最適合你的開始著手，並擬訂一個最符合你自身狀況的計畫即可。

到底該付出多少努力才叫適當，這點因人而異。舉例來說，若除了感到焦慮外，你自覺身體狀況良好且運作正常，那麼，我認為你沒有必要太認真地鑽研如何準備餐點，也不必徹底改變你的飲食。然而另一方面，若身體機能障礙阻撓了你活出最棒的人生，那就值得付出相當多的努力，來讓你的身體恢復平衡。你在飲食方面做出的任何小小犧牲，都將獲得加倍的回報，因為你可以過著沒有消化問題的生活，無憂無慮地度過每一天。能夠在身體上體驗到持續的舒適感這件事，值得你忍受任何初期的不便。

我大部分的病人都落在這兩個極端之間，亦即他們的身體機能沒有達到最佳，但也沒有處於極為痛苦的狀態。或許你也是這樣。在我們繼續之前，值得你花些時間確認一下自己。你有多痛苦？你打算付出的努力與犧牲，應該要和你的不適程度成正比。這是個極為個人化的方程式，不過整體來說，我們的目標是要達成生活品質的平衡。

此外你也必須注意到，輕鬆本身就是一種強大的治療劑。畢竟對每一種食物的選擇都感到苦惱，肯定無助於解決焦慮。然而我發現，在現代的飲食環境中，這是個非常微妙的標準。我希望我的病患在食物的選擇上仔細考慮，盡可能尋求他們找得到、且能負擔得起的最優質食物，但我並不希望他們每頓飯都因此覺得壓力很大，也不希望他們擔心在移動時若吃了速食會怎樣。我總是告訴他們：盡力就好，別努力做到完美。我們生活在一個很難吃得好的國家（美國），我們的系統辜負了我們，這有時會讓尋找健康的食物成為不可能的任務，尤其是當你不在家裡時。因此，只要依自己的狀況做出最好的選擇即可，而且一定要讓自己偶爾放縱一下。如果一支冰淇淋甜筒或自製餅乾能帶給你快樂，有時這會比避免血糖驟降更重要。

我們都必須找到自己的穩定感。完美的健康本身並非目標，真正的目標是要感覺良好，並擁有令人滿足的生活。若你的健康狀況造成阻礙，讓你無法對生活感到滿足，那就讓我們捲起袖子開始努力。而若讓身體變健康的努力本身造成阻礙，讓你無法感到滿足，那就該放鬆一下，別那麼嚴格了。以考量此種平衡為前提，接著就讓我們來看看，生活中有哪些面向可能會為你帶來可避免的焦慮。

05 疲憊又焦躁

我已開始用睡前閱讀取代滑手機看推特，結果我不僅睡得很好，也開始覺得自己比其他人更好。

——Alex@alexgmurd

我們都知道睡得好對健康而言必不可少，但很少有人意識到這對腦部健康有多麼重要。睡眠與焦慮之間的連結，是個關鍵性的雙向對話：焦慮導致失眠，而長期睡眠不足又會讓我們容易焦慮。有接近四千萬的美國人苦於長期失眠[1]。但除了少數例外（輪班的勞工、某些睡眠障礙，以及時差等）值得注意之外，現代的失眠問題完全是可以解決的。這是一件好事，因為就焦慮而言，大概沒有比睡眠更有效的治療方法了。它免費、感覺很好，而且容易做到。

儘管仍有些人尚未被提醒他們必須優先考慮睡眠，但其實我更常在病人身上看到的現象是，就算他們很用心地想要睡好，卻還是睡不好。對我的許多病人來說，困難之處在於一旦把工作、通勤、做飯、育兒、生活雜務，也許還有一分鐘的減壓時間等都加起來，剩下能給睡眠的時間根本不到八小時。即使他們很幸運地能夠準時上床睡覺，也可能躺在那兒腦袋卻停不下來，或是睡到半夜突然醒來後便再也睡不著。事實上，我們的失眠大部分都是由環境，以及我們每天做出的、看似微小的選擇所造成的。幸運的是，我們的身體想睡覺，也知道要怎麼睡，而訣竅就在於傾聽它的暗示、為它提供合適的環境與條件，然後讓它好好發揮。

睡眠為何重要

從生存的角度看來，睡覺似乎是一件相當不合宜的事。我們到底為什麼想要在有掠食者圍繞的狀況下，讓自己變得容易受攻擊（在黑暗中連續八小時處於俯臥且無意識的狀態）？我們罔顧睡眠於人類進化早期的高度危險性，而依舊持續保有此行為的這一事實，指出了其必要性。我們的身體需要例行性地以這種方式恢復，必定有充分的理由，不然我們不會讓自己如此毫無防備。的確，要放棄睡眠是不可能的：睡眠的不足與中斷，會造成嚴重的認知和情緒問題，而動物若連續數週拒絕睡眠，最終將死於感染及組織損傷[2]。儘管科學界尚未完全解開睡眠之謎的黑盒子，但確實已揭開了一些睡眠的重要過程。例如，我們知道記憶的鞏固是發生在睡眠期間，亦即我們會將當天所學整合進大腦中預先存在的網路，將之長期存放於腦中。此外，在睡眠期間身體還會修復細胞[3]、對抗感染[4]，並恢復能量[5][6]。

不過，睡眠提供的最重要功能之一，是讓大腦排毒。在漫長的一天結束時，你的大腦已經很累了。思考需要很多能量，而且所有的這些活動都會產生代謝廢物和有毒的副產品，包括β澱粉樣蛋白和tau寡聚體；附帶一提，這些和在阿茲海默症病患大腦中發現的沉積物是一樣的，只是程度更嚴重罷了。這些物質於白天在腦內堆積，而我們的膠狀淋巴系統（屬於中樞神經系統中淋巴系統的一部分）會在夜間清除它們[7,8,9]——前提是我們當時是睡著的。**但若睡眠被犧牲，我們的身體就沒機會清除日常神經系統因繁重工作所製造出的髒亂。**

請把大腦想像成一座小城市。在大腦的住家和商店裡的各種活動會產生出垃圾，而當一天結束時，這些垃圾便堆積在巷弄中。然後，在你睡覺時，垃圾車（也就是膠狀淋巴系統）會來清理，並收走那一袋又一袋的垃圾。但若你不睡覺，垃圾就不會被收走。於是隔天，你就必須過著大腦巷弄內堆滿垃圾的生活。你的頭隱隱作痛，很難清楚思考，身體不太協調，而且焦慮又心情不好。若你曾照顧過新生嬰兒、為了考試而熬夜抱了一整晚的佛腳，或是曾值過夜班的話，你肯定知道那是什麼感覺。

無法入睡的一個常見理由是壓力，這點很值得注意，因為在壓力反應中扮演主要角色的神經傳導介質去甲腎上腺素，也在調節膠狀淋巴系統的活動方面發揮作用[10]。這暗示了缺乏睡眠與慢性壓力，都可能中斷這種從大腦中清除垃圾的必要程序，可能會損害大腦的自我排毒能力[11]。藉由管理壓力並重視睡眠，我們就能讓膠狀淋巴系統定期為大腦排毒，這樣便能降低隔天早上的焦慮基準水平，而從長遠來看，或許能保護自己免於認知衰退。

讓黑暗存在

在「進化的會議室」裡，他們圍坐於桌子旁討論，該如何讓人類在白天感覺清醒而在夜晚覺得疲累？該委員會的某位成員一定建議了用光線做為提示，亦即當陽光照耀時感覺清醒，而天黑時就覺得疲累。這個建議立刻獲得眾人支持，很快便被內建於人類的設計中。

這是個絕妙好計，萬無一失——直到電力出現為止。然後我們有了燈泡、iPhone，還有Netflix，這會兒沒人能睡覺了。很難入睡的主要原因在於，我們的生理節奏（亦即身體的內部時鐘）是受光線暗示，而在現代生活中身體總是接收到錯誤的暗示訊號。白天我們坐在室內的人工照明空間裡，幾乎看不到太陽，然後到了晚上，發現自己置身於電視、筆記型電腦及手機的迷幻燈光秀中，而且都是在有窗外環境光汙染的情況下。

我們的身體指揮其內部時鐘的程序是這樣的：松果體（會分泌所謂的睡眠荷爾蒙：褪黑激素）和名為視交叉上核（Suprachiasmatic Nucleus，SCN）的大腦部位之間有一條通訊線路，然後這個SCN又透過視神經直接連接到眼睛。你可以把SCN想成是我們的內部時鐘，而它告知時間的主要方法就是掃描四周景觀以尋找光線線索。只有在眼睛接收到持續的黑暗時，SCN才會相信現在是晚上，進而發出解除警報的訊號，讓松果體分泌褪黑激素。

褪黑激素就像金錢，花起來容易賺起來難。而基本上，要賺取褪黑激素，就必須於夜間被真實且不間斷的黑暗給包圍，但這正是我們多數人在現代生活中所缺乏的。只要在晚上瞄一眼手機，或按一下浴室的電燈開關，你的SCN就會告訴你的松果體：「沒事，還沒真的到晚上。」然後你所有得來不易的褪黑激素就都浪費掉了。在現代生活中，若要讓生理節奏回歸正軌並睡個好覺，我們需要藉由修正光線線索的方式來恢復褪黑激素。

首先，我們可以於一早起床時，立刻讓眼睛暴露於明亮的自然光下，這將啟動內部時鐘，進而促成可幫助我們在白天感覺清醒、而在夜晚覺得疲累的一連串荷爾蒙反應。因此，一醒來請立刻拉開窗簾。花點時間待在室外的光天化日下，並拋開你的太陽眼鏡。最好是在上午九點前出去，就算只是去附近快走一下，或只是在自家門前臺階待個兩分鐘也好。

到了晚上，要重建早期人類生活的環境條件就比較難了，不過一如科技有缺點，科技也有其優點。請安裝調光器，在太陽下山後調暗家裡的燈光。把你的裝置設為夜間模式，並在電腦上安裝如 f.lux 之類的色溫調節程式，好讓螢幕在晚上呈現琥珀色（這樣對你的生理節奏干擾較小）。我知道要生活在一個每天晚上都無藍光的環境並不容易，也不實際，因為我自己在用筆記型電腦打這段文字時，是晚上十點五十七分（我是個有全職工作的媽媽，而疫情期間並無兒童托育服務，所以這就是我寫作時的情況，根本違背了我所有的建議）。但我也戴著防藍光眼鏡，這種眼鏡有特製的鏡片，能濾掉來自電腦的藍光以免影響生理節奏。我建議所有有睡眠困擾的人，都該考慮於日落至就寢這段時間戴這種眼鏡。

這也是我力勸所有病患別把手機帶進臥房的主要理由。我們無所不在的手機會發出藍光，從而於夜間抑制褪黑激素並擾亂生理節奏[12]。然後我們睡前無止盡的滑手機行為，會讓我們一直清醒到超過最疲倦的時刻。我們把恰到好處的睡意推入至一種「過度疲勞」的狀態，在這種狀態下，身體會分泌皮質醇，使入睡和維持睡眠變得更加困難。而當手機被放在床頭櫃上，每次晚上醒來我們就都會瞄它一眼，向大腦發送一束藍光，就像喝了杯濃縮咖啡一樣。想像中，把充電器放在臥室外，並致力於打造無手機的睡眠環境似乎是很可怕的事，但只要給這個建議一週的試用期就好，看看你是否真的會想念你的手機，以及更重要的——是否會睡得比較好。若你把手機當鬧鐘使用，那就試著拿個好的老式鬧鐘來代替。

最後，到了該關上所有燈睡覺的時候，請努力創造一個盡可能越黑越好的環境。你可以考慮戴眼罩或裝遮光簾。請移除臥室中所有不必要的電子設備。若你在半夜醒來，請盡量避免讓眼睛「看到」任何光線。如果你必須在凌晨三點去上廁所，那麼盡量瞇著眼睛拖著腳步走，只要把眼睛微張到足以感覺到通往廁所的路線就夠了。而若你需要夜燈，請選橘光的。

在大自然中按下重設鈕

我的病人崔維斯多年來一直為嚴重的失眠所苦。他試過了各種辦法。在我們用盡所有包括去除咖啡因及加入防藍光眼鏡等生活方式上的策略，還試了CBT-I後（Cognitive Behavioral Therapy for Insomnia，失眠的認知行為治療，一種用於解決失眠問題的有效但強烈的策略，以睡眠限制和睡眠效率為基礎），我們依舊找不到解方。看來似乎是時候替這傢伙開個Ambien安眠藥處方了。但我直覺上知道，崔維斯的失眠與現代環境有關，所以應該是能透過改變其生活方式來治療，然而我們就是無法取得任何進展。在工作上，他擔任軟體工程師，整天都盯著電腦螢幕，而且他住在紐約的一個高樓層公寓裡，總是有來自路燈和辦公大樓的大量光線汙染從遮光簾旁悄悄潛入。後來有一天，我突然想到建議他在三天的週末連假去露營。

崔維斯立刻拒絕，並表示他覺得我的建議似乎太極端了。如果有個精神科醫師在有空調的診療室裡，坐在他們舒適的躺椅上告訴你：「你該去露營。」那麼我會第一個承認，這真的有點瘋狂。

但事情是這樣的：我們無法抗拒與生俱來的基因。既然身體是隨著生理節奏而進化，而這生理節奏又是由白天的太陽與光亮，及夜晚的月亮與黑暗等環境訊號所暗示（但現代生活已將這整個劇本顛倒過來），那麼，尋找回到更自然狀態的方法永遠有用。露營會恢復那些原始的環境提示。

露營很像有機食品。也就是說，曾經理所當然的事，現在卻成了一種相當精緻高雅的生活選擇。以往有機食品就是食物的常態，過去的食物都種植於健康的土壤中，不使用化學肥料等；而以往露營就是生活的常態，過去的人們都生活得很貼近大自然，睡得貼近土地，白天陽光充足而晚上烏漆嘛黑。故從基因的角度看來，現代生活感覺很極端，而睡在星空下才有家的感覺。

後來崔維斯終究心不甘情不願地去露營。在天黑後完全無人工光源的狀態下，他睡得如嬰兒般香甜。那次的露營之旅已是六年前的事。我不時會確認一下他的狀況，而他一直都睡得很好，偶爾的週末露營之旅，為他提供了一種新的、且對他來說更棒的節奏。因此，若你正在與失眠對抗，而且感覺自己什麼辦法都試過了，不妨背起包包去野外走走。沒有什麼比提供最原始的提示，更能有效糾正混亂的生理節奏了。

輪班的勞工

我曾在醫院值夜班工作長達五年時間，還記得那種隔天早上出去吃早午餐，用咖啡撫慰疲憊神經的生活。儘管咖啡和鬆餅或許提供了一時的亢奮，但長期來說，我們只是感覺更焦躁又焦慮。

徹夜工作會讓你的身體付出相當大的代價，而事實上，做夜班工作的人往往更可能受到包括肥胖[13]、心血管疾病[14]及乳癌[15][16]等一系列健康問題的困擾。有個理論是說，徹夜暴露於光線下會抑制褪黑激素，這會損害我們的免疫反應及身體對付新生癌症的能力。徹夜保持清醒也會讓如瘦素和飢餓素等荷爾蒙失去平衡，而這些荷爾蒙與食欲、飽足感和代謝健康有關[17]。這一切都說明了，做夜班工作的風險不容小覷。若你必須值夜班，我會建議你利用白天的時間為身體提供其復原所需。為了恢復基本的生理機能，你必須培養一些日間睡眠的紀律。下班時，戴上防藍光眼鏡，這樣就能濾除陽光中會告訴大腦現在是白天的藍光。下班後，直接回家，拉上遮光簾，戴著眼罩上床睡覺。盡一切努力說服你的大腦現在是晚上，好在你的下一輪夜班工作開始前，給自己一場具復原性的休息做為禮物。

一個早睡的例子

在大學時期，我通常是從凌晨兩點睡到早上十點，我認為只要有睡滿八小時，早睡還是晚睡並不重要。我根本不介意自己的身體感覺簡直就像是有彈簧爆出來的機器般。結果事實證明，人體的時間表在與太陽同步時，運作得最好。

當人類學家研究地球上僅存的工業化前狩獵採集社會時，他們一致地發現了某種有趣的現象：這些部落的人們傾向於在日落後三小時左右睡覺[18]（附帶一提，在他們的語言裡也沒有相當於「失眠」之意的詞彙，畢竟這狀況太少發生了）。這些群體分布於全球各地，而且他們絕不會在推特上談論時間生物學，所以他們是獨立地形成了這樣的就寢時間，這讓於日落後三小時睡覺這件事看來像是對人類而言天生的最佳選擇。請注意，這並不是個固定的時間，這個就寢時間會隨著一年中不同的時期與位於地球的何處而改變。你的就寢時間在六月份可能是晚上十一點，而在十二月份則可能是晚上八點半。若你更偏好單一通用的建議，那麼，我會建議多數人在一年裡的多數時候，都於九點半到十點四十五分左右上床睡覺。

當我們錯過那個機會，不論是因為我們想多做幾件事、出去玩，還是被Netflix給吸住，我們的身體都會進入壓力反應狀態。身體會認為，一定是有充分的理由才會明明人都累了，卻沒上床睡覺。可能是身處險境，或是在值夜班看守部落。這時身體便釋出皮質醇，提供一股能量和警覺性，以支援我們在其所認為的特殊狀況下似乎需要的清醒。這就是「過度疲勞」的意義。若你沒有小孩，你可能會覺得：過度疲勞……沒什麼大不了的吧。人就是會累，然後又變得更累。不過，當父母的人就會知道我在說什麼了。有了女兒後，我才瞭解到（透過艱苦的過程）這種「小孩因為太累而無法入睡」的奇妙狀態。當寶寶累了的時候，你會看到他們出現一些小小的、可愛的、表示疲憊的徵兆，他們會打哈欠並揉眼睛。但實際上，這情況一點都不可愛，這其實是一種緊急事件。若你看到一個累了的寶寶，你必須放下手邊任何正在做的事情，在為時已晚前把他放進嬰兒床裡。為什麼呢？因為在最疲倦的時候要睡的寶寶會睡著，但若你錯過了那個機會，寶寶就會變得過度疲勞。接著不論你怎麼努力，用盡所有辦法，他們都不會睡。於是當天，你便無法達成為人父母的其中一項基本責任。

當寶寶過度疲勞，他們的身體會釋出皮質醇，令他們疲憊又焦躁。而事實證明，長大後的身體也會做同樣的事情。畢竟，就許多方面而言，我們就只是會走路的巨嬰罷了。幫你自己一個忙，瞭解一下自己有哪些疲憊的徵兆。你是否常在沙發上睡著呢？以我來說，我有注意到我在累了的時候會揉眉毛。當我拖過那個時間點而變得過度疲勞時，便會恢復精神。我開始感到溫暖，並突然發現自己跳入了網路的深淵，或是整理起了廚房。當我終於要嘗試入睡時，卻翻來覆去，輾轉難眠。我彷彿能感覺到自己疲憊的身體在對抗竄流於我血管中的皮質醇。

因此，當你注意到自己出現疲憊的徵兆時，請放下手邊的事，在為時已晚前爬進被窩。若你偏好簡單的指令，那麼聽好了：早點上床睡覺。

屬於自己的時間不等於看螢幕的時間

若你覺得在晚上漫無目的地滑了四十五分鐘手機的時光，就是你唯一「屬於自己的時間」或紓壓的機會，那麼你並不孤單。這是我的許多不同年齡層、不同狀況的病人都有的習慣。事實上，這種行為有個中文名稱，叫「報復性熬夜」，也就是報復性地將睡眠時間往後拖延，這是發生在「對白天生活沒有太多控制權的人，為了在深夜找回一些自由感而拒絕早睡」的情況[19]。這個敏銳的概念本身就是一種解決方案，因為它清楚說明了，在一天中為自己保留一段時間有多麼重要，而且這段時間必須對你的睡眠不具破壞性。我們怎樣才能創造出不需要在晚上進行報復的白天生活呢？除非能讓我們的資本主義社會調頭換方向，不然我曾為病人想到的解決方案，包括從早上抽出幾分鐘安靜地思考，到拒絕一些社交活動，再到晚飯後散步二十分鐘、從白天就開始舒壓等。

營養與睡眠：餓怒一整晚

我的許多病人都跟我說，就算他們睡得著，也很難一夜到天明。會導致人半夜醒來的原因很多，但更多時候，睡眠中斷可以歸咎於血糖波動。

對我們多數人來說，兩餐之間最長的間隔就是在我們睡覺的時候。雖然這個斷食狀態對細胞修復和讓消化道休息而言很重要，不過我們的血糖還是會整夜波動，就和白天時一樣。若你通常在下午三點變得「餓怒」（Hangry，當飢餓時變得生氣又煩躁的狀態），那麼，相對應的夜晚反應便是在凌晨三點醒來，腦子停不下來，無法再次入睡。這多半發生在血糖於夜間驟降、而你的身體以壓力反應回擊時。在我們的四個睡眠階段（包括三個逐漸加深的NREM階段，亦即Non-Rapid Eye Movement，非快速動眼階段；以及當我們做夢時的REM睡眠，亦即Rapid Eye Movement，快速動眼階段）中，壓力反應可能會讓睡眠更淺，把我們趕出較深的睡眠階段，讓我們更可能驚醒。而解決方案，就是要整夜都維持穩定的血糖。但除非盡情享用宵夜、零食，不然這要怎麼做到呢？一般來說，吃一頓能穩定血糖的飲食，或透過間歇性斷食來重新訓練生理機能，就可以避免此問題的發生。不過必要時，我的小撇步是在床邊放一罐杏仁奶油或椰子油，然後在晚上刷牙前吃一湯匙。若是在半夜醒來，感覺緊張又焦慮的話，那就再吃一湯匙。這一匙的脂肪與蛋白質很慢才會被消化吸收，故能提供穩定的血糖安全網以支持我們度過整晚，避免發生血糖驟降引起的壓力反應。

睡前的濃縮咖啡（多久前才安全？）

很多人都被困在咖啡因的惡性成癮循環中：在每個疲憊的早晨我們都會來一杯；到了下午，咖啡因的效果逐漸消退，我們就再補一杯……結果發現晚上很難入睡。而隔天早上睡眼惺忪，於是我們又再開始這樣的循環。我對此儀式並不陌生，也很熟悉那種當大腦像部發不動的車時，咖啡看起來和聞起來都是唯一救贖的感覺。不過這種感覺，很可能是咖啡因戒斷症。我們已在生理上讓身體習慣，早上的第一件事就是需要咖啡因，於是身體便拒絕在沒有咖啡因的狀態下運作。

你可能會懷疑，早上一杯無害的咖啡怎麼可能影響十五個小時後的睡眠。但其實大部分的人都低估了咖啡因停留在體內的時間。還記得高中物理教的「半衰期」的概念嗎？

咖啡因的平均半衰期約為五小時[20]，意思就是，你的身體要花大約五小時的時間來代謝你今早喝進的一半咖啡因，然後還要再花五小時才能代謝掉另一半，依此類推。這很重要，因為這表示你早上九點喝的拿鐵仍有一些整晚在你的腦袋裡嗡嗡作響，而更迫在眉睫的是，於下午三點半喝咖啡，就等同於在晚上八點半喝半杯咖啡。大部分為失眠所苦的人，都不敢在傍晚以後攝取咖啡因，但其實他們在白天的攝取也有同樣影響。由於咖啡因即使只有一點點，也能擾亂睡眠。你最好將喝咖啡的習慣限制在清晨，並減少整體的咖啡因攝取量。不論你是在早上喝一杯看似溫和的咖啡、覺得在下午喝抹茶（這基本上是值得分享到IG的火箭燃料）符合道德，或是在晚上啜飲健怡可樂，都會對你的睡眠和焦慮產生影響。我們將在第7章談到如何實際讓自己戒掉咖啡因。

睡鞋的尺寸

病患們經常問我：「正確的睡眠時間是多長？」我們當中很多人都熟悉人需要七到九小時的睡眠這個想法。而事實上，正如德國時間生物學家提爾·羅恩貝格（Till Roenneberg）在其著作《Internal Time》（暫譯：《體內時間》）中所概述的，現代人類的睡眠需求其實依循一種鐘形曲線分布，其中95%的人口需要七至九小時的睡眠[21]。人口中只有非常小的一部分，能以少於七小時的睡眠達成最佳運作[22][23][24]。然而依我估計，我的紐約同胞們大約有一半始終都睡不滿七小時。

即使你決心要睡個好覺，但這並不像是坐在餐廳裡選主菜般地看著菜單來選擇自己需要的睡眠時數：「讓我看看，這兒有七、八或九小時的睡眠可選。嗯……我要七小時的，謝謝。」我們無法選擇自己的身體需要多少小時的睡眠，這是我們的體質所具有的某種獨特特性。我曾聽過有人把這形容為「睡鞋的尺寸」。也就是說，你的身體對睡眠具有一定的時數需求。若你的尺寸是七號，那就睡七小時，你就會感覺很好了。但若你的尺寸是九號，那麼你是無法以七小時來縮減的。請想像當你的腳是九號，卻整天穿著七號的鞋子走來走去……這肯定會痛死！因此關鍵就在於，你要知道自己的睡鞋尺寸，然後用力地保護它。若是不確定幾小時的睡眠最適合你的身體，那麼你可能必須騰出幾週的時間來還清睡眠債，並讓自己不設鬧鐘，睡到自然醒。追蹤記錄你一般休息並自行醒來，身體所需的睡眠時間。人的睡眠需求會因幾個要素而改變，包括疾病、壓力和劇烈運動等，都可能增加我們對休息的需求。不過，大致掌握自己的身體需求，並每晚穿上正確尺寸的「睡鞋」，是個好主意。

在這裡要特別提醒尺寸是九號的朋友們：我知道感覺上七號和八號的人似乎能獲得更豐富的生活，因為他們不必睡那麼久。但請務必心平氣和地接納自己需要九小時睡眠的事實，並提供自己這段時間以好好充電。睡覺不是在浪費時間，睡眠是金。與其怨恨自己的身體，不如尊重它。要知道，睡眠是一種度過一大段人生的有價值方式。你越早承認自己的九小時需求並持續睡滿九小時，你的大部分健康（與焦慮）就能越快進入平衡且穩定的狀態。

中間睡眠

當我們在半夜醒來，往往就會為此感受到壓力，我們會看著時鐘並擔心隔天會很累。但在很多情況下，半夜醒來其實是一種叫「中間睡眠」（middle sleep）的正常生理事件。這是在兩段睡眠之間的暫停時間。儘管中間睡眠是正常的，但讓大腦在半夜暴露於藍光下，可能會混淆你的生理節奏，導致褪黑激素被抑制而難以再次入睡。因此，下次當你在半夜醒來時，可以想想這是否可能是兩段四小時睡眠之間的暫停。與其煩惱憂慮，不如就保護自己免於藍光照射（亦即別看手機），好好享受這段時光，不要有重新入睡的壓力。一般來說，大約十五到六十分鐘後，你便會自然地感受到睡意。通常是我們對清醒的憂慮和不停看時鐘的行為，激起了我們的壓力反應，進而浪費掉重新放鬆入睡的任何希望。因此，不如就試著在黑暗中閉眼休息，相信這是在睡眠之間正常的醒來現象即可。不知不覺地，你就會再次入睡了。睡眠衛生的基本矛盾是：雖然睡眠對身心健康極為重要，但當我們不過度思考這點時，會比較容易入睡。我們不僅必須告訴自己獲得足夠的睡眠很重要，但也必須告訴自己無論如何（不管睡得夠不夠）我們都會很好。

人有可能睡太多嗎？

我的想法是：不可能。

身體會獲取它所需要的睡眠量。不過，需要大量睡眠可能是存有潛在問題的徵兆。我發現有三種常見的情況會導致「過度睡眠」。

1 最常見的是：你的身體是對的，社會是錯的。

- 你可能就是需要大量睡眠，但著迷於生產力的社會告訴我們這是錯的。你是個睡九小時的人（就跟我的許多焦慮症病患一樣），但你質疑這點，並覺得自己是不是有毛病？你沒毛病。對你來說，少於九小時的睡眠可能會加重你的焦慮。

2 有個潛在的狀況正在增加你身體對睡眠的需求（且可獨立地導致焦慮）[25]。例如：

- 甲狀腺功能低下症。
- 憂鬱症（憂鬱和睡眠需求的增加，可能是由發炎所獨立引發，這部分將於第8章進一步說明）。
- 慢性感染（像是人類皰疹病毒第四型〔EB病毒〕或萊姆病）。
- 新冠肺炎（COVID-19）長期症狀。
- 藥物副作用（如安立復〔Abilify〕等非典型抗精神病藥物）。

若屬於以上任一種情況，就要解決根本原因，以幫助重新校準身體對睡眠的需求。如果你就只是個需要睡九小時的人，那就去爭取九小時囉。

疑難排解：睡眠支援

若你已試過上述所有解決方案，且依舊困擾於睡眠問題，那麼還有其他簡單、低科技的辦法可以幫助你，例如在睡前寫下你的待辦事項清單（這能有效將你的麻煩外包給一張紙，讓你的心思停止翻來覆去，好好放鬆）[26]、呼吸練習，以及漸進式肌肉放鬆（基本上就是交替地繃緊與放鬆身體的主要肌肉群）等。此外，別忽略夜間的焦慮主要取決於我們在白天管理壓力的能力這一事實。越是能讓自己在白天時放鬆，你在黑夜裡就會感到越平靜。故依此邏輯，本書中所有減低焦慮的建議，都有助於改善睡眠。

而除了這些干預措施外，還有一些安全的助眠物值得探索。

首先是甘胺酸鎂。鎂與人體內超過六百種的生化反應有關，補充鎂對失眠、焦慮[27]、憂鬱[28]、偏頭痛[29]、生理痛[30]、肌肉緊繃及許多其他毛病有幫助。大多數人都缺鎂，因為我們的食物種植在缺乏礦物質的土壤中。若你吃的農產品是從火山陰影下富含礦物質的土壤中新鮮採摘而來，你體內鎂的量或許很足夠。但若你是從美國食品系統中貧乏的農產公司取得糧食，那麼，補充一下對你可能有好處。除了失眠和焦慮外，其他表示你可能缺鎂的跡象還包括頭痛、疲勞和抽筋等。

我建議，幾乎每個人都該在睡前補充一百到八百毫克的甘胺酸鎂。若有拉肚子（解稀便）的現象，就減少劑量。而若你不想以藥錠的形式攝取鎂，也有食物來源（如黑巧克力、南瓜子、綠葉蔬菜、酪梨、香蕉和杏仁等）可選。又或者，你可於放鬆的瀉鹽浴中透過皮膚吸收。我個人有時以藥錠的形式攝取鎂，有時也透過浸泡於瀉鹽的方式吸收。

再來是加重的毛毯與冷卻墊。多年來，我有很多病人受惠於此，他們都發現加重的毛毯能使其神經系統平靜下來。你可把這想成是一種擁抱或在襁褓中的安全感。已有初步證據顯示，這對焦慮和失眠都有幫助[31]。

對某些人來說，冷卻墊則是另一個改變形勢的關鍵。人類在涼爽的房間裡（約攝氏十八度左右）睡得最好[32]。這可能是因為涼爽的房間近似於日落後自然環境中發生的溫度下降現象，有助於促成一連串的睡眠荷爾蒙反應。若你知道自己晚上會很熱，那麼你可選擇冷卻墊，讓你在爬上床時感覺溫暖舒適，並於整個夜間替床降溫，好讓你的身體維持深度睡眠。

然後是睡眠追蹤器。睡眠追蹤器有個顯著的好處，就是能讓人們開始重視睡眠，並以第一手的方式認知到如酒精、晚睡和在晚上看螢幕等行為，真的會在客觀上影響睡眠品質，讓睡眠明顯變糟。有研究顯示，不論分量多寡，酒精都能讓你更快入睡，但卻也增加了你在下半夜清醒的機會[33]。這些都是事實，但若你需要一個花俏的裝置來說服你「酒精對你的睡眠有負面影響」，那就把裝置弄來吧。

最後是褪黑激素。褪黑激素並不是一種誘導睡眠的物質，但它會告訴你的身體現在是一天當中的什麼時候[34][35]。而這正是為何以藥錠形式攝取褪黑激素，能幫助這麼多人睡覺的原因，因為它抵銷了令人困惑的現代光線線索。

你可以說我老派，但我就是比較贊成以實際的時刻來告訴身體現在是一天當中的什麼時候。換句話說，運用本章中的所有方法，尤其是有關早上和晚上的光線照射策略選擇，便能讓你的身體以內生方式（亦即從身體內部）產生褪黑激素。

我傾向於相信，藥錠的形式永遠不會像身體為回應適當提示，而於完美時機分泌出完美分量的細緻協調物質那麼好。也就是說，你或許可在搭紅眼航班時吃點褪黑激素，但除此之外，最好還是讓你的身體在晚上體驗黑暗，並享受自己身體自行生產之褪黑激素所創造出來的深度復原性睡眠。

06 科技焦慮

請記住，科技是一種古怪的玩意兒。它用一隻手帶給你很棒的禮物，然後又用另一隻手從背後捅你一刀。

——英國科學家兼小說家C・P・斯諾（C. P. Snow）

我們每天都可能發簡訊，或使用各式各樣的通訊軟體（如Snap、Zoom、DM、Fortnite、FaceTime或Line等），雖然這些可能會給自己擁有多樣化社交互動的錯覺，但其實它們都無法充分滋養我們對人際連結的基本需求。少了於真實生活中與人相處的感官情境（亦即面對面接觸時的聲音、氣味及觸感，還有對周遭所發生事情的共同體驗），就友誼、伙伴的情感而言，我們的各種螢幕互動根本搔不到真正的癢處。身為人類，我們是社會性的生物，不論有多麼內向、不愛交際，人際連結都是沒得商量的必要需求。可是當我們主要都透過螢幕擷取社群意識時，比起覺得受到支持，反而可能會感到更加孤立且焦慮。正如最近的研究顯示，社群媒體的使用，與較高比率的憂鬱和焦慮有關[1]。有項研究發現，使用Facebook僅僅二十分鐘後，我們便會感到情緒低落[2]。此外也有研究證實，減少使用線上社群媒體，可以提升幸福感[3]。

甚至早在新冠肺炎疫情把大家趕入家中並滑進螢幕之前，公共衛生專家就曾呼籲要注意他們所認為的美國「孤獨流行病」。二〇二〇年一月來自健康保險公司信諾（Cigna）的一份報告指出，約有60%的美國成年人感受到某種程度的孤獨[4]。社會孤立和科技運用的增加，影響了所有年齡層的人，但似乎對Z世代造成了最不利的影響[5]，這些Z世代幾乎是在iPhone的陪伴下長大。根據一項二〇一九年由心理學家珍・特溫格（Jean Twenge）博士所帶領的研究，比起上一個世代，今日有更多的青少年和年輕人經歷憂鬱與焦慮[6]。特溫格指出，這種精神痛苦的飆升，有部分可歸咎於智慧型手機的使用，和社群媒體方面的高度增長。例如在二〇〇九年約有一半的高中生每天上社群網站，而今日這個比例則接近85%[7]。多項研究都已闡明，花更多時間在社群媒體上會如何讓人們面臨心理健康問題的風險[8]。年輕女性可能是最痛苦的，就如葛瑞格．路加諾夫（Greg Lukianoff）和強納森．海德特（Jonathan Haidt）在他們的著作《為什麼我們製造出玻璃心世代？》中所指出的：「因為透過把他們排擠在外的訊號和關係攻擊，他們受到了社會比較的更多負面影響（尤其是基於經數位強化的美感）。」[9]這些在社群媒體上都比在真實生活中更容易發生[10]。

最後，還有證據表明，面對面接觸的社群（例如朋友、同事、鄰居和支援小組的成員們等）可實際緩解憂鬱與焦慮[11]。最近來自紐西蘭的一項研究證實，社會連結是一種更強大且更具一致性的心理健康預測指標，而非相反。也就是說，我們孤立並不是因為我們有心理健康問題。孤立本身的出現往往早於心理疾病，且似乎會對我們的心理健康造成負面影響。而社會連結可做為一種心理不健康時的「社會療法」[12]。之後在Part III，我們將探索可用於將社群重新融入生活的策略。

無疆界職場

我想提醒一下知識工作者（亦即像我們這種可透過電腦或手機完成工作的人），科技帶給了我們無疆界職場的焦慮。公車司機、麻醉師和咖啡師的身心都清楚知道，一旦離開實體的工作地點，他們當天的工作就結束了。但像我們這種工作者，現在很多都把工作帶著走，甚至真的是把工作放在口袋裡隨身攜帶。

時時刻刻都在工作的壓力，已經超越運用科技可能讓我們獲得的效率。而隨著疫情引發的在家工作趨勢（有些公司似乎正在接受此工作模式，並將之視為一種新常態），這種情況只會更惡化。再加上少了與上司、同事等實際面對面互動的滿足感，有些人甚至覺得，需要一直呈現上線狀態來證明我們有在工作、或是用更多工時取代通勤時間，並把工作日多延長個幾小時。

雖然科技不會回頭，但我們每個人都可以選擇設定合理的工作疆界。社群媒體和智慧型手機依舊是很新的東西，我們才剛開始建立與其互動往來時應有的禮儀、規矩。我曾聽過有人把這情況形容成：我們已經開著車在路上到處轉，但安全帶卻還沒被發明出來。對我們絕大多數的人來說，面對這種新的無疆界狀態，解決之道並不是逃離並丟掉手機，而是要停下來傾聽自己的焦慮，仔細思考它所傳達的訊息，並在科技的周圍設置新的界線。

從某種意義上來說，責任在我們自己身上，若是希望減少與科技有關的焦慮，我們就必須發明自己的安全帶。我的意思是：要在白天製造一些「不插電」的休息時間，在晚上讓手機遠離餐桌與臥室，並試著抗拒每當提示音響起、一有訊息進來就想立刻回應的衝動。但做為一種文化，我們需要共同認知到職場也必須尊重員工的精力極限。有些公司已提出具創意的解決方案，能在努力生存的同時以人道方式對待員工，像是「週二不中斷日」、「週三無會議日」及「週休三日」等，這些最終都能提高士氣、減少倦怠感並降低員工流動率。若能有更多公司跟進，對大家都會有好處。

社群媒體：企圖滿足我們想被見證的需求

少了個人的社群意識（曾經存在於教堂、村莊和同住成員眾多的大家庭中），我們變得越來越需要透過生活中的考驗和磨難來感覺自己被見證。近來，我們比過去更有可能被隔離在家中，有時一場 Zoom 視訊會議就是一天之中最大量的社交連結了。在過去的幾十年裡，社群媒體已順理成章地介入並成為我們的代理村莊。現在不論是有了寶寶、跑去度假，還是買了杯拿鐵，我們都會貼張照片當作一種慶祝儀式，並藉此感覺自己獲得了見證。對此，千禧世代甚至有個流行語：「有圖有真相。」這是我們與他人分享自身體驗與里程碑的方式，不僅強調這些事情確實發生了，也強調了自己的重要性。感覺有被這個摸不到的代理村莊注意到，但卻不會令人徹底滿意。這就類似於人造糖影響我們大腦的方式，亦即一開始以為自己嘗到了甜的東西，直到餘韻讓我們意識到，這只是一種在欺騙大腦的化學物質。數位社群提供的，不過是由他人親自維持的外殼，而在我們內心深處，卻有某個部分知道這並不足夠。

身為社會性的物種，我們天生就需要與他人建立個人關係。這與我們的血統有關，畢竟人類從來都不是大草原上速度最快或最強壯的動物。依據假設，是我們與彼此合作的能力，讓人類得以成為勝利的物種。而這便伴隨了對人際連結與生俱來的需求。事實上，社群在生物學上是如此地迫切必要，以致於對大腦來說，與社會脫節感覺就像是身體上的疼痛。就如加州大學洛杉磯分校的社會心理學家馬修・利伯曼（Matthew D. Lieberman）在其著作《社交天性》中所提出的，這是一種促進生存和繁殖的演化適應。他寫到：「社交失落的痛苦和觀眾的笑聲能夠影響我們的方式都非偶然。在某個程度上，我們可以說，演化就是在設計現代化的大腦，而我們的大腦生來就是要『接觸他人並與他人互動』。這些是設計上的特色，而非缺陷。這些社會適應性是使我們成為地球上最成功物種的關鍵。」[13]雖然社群媒體看似校正了現代生活的孤立，但其實它在我們之間築起了更多的牆。花時間用手機或電腦連結他人是有代價的，而這代價就是，我們不尋求面對面互動的時間機會成本。網路生活終究會阻礙我們真實連結的能力，讓我們感到不滿足又焦慮。

為焦慮調整姿勢

盯著螢幕或許就是在告訴大腦我們很焦慮。長時間在電腦前及盯著手機時所維持的肩頸姿勢，會影響通往大腦的血流[14]，並使頸部、上背部和下巴的重要肌群緊繃，而這些都與我們的交感神經系統相關聯。固定朝向螢幕的眼睛位置，以及緊繃的下巴和斜方肌等，都向大腦發出訊號表示：我們正處於充滿壓力的情況（不論是否真有壓力）。因此，看似親切友好的視訊對話，可能比我們所認知的更能引發生理上的焦慮。專注於螢幕時，我們的眼睛有時會睜大得像處於恐懼狀態一般。因此，在電腦前工作或看著手機時，請注意自己脖子的傾斜方向和眼神的柔和度。當你讓脖子往前傾斜時，是否感覺到肌肉更加緊繃？會覺得眼睛很累嗎？若答案是肯定的，那麼，於工作時創造更好的人體工學、每隔一段時間讓眼睛休息一下，還有偶爾拋開科技出去享受幾分鐘「不插電」的時光，都是很值得的。

利用科技，而不是讓科技利用你

有人說，我們生活在注意力經濟之中。換句話說，我們的注意力就是媒體及廣告商所競相爭奪的商品。而這些公司（靠著霸占我們的眼球來獲利）都已做足了功課。二〇一七年，Facebook的創始總裁西恩・帕克（Sean Parker）便於Axios的一場活動中坦白地表示：「構建這些應用程式的一切思考過程……其實全都與『如何盡可能耗盡你們所有的時間和有意識的注意力』有關。」[15]這些新聞與社群媒體公司，都敏銳地意識到了能讓他們成功的神經科學和行為心理學，他們知道如何利用我們的恐懼反應，並引誘大腦中會於認可時迅速亮起的獎勵迴路。他們知道，在IG上獲得一個「讚」，會以無法預知的時間間隔觸發多巴胺（一種與獎勵有關的神經傳導介質）的釋出，這類似在吃角子老虎機臺上轉出同樣圖案時的感覺，那會促使我們想要獲得更多[16]。而同時，媒體公司也認知到一個事實，那就是若提供灌輸恐懼與焦慮、不確定或懷疑，又或是讓我們感到不足的頭條新聞，我們就會收看。更別說爭議會讓我們拚命想知道內情了。結果就是，雖然他們的營收增加了，但卻賠上了眾人的心理健康。關於如何對抗此殘酷的事實，我的最佳建議其實來自一個不太可能的來源，即西恩·帕克本身。就像他曾經說過的：「我利用這些平臺，但不會讓他們利用我。」[17]對於該在何時以及如何將注意力轉移至新聞和社群媒體上，必須非常有意識地做出選擇，這樣才能保護我們的心理健康。

我的許多病患都深受他們所使用的媒體影響。他們要不緊跟著二十四小時的新聞週期，要不就消極地把自己的真實生活拿來和他們在IG上看到的、經過精心策畫的精彩片段做比較，毫無節制地貢獻出自己越來越多的注意力，然後換來令人衰弱的大量焦慮。我的病人艾莎便是這樣的例子。艾莎三十六歲，擔任雜誌編輯，在每次的診療時間裡，她都不停地談論著與Twitter或IG互動總是讓她多麼急切又緊張。「我在努力跟上，而且我非常在意這些議題，但我也開始懷疑自己是不是對新聞成癮了。有時我完全無法思考別的事，就只是一直不斷地查看手機。」她還補充說，當她在社群媒體上貼出自己關心的內容時，人們的留言總會令她覺得自己「被誤解」和「被攻擊」。艾莎在這方面的困難被一個事實給強化了，那就是：在她的職業領域中，若要取得成功，保持活躍的社群媒體形象是很有優勢的。

我建議她要更誠實地面對自己為了工作所應花費在社群媒體上的時間與精力。我的直覺是，她一直告訴自己她需要做得更多，但其實這遠遠超過實際需要。正如身為靈性老師亦是作家的艾克哈特·托勒（Eckhart Tolle）在其著作《當下的力量》中簡單扼要地提到的：「成癮的特徵是什麼？很簡單，就是：你不再覺得自己能夠選擇停止。成癮也會給你一種假的愉悅感，一種總會轉變成痛苦的愉悅。」[18] 我建議艾莎在打開 Twitter 並被吸進去之前，停下來思考一下其行為的潛在後果。

我也鼓勵艾莎在飽覽資訊的同時，有意識地做出選擇，亦即明智地選擇要讓誰來告訴她消息，以及要多久告訴她一次。要知道，負責任的新聞業不是人們的敵人。比起以往，現在我們更需要專業的、會做調查的真相講述者在外頭尋找並公開真相。但不幸的是，在這所謂的資訊時代裡，一指輕點即得的故事，經常通往失衡與恐懼，挑起壓力反應並為焦慮煽風點火。

艾莎嘗試刪除工作上用不到的手機應用程式，並限制自己只能從幾個值得信賴的來源取得新聞，也限制每天查看的次數。她還同意實行科技宵禁制度，也就是在睡前一小時關閉所有電子產品，而且最重要的是，整個晚上都讓手機遠離臥室。現在，她會利用晚上多出來的時間泡個澡或看看書。艾莎的焦慮改善了，而且即使她沒有隨時隨地注意新聞，結果證實她還是能把工作做好（甚至可說是更好了）。而這些轉變，讓我們得以用多一點的距離和角度，去研究她對於在許多社群媒體中普遍存在的攻擊態度的感受。

取消的文化

科技煽動焦慮的另一種方式，就是發生在社群媒體論壇上的那種取消、退訂的風氣。雖說取消是一種問責文化，它為不良行為提供了必要的懲罰，幫助我們在個人和社會的層面上成長並進步，但它也可能轉往更有害的領域。若我們每天都在手機上花費數小時瀏覽社群媒體，那麼，取消文化就意味著我們沉浸在批評和關係攻擊之中，而有鑑於我們天生在得到社群的支援時會感到安全，故這狀態會讓我們覺得焦慮，並默默地對自己基本的安全感開始產生懷疑。

雖然網路上確實有不少重要且令人期待的對話，但我們需要在自己的意識及參與度和心理健康之間取得平衡，畢竟只有在我們感覺自己健康強壯時，才能盡最大努力讓世界變得更美好。正如行動主義者，同時也是零號行動（Campaign Zero）共同創始人的布蘭特妮・坎寧安（Brittany N. Packnett Cunningham）所說的：「我們需要休息的戰士。」[19]當你注意到科技令你疲憊不堪，有時對心理健康而言的正確選擇，就是退一步並喘口氣。

一般來說，我都建議我的病人在瀏覽無窮無盡的資訊時，要採取能讓自己獲得養分的方式，而不是病態的方式。就像吃進身體的食物能影響我們的感覺，我們所看到的、讀到的及聽到的，也能改變神經系統的狀態，並創造一種被杜撰出來的懷疑與不安全感，也稱做「假焦慮」。換言之，科技是一種可避免的焦慮來源，就隱藏在眾目睽睽之下。

07 思想的食糧

我們到達了這個奇怪的文化時期，在這個時期，食物既是工具也是武器。

——邁克爾．特威蒂（Michael W. Twitty），《The Cooking Gene: A Journey Through African American Culinary History in the Old South》（暫譯：《烹飪基因：老南方非裔美人烹飪史之旅》）

我們生活在經歷數十年充滿誤導與矛盾的營養建議之後的覺醒時期。先前，一開始說是要吃低脂肪的食物，後來又建議我們改把重點放在吃低碳水化合物上，高尚的早午餐點從蛋白歐姆蛋變成了草飼牛排，而曾讓人瞬間心臟病發作的奶油，現在卻成了加在早餐咖啡裡的好東西。光是弄清楚該吃什麼，就足以讓任何有理智的人暈頭轉向，甚至這件事本身也可能成為一種焦慮來源。於此同時，人們不再像原始部落那樣將傳統的飲食智慧代代相傳，而美國的飲食「智慧」，根本是一種嚴重受到產業資金影響的分量建議金字塔❶。所以我們只能自己弄清楚該怎麼吃。在想要控制並照顧好身體的雙重企圖下，我的許多病人都轉向所謂的「純淨飲食」。我並不反對青汁或果昔之類的東西，但值得注意的是，你可以一天到晚都在吃奇亞籽布丁，和很值得分享到IG上的燕麥奶抹茶拿鐵；然而，即使你吃得超級「純淨」，卻還是可能感到營養不良且焦慮。事實上，你可以吃得徹底純淨，但依舊缺乏感覺良好所需的營養。

說到心理健康的飲食方式，我們需要回到「平衡」這個觀念上。儘管吃得純淨、吃得像原始人或是吃低碳水化合物或許都有好處，但這些類型的標籤卻可能具破壞性。當我們過度依賴某種特定的飲食方式時，就等於走在一條細長的鋼索上，鋼索的一端是「注意我們所吃的東西」，另一端則是「成為對食物強迫性思考的犧牲品」，這不僅會促進焦慮，還可能會替飲食失調奠定基礎。

在這個問題上，我有一些親身經歷。在就讀醫學院的第一年裡，我變得暴飲暴食。然而在暴飲暴食發生的前幾週，我開始限制自己的飲食，那是錯誤的嘗試，因為我在對自己人生中的所有其他一切都感到無所適從時，試圖控制自己的身體。回頭想想，我相信有幾個因素導致了我陷入暴飲暴食的狀況：飲食限制這件事本身，促使我的大腦沉迷於食物，這是對熱量不足的一種生物適應反應，目的是要促使該本人尋找食物以求生存。在就讀醫學院的多數時候，我也感到脫節且與自己的目標不一致，而我無意識地以情緒性進食來試圖自我安慰，渴望用食物填滿空虛感與孤立感。不過我懷疑，導致我暴飲暴食的最主要（但卻也是最少人理解的）因素，其實是成癮，食物就是我的毒品。這種癮頭表現為我腸道中的某種感覺，那是一種在腸子深處膨脹的、失控的渴望，而我覺得當它與壓力和寂寞相結合，就把我推上了暴食之路。我會大吃披薩、餅乾、烤起司三明治還有冰淇淋，我對待食物的方式，就跟在戒毒過程中的癮君子可能會再回頭嗑藥且用藥過量一樣。

每當我想起自己生命中的這段時期，就覺得悲傷。暴飲暴食是一種偷偷摸摸、曠日持久、充滿羞愧、身體上很不舒服，且出乎意料地昂貴的行為（吃大量食物需要經常去賣場採購）。我開始肆無忌憚地發胖。我的膝蓋因為必須負擔增加的體重而疼痛。

我最終找到了一位擅長飲食失調的治療師，於是慢慢地，我就恢復了。我很幸運地認知到自己需要幫助，而且還能獲得正確的支援，畢竟在治療依舊如此被汙名化、取得不易且難以找出方向的情況下，許多人都默默忍受了很多年。

食物成癮

沒有哪種成癮是「比較容易」控制的，但不像一些成癮性的物質，食物具有獨特的挑戰性，因為我們不能選擇完全戒除食物。我們必須每天與我們的毒品互動多次，這點讓復原變得困難。正如休士頓大學的講師兼研究教授，同時也是暢銷書作家的布芮尼·布朗（Brené Brown）所說的：「我曾聽過某人說：『以禁欲為基礎的復原生活，就像是在自家客廳裡有個籠子關著一隻猛虎般。你知道不論基於什麼理由，一旦打開籠門你就死定了。而不以禁欲為基礎的成癮復原也一樣，只是你必須每天打開籠門三次罷了。』」[2]在我的焦慮症病患中，有相當大比例的人都有暴飲暴食的問題。在嘗試幫助他們的過程中，我突然想到，雖然我的病人無法完全戒除食物，但他們可以戒除如毒品般的食物。

然而，飲食失調的一個正統理論基礎是，只要採取慎重計量的方式，沒有任何食物是絕對禁止的。書籍、治療師和網路都告訴我們：「一切都要適量。」但戒掉麩質、乳製品、糖和加工食品，就已足夠讓我的許多患者避開觸發因素，停止暴飲暴食。雖然對一個典型的治療師來說，這樣的限制可能看起來就只是另一種類型的飲食失調，不過，這一直是許多人的復原之道。事實上，這個現象為何會發生，是有科學上的解釋的：麩質會分解成一種叫穀嗎啡（gluteomorphin）的物質，而乳製品則會分解成酪啡肽（casomorphin）。你有注意到「morphin（嗎啡）」這個字根嗎？起司通心麵不僅美味，它還能發揮如幼幼版劑量的嗎啡類化學物質的作用，會讓我們想吃更多[3,4]。糖對大腦具刺激性；而加工食品則是設計來利用大腦中的神經獎勵迴路，就像洋芋片廣告裡那句臭屁的口號：「打賭你會一片接一片！」但這玩笑可是開在我們身上，我們真的會一片接著一片地停不下來，因為它本來就是設計成要讓人上癮的。

當我的病人戒掉這種癮頭後，他們漸漸就會開始重新學習飽足感，並培養出對食物的自由感。更棒的是，許多人最終都能夠回到他們當時的觸發食物，而沒有再出現暴食現象。而且當他們停止暴飲暴食，情緒也變得穩定，消化變得正常，於是又能夠重新出門與朋友聚餐了。真正的復原總是會涉及更深層的精神心理治療，像是重新接納自我、恢復積極的社交互動，並重新連結意義等。而禁欲的技巧可以提供一個關鍵的出口坡道，讓人們能從食物成癮的泥沼中爬升至足夠高度，以進行徹底理解並治癒該行為所需的精神心理處理。因此，我想提出比較激進的建議：畢竟有些飲食失調（暴飲暴食、貪食症，甚至是某種形式的厭食症）的根源，是在於對如毒品般的食物上癮，而這時，禁欲就是出路。

純淨飲食失調

經過多年協助病患發掘哪些食物在他們體內有如毒品的經驗，我開始相信解決任何飲食失調，以及幫助改善憂鬱與焦慮的關鍵，就是讓人們戒除如毒品般的食物，並改吃真正的食物。我個人在醫療時便是採取這種做法，而且也會繼續採用這種大獲成功的方式。

不過，這一路走來我也發現到一個陷阱：有時這種做法實際上可能導致不同類型的飲食失調，叫「健康食品痴迷症」（orthorexia），也就是過度沉迷於吃得「正確」這件事。可悲的是，此情況在健康的社群中變得還挺常見的。在密切關注良好飲食要素的狀態下，有些人就會開始過度聚焦於限制。當此狀況發生時，人們便開始異常地執著於一直都要吃得很完美，他們會把全副心力投注於做飯上，甚至開始拒絕聚餐的邀約。當他們無法掌控餐點的狀況時，就會變得焦慮。他們的生活變得範圍越來越小，越來越僵固，他們會失去社交連結，儘管他們或許達成了某些健康目標，像是比較不脹氣、比較不暴飲暴食、改善了胰島素敏感性、腸道較健康等，但他們的焦慮程度卻增加了。

身為行動主義者的英國女演員賈米拉．賈米爾（Jameela Jami），便陳述了這些健康文化對食物痴迷的固有問題。她在一篇社群媒體的貼文中寫到：「節食文化……很可能讓我失去所有的現實感……小心留意將食物與內疚、羞恥、憤怒或失敗連結起來的跡象。聽聽你對鏡中自己的身體所說的話與評論……你會告訴某個你深愛且尊重的人，他們必須達到同樣的身體目標，才被允許感覺良好且有自信嗎？若你的身體最終沒能服從你的幻想，因為那或許就不是你原本該有的樣子，這樣你能接受嗎？……為什麼我們聰明的身體所想要和需要的，不是最重要的呢？」5

我現在已學會，在與病患繼續任何和食物的選擇有關的討論時，一定要記得讓他們與食物保持自由而輕鬆的關係，要基於信賴而非恐懼。重要的是，別拒絕讓自己享受食物的多方面樂趣，畢竟這些本身就是強大的焦慮治療藥。舉例來說，若你以最適合自己身體的方式進食，但在此過程中，你已開始迴避社交活動，那麼或許你就已經走火入魔了。我認為，再多的健康飲食，都不如一頓飯所帶來肯定生命的社交連結更有益健康。因此，為了「吃得純淨」而避免與朋友聚餐，根本就是在反治療。我也有提供一些疑難排解的訣竅（像是在出門前先吃點東西，或是帶一道菜去參加聚會等）給我的病患們，好在他們開始以一種不容易與周遭世界一致的新方式吃東西時，能順利通過因此而生的必然挑戰。

此外，當我們想到對食物感到恐懼的危險性時，也一定要記住，大腦永遠都在學習（因為這就是大腦的功用），而它學習焦慮的方式就跟學習代數差不多。所以請注意，任何暗示你需要保護的事物，都會增加焦慮。當我們航行於營養的道路上，若是從害怕食物的角度來導航，即使這有可能會讓我們吃得更好，但它仍具有增加焦慮的淨效應。我們需要學習吃得好的藝術，以一種感覺不像剝奪或威脅的方式達成。若你能營造出飲食的安全感與富足感，亦即能夠在有益身體、同時抵禦焦慮的真正食物中享受到樂趣的話，你就能更輕鬆地悠遊於營養與生活之中。

對身體自愛主義★的細緻詮釋

我有個病人瓦萊麗，她來找我幫助她解決憂鬱和焦慮的問題，而她是個身體自愛運動的擁護者。於初次診療，當我暗示我可能會建議她在飲食上做改變時，她對節食文化及推廣節食文化的「IG上令人難以忍受的影響者」進行了一段很有說服力的激烈批判。然而過沒多久，她又繼續告訴我關於她在「婦科部分」的困擾，補充說她經歷了不規則且極大量的生理期，還附帶了痛苦的痙攣與頭痛，讓她每個月都有一整週很難好好工作並生活。

★ Body Positivity，最早起源於1960年代的美國，主張應接納不同的身體樣貌，包含胖瘦、身形、膚色、性別等。

前一分鐘她才在說：「閉嘴，你們這些節食狂熱分子，別因為我吃垃圾食物就羞辱我！」然後下一分鐘她卻又告訴我，她的身體是如何地崩壞，造成了巨大的痛苦。這時我才恍然大悟，原來瓦萊麗並未看出她所吃的東西和身體運作方式之間的關聯。

我希望在文化上，我們能夠更珍視這樣的關聯：我們所選擇的食物會促成自己體內的失衡狀態，進而造成身體和心理的痛苦。簡言之：我們吃的東西會影響我們的感受，而這正是飲食之所以重要的原因。與瓦萊麗的相遇，促使我重新思考自己對身體自愛運動的看法。這個運動鼓勵並告訴瓦萊麗：「你想吃什麼就吃什麼，不需要為了取悅父權體制而痛苦。」但最終，這種做法在她的生活中創造的痛苦多於舒適，阻擋了她想要感覺不那麼憂鬱，且每個月不會浪費一週時間痛個半死又大失血的目標。身體自愛，就和生活中的許多事物一樣，應該以一種細緻入微且寬容的理解方式來看待。

在大部分情況下，我完全同意身體自愛運動的原則。正如索尼亞・芮妮・泰勒（Sonya Renee Taylor）在其革命性著作《The Body Is Not an Apology: The Power of Radical Self-Love》（暫譯：《身體不是一種賠罪：根本的自愛力量》）中所說的：「沒有哪種身體是錯誤的。」我贊成頌揚所有體型、拒絕節食文化、拋棄關於身體外觀的主要種族主義和性別主義觀念（甚至根本就該拋棄身體外觀很重要的想法）、認清我們不能以衣服的尺寸或磅秤上的數字來評斷人的健康狀態，以及抵制對肥胖的羞辱，包括發生於工作面試中和醫生診療室裡，還有……嗯，基本上到處都有。身體自愛是一個重要的運動，它對已制約了我們許多人對身體好惡的父權觀念說出了真話。

然而，對於如瓦萊麗那樣的加工食品成癮和身體失衡狀況，我也有過第一手的體驗，對我來說，這很難讓我獲得令人滿足的生活。我們必須調和身體自愛心態的原則，並同時體悟到，所吃的東西和身體的健康狀態，會影響我們的情緒以及在生活中的運作。雖說確實有父權體制在向我們推銷節食文化，並從身體恥辱中獲利，但也有一種同樣強大的父權體制，藉由推銷會擾亂我們食欲與新陳代謝的成癮食物來斂財。而身體自愛運動在很大程度上忽略了大食品父權體制。所以，我都是這麼跟我的病人說的：請確保你有注意到所有站在你和令你滿足的生活之間的父權體制。父權可不是只有告訴我們要瘦的那種而已。

畢竟，我們所吃的東西會影響我們的壽命長度[6][7]、生活品質[8]，以及身體能否成為充滿活力的基礎，好讓我們履行自己存在於地球上的任務。對食物及磅秤上數字的痴迷，阻礙了我們實現目標並享受生活，但是，不良的心理和身體健康也會。

我並不責怪人們偏離健康的飲食。但我責怪這些企業故意販賣會上癮的食物給我們。我責怪那些廠商，他們排放會擾亂內分泌的化學物質至供水系統，並說服我們將這些化學物質直接擦在皮膚上。這些接觸都會造成荷爾蒙不平衡，並打亂我們的新陳代謝。我責怪那些科學家竟同意為了金錢報酬，而扭曲關於糖及飽和脂肪的科學共識[9]。我責怪政府竟讓這樣的徹底缺乏監管成為可能，並在每個重要關頭把我們的健康出賣給企業利益。所以，是的，讓我們反抗節食文化，但也別違背我們自身的需求。我們需要吃得好，是為了要感覺良好，而不是為了節食文化告訴我們的那些理由。我們餵養自己的方式，應該是一種根本的自愛行為，而不是一種自我否定的行為。當我們選擇食物時，記得從自愛的角度來導航，即能辨出什麼樣輕鬆易得的食物有時會導致更艱苦的生活。

當瓦萊麗最後發現她的身體其實無法耐受乳製品，而且糖會影響她的情緒與荷爾蒙時，她便大幅減少了這兩者的攝取。她的憂鬱和焦慮改善了，身體健康也是，包括先前未診斷出的多囊性卵巢症侯群與子宮內膜異位症。這告訴我們：要讓食物選擇成為一個於自己內心會議室中的私人決策過程。而節食文化的父權體制，和大食品父權體制，在該會議中都沒有席次。

飢餓焦慮（Hanxiety）

我個人在醫療時，都會先假設焦慮為血糖問題，直到能證明並非如此為止。這麼做並不是在輕視人們極為真實的痛苦，也不是在暗示每個焦慮的人都有糖尿病。事實上，血糖不是二元的，並不是只有糖尿病和完全健康兩種可能。對許多人來說，身體運作於某個範圍內的血糖異常狀態，其中細微、無臨床症狀的調節損傷，會讓我們的血糖在一天內上下波動，而每次的血糖驟降，都會引發壓力反應[10]。有鑑於現代飲食是如此地容易造成血糖波動，這些壓力反應就是我在診療時所看到的大部分焦慮根源。而且我發現，調整血糖時常是治療焦慮最立即有效的辦法。若你熟悉「餓怒（Hangry）」的感覺，那麼你很可能也會有飢餓焦慮（Hanxious）的現象，意思就是你在血糖偏低時會感到焦慮[11]。如果這麼說讓你想起類似經驗，那就值得你仔細研究一下自己的飲食，以及血糖在情緒中可能發揮的作用。即使你的血液檢驗結果都正常，醫生也從未跟你提到過糖尿病之類的，我還是可以保證，穩定血糖對你的焦慮肯定有幫助。

在人類演化過程中，能否取得足夠的食物一直是攸關生死的問題，因此人體具備了一系列的制衡機制以確保血糖安全。我們的身體以名為「肝醣」的澱粉形式儲存糖分。當血糖偏低時，便會觸發一連串事件。腎上腺會分泌腎上腺素和皮質醇（壓力荷爾蒙），藉此告訴我們的肝臟要把肝醣分解成葡萄糖，並將之釋放至血液中。而腎上腺素和皮質醇也會製造出一種需要尋找更多食物的急迫感，在現代，這就轉變成了下午三點想找零食吃的傾向。此身體系統完成了工作，亦即當血糖偏低時，就把葡萄糖放回至血液中，並促使我們搜尋更多食物。唯一的問題在於，它還會在體內引發最嚴重的火警警報。身體為了達成這些目標而觸發壓力反應，然後壓力反應感覺起來可能就跟焦慮一樣。這些血糖驟降，都是在很大程度上能夠避免的焦慮原因。因此，若你為飢餓焦慮所苦，你可能會發現（儘管要避免攝取糖分可能很困難），某些飲食上的改變對你來說很值得。

以我二十八歲的病患普里亞為例，多年來她經常恐慌發作。當我們開始一起努力並著手調查她的恐慌模式時，我們注意到，當她吃了某些特別甜的東西，或徹底跳過一餐的時候，幾乎都必定會經歷恐慌發作。經過幾週的觀察，我們逐漸確定就是低血糖觸發了普里亞的恐慌。我們顯然需要實施一個包含血糖穩定的治療計畫。我向她保證，這問題有明確而可靠的解決方案，甚至還有個超有效的密技。首先，我建議她定時用餐，並選擇能穩定血糖的真食物，著重於良好來源的蛋白質、蕃薯等澱粉根莖類，以及蔬菜，並且都以健康的脂肪來料理，同時盡量將糖和精製碳水化合物降到最低。由於這大幅偏離了普里亞原本的飲食習慣，她以往總是跳過早餐不吃，然後以星冰樂和糖果等取代午餐，晚餐吃墨西哥玉米片，故當我提出這建議時，她臉上閃過了一陣驚恐。於是我告訴她，我們可以先從簡單的密技開始，這通常用在睡覺時血糖驟降的人身上：她可在白天每隔一段固定時間，吃一湯匙的杏仁奶油或椰子油，以保持血糖穩定。儘管以不可置信的眼神看著我，但普里亞還是答應了她會試試看。接著在下一次診療時，她回報說她都在早上十一點、下午三點左右及晚上睡前吃一湯匙的杏仁奶油。神奇的是：她的恐慌發作變得沒那麼頻繁，而且往往只發生在她忘了吃杏仁奶油的時候。

普里亞和我對這立竿見影的成效都感到非常興奮，但其實我有很多其他病人努力了更久，且需要對其飲食實行更顯著的改變，才能獲得成效（老實說，即使在普里亞的焦慮減輕後，我也有勸告她為了自己整體的健康著想，最好還是要繼續調整她的飲食才行）。有時，在脫離假焦慮的路上，我們需要對飲食中所添加的糖分有更一致而仔細的觀察。我們都知道，當我們吃下第一口甜食，它就能瞬間釋放「糖之龍……那是一隻緊貼在你背後的噴火野獸，在你耳邊狂吼，要求你再吃一口。」就如Whole30計畫的共同創始人兼CEO梅麗莎．厄本（Melissa Urban）所描述的。她認清了脫離糖分這件事很難只做一半，她指出：「宰殺糖之龍的最好辦法就是餓死牠。」[12]我也在我的病患身上發現了這個事實。一旦他們釋放糖之龍，就會發現自己持續渴求糖分。然而，若他們完全戒糖一到兩個星期，那種渴望就會消退。

不過我明白：戒糖絕非易事。我的一些病人發現，吃一匙杏仁奶油或椰子油的方法，能幫助他們度過艱難的第一週。很多人都發現，他們只是必須熬過那個戒斷期，接著在戒糖約一週後，他們就自由了。對糖的渴望消失，他們感覺身體和情緒上都好多了。那隻龍被宰了。

若你只以抑制焦慮的名義進行單一的飲食調整，那麼，我會建議你處理你和糖的關係。盡你所能去維持自己的血糖穩定，並考慮降低整體的糖分攝取。

大腦與咖啡因

有兩件事幾乎是我所有病人都有的共通點：焦慮與咖啡。若你也具備這兩點，該是時候老實地檢視一下咖啡因在焦慮中所扮演的角色了。其實咖啡因對焦慮的影響，甚至超過對睡眠的影響。筆名史考特．亞歷山大（Scott Alexander）的精神科醫師在其部落格 Slate Star Codex 上寫到：「曾有病人因為嚴重的復發性焦慮而來找我。我問她都喝多少咖啡，她說大約每天二十杯。我只能說，這並不是《怪醫豪斯》★等級的醫學之謎啊。」[13]這個半開玩笑的例子，說明了這種關聯本應是如此地明顯，但我們卻是如此頻繁地予以忽略。

必須說清楚的是，咖啡因本身並不壞。它是安全又令人愉快的，甚至還有潛在的好處。咖啡是鎂和抗氧化劑的來源，且與降低帕金森氏症[14]及第二型糖尿病的罹患風險有關[15]。茶也富含抗氧化劑與有益的多酚。然而就如同含糖食物，咖啡因能觸發皮質醇的分泌[16][17]，而這感覺起來可能就跟焦慮一樣。若你恰巧苦於廣泛性焦慮症、恐慌發作，或是社交焦慮症，而且你有習慣喝咖啡、茶、汽水或能量飲料，那麼，咖啡因就很有可能在你的症狀中扮演了要角[18]。

對敏感的人來說，咖啡因可以成為一種焦慮毒品，意思就是它能激發壓力反

★美國的知名醫療電視劇，描述性格奇特但醫術高明的豪斯醫生的行醫故事。

應並引起焦慮。尤其在咖啡因代謝速度慢的人身上，我總會看到這種情況發生。而咖啡因的代謝速度是否較慢，可透過基因測試來確認，或是直接觀察咖啡因的影響是否需要很長時間才能在你的體內消退。當我們攝取咖啡因時，它會促進皮質醇分泌，進而加速交感反應（戰鬥或逃跑）。換句話說，咖啡因會讓我們的神經系統準備好要作戰。然後，若我們引入壓力源（例如辛苦的通勤路程，或是在工作上一封令人不安的電子郵件），咖啡因就會導致我們對該壓力出現更明顯的反應。不知不覺地，你的心臟怦怦跳，雙手顫抖，感覺整個身體都在搖晃且興奮不已。又或者你會很容易就陷入沉思的螺旋。另外，若你服用抗焦慮的藥物並喝咖啡，就如我的許多病人所做的，那麼請注意，你這等於是一邊服用會讓你焦慮的毒品，一邊又在吃治療焦慮的藥物。**那你何不一開始就停止服用會讓你焦慮的毒品就好？**

這時你會說：「你說得對，但光想到要戒咖啡就令我焦慮。」請繼續聽我說。我知道喝咖啡已成為一種最受喜愛的文化儀式，有時感覺像是一整天中的小確幸、我們在世上唯一的朋友。不過請記得，咖啡因之所以讓人感覺很好，有部分是因為它就是它自己的戒斷解毒劑，換言之，我們醒來時受到咖啡因戒斷問題的困擾，然後咖啡又因為拯救了它本身所製造的問題而受到讚揚！幸好，有一些方法可以讓我們擺脫咖啡因，但又不至於太痛苦或犧牲太多。

但若我真的說服了你嘗試戒咖啡，請千萬別決定明天就立刻完全不喝。我強烈建議你在對咖啡因的攝取做出任何改變時，都要採取漸進的方式。咖啡因是真的會有戒斷效應的真正毒品。請花費數週的時間逐漸減少攝取量，以避免發生頭痛、易怒及疲勞等狀況。從每天好幾杯慢慢變成每天一杯，再到一般咖啡與無咖啡因咖啡各半混合，接著改喝紅茶，然後是綠茶。最後，你會減少到只喝幾口綠茶，這時，你就能夠轉換到不含咖啡因的花草茶了。儘管有時你可能還是無法很確定自己是否走在正確的道路上，但隨著時間過去，狀況就會穩定下來。你會成為同樣精力充沛、有生產力的自己，但少了高高低低的咖啡因，更別說還省下了每天買咖啡的錢。最重要的是，減少或消除咖啡因可以大幅降低焦慮。就如神經科學家賈德森·布魯爾（Judson Brewer）在《鬆綁你的焦慮習慣》一書中所寫的：「改變習慣唯一可持續的方法，就是更新其獎勵值。」[19]請注意咖啡因是如何助長了你的焦慮，並觀察一旦自己終於脫離咖啡因，你又是如何感覺不那麼焦慮，這樣就能更新咖啡的「獎勵值」，以促進習慣的改變。而對於那些喜歡不那麼焦慮的生活，但又真的無法想像生活中失去咖啡的香氣、味道與儀式感的人，我的建議是：無咖啡因咖啡。

酒與焦慮：一段戀愛關係

長久以來，人類一直都利用酒精來自行治療焦慮，而且理由很充分：因為有效。至少在短期內是有效的。就和贊安諾（Xanax）等苯二氮平類藥物一樣，酒精也會調節我們大腦中神經傳導介質GABA的活性。當我們喝酒，酒精便作用於GABA受體，感覺就像是有大量的GABA在我們的突觸中，這種感覺很好，很愉悅、很放鬆……突然間，我們所緊張、擔心的事情似乎變得沒什麼了不起。然後在一段短暫的甜蜜期，我們感到隨和而充滿自信，彷彿一切都會好起來。若故事的結局真是如此，那還真是一段千古流傳的唯美愛情呢。

只可惜，就如我們現在已知的，身體並不真的關心我們是否放鬆，它只是想讓我們繼續活下去而已。所以，每當一、兩杯黃湯下肚後，身體就開始意識到，這時若有隻美洲豹出現在轉角處，我們會因為太醉而根本不在乎。於是大腦便竭盡全力恢復體內恆定，它會重新吸收GABA並將之轉換成一種刺激性的神經傳導介質：麩胺酸[20]。之後，或許還是有GABA在你的突觸中流動，但你的大腦不會知道。結果你會有什麼感覺呢？你會焦慮。酒精能讓我們暫時放鬆、冷靜，但最終會讓我們感到比一開始時還更焦慮。而且這樣的影響可能長期累積，故我們可輕易看出酒精是如何為自己創造需求，並讓我們陷入惡性循環。

酒精的另一個問題是，它會讓我們渴望麻木並逃避生活中艱難的時刻，而這可能對我們於各種人類體驗中保持清醒、與內在真相保持一致，以及恰當地處理創傷、壓力和悲傷的能力，產生有害影響。

雖然我們都被灌輸了酒精「有益心靈健康」的觀念，甚至認知它是個讓人有自主權的選擇，但最近的研究發現，任何分量的酒精都對我們的健康有害，會增加我們罹患癌症及失智症的風險[21]。而在心理健康方面，不論分量多寡，酒精對GABA的影響都會加重焦慮[22][23]。

若你倚賴酒精做為一種緩解焦慮的方式，你不必覺得丟臉，我也不會責備你。但若沒人要告訴你這件事，我覺得我有責任讓你知道：就長期來說，這可能會讓情況更糟。最好讓你的大腦有機會建立它自己的GABA活性備份，這樣你才能在沒醉的時候也感覺輕鬆自在。而這件事可透過營養、瑜伽、冥想、呼吸練習和腸道療癒（具體來說，就是補充有助於製造GABA的益菌）等來達成，並避開對GABA的活性有不利影響的物質，如酒精（就長期而言，苯二氮平類藥物也會對GABA的訊號傳導產生負面影響）。一般來說，我建議我們每個人都該有意識地反省酒精在我們整體健康中所扮演的角色，並思考採取不同選擇是否能為焦慮提供一些緩解效果。

過食與營養不良

在美國，我們與食物的關係已變得如此令人憂慮，我們幾乎已忘了食物和營養之間的連結。事實上，大腦的功能運作，取決於我們的食物是否能提供必要原料。當我們有獲得良好的營養時，就會感覺很好。

某些食物和營養素，對神經化學和焦慮有直接影響。首先，能幫助我們感到穩定與平靜的如血清素和GABA等神經傳導介質，都不是憑空產生的，而是我們的身體利用來自食物的營養素（例如火雞中的色胺酸和大骨湯中的甘胺酸）所製造的。此外，我們的身體還會持續調查我們的營養狀態，並判定是否已「充足」。我相信，當身體檢測到我們缺乏重要的營養素時，就會驅動一種匱乏、急迫且不安的感覺，促使我們去覓食，並讓我們感到焦慮，直到我們營養充足為止。接著當然，糖和發炎食物會直接引發壓力反應，而這可讓人感受到等同於焦慮的感覺[24][25]。為了從飲食中獲得所有必要營養素，我們必須吃各式各樣富含營養素的食物。因此，接下來就讓我們深入研究一下，怎樣吃才能支援我們的健康。

吃什麼能讓心理更健康

你的新餐盤比例應為：約四分之一是良好來源的蛋白質，四分之一是澱粉，而剩下的一半則是加上了健康脂肪的蔬菜。

幾乎所有營養專家都同意的一件事，就是「蔬菜是健康的關鍵」。蔬菜提供豐富的維生素、礦物質和抗氧化劑，以此支援大腦的運作並幫助緩解焦慮。所以，請吃所有種類的蔬菜，而且要多吃。讓蔬菜至少占據你餐盤的一半，並成為每一頓飯的核心。在氣候較溫暖的時候，多吃生菜，而天氣冷時則可烹調、燉煮蔬菜。請用健康的脂肪來調理蔬菜，像是橄欖油、酪梨油或印度酥油（ghee，澄清的奶油）等。請盡可能在預算內購買有機的，尤其是購買無皮蔬菜時（並利用美國環境工作組織〔Environmental Working Group，EWG〕的「最髒」〔Dirty Dozen〕和「最乾淨」〔Clean Fifteen〕蔬果名單，來進行這些著眼於削減成本的決策。「最髒」名單中包含十二種農藥負擔最重、購買時須注意來源的蔬果，「最乾淨」名單則列出了十五種常見、平價，且較無農藥問題的蔬果）[26]。

在為飲食加入蛋白質時（能為如血清素等胜肽類神經傳導介質，提供必要的基礎材料），要以各種良好來源的放牧肉類與家禽，以及野生、小型、寒冷水域的多脂肪魚類（如沙丁魚、鯷魚、北極紅點鮭和鮭魚等）為目標。為了確保你能獲得廣泛的各種營養素，請吃各式各樣的動物。若菜單上有，請選擇野生的肉品，畢竟肉類越是不主流，就越不可能是大型農產公司的產品。

我們目前有一種痴迷於精瘦蛋白質的文化，因此去皮雞胸肉似乎成了每個人的首選。雞肉可以是全方位飲食的一部分，但它不該成為你唯一的蛋白質來源，因為它無法滿足你所有的營養需求（而且真要吃雞肉時，千萬別對品質妥協，要選擇放養且不含抗生素的雞）。每週吃一次家禽類就好，其他時候可吃紅肉和魚類。甚至，若你能感受自己身體的渴望，學會傾聽你的身體並取得它所需要的蛋白質，那就更棒了。

除了吃各式各樣的動物外，我也鼓勵你吃動物的各個部位，從鼻子到尾巴，哪個部分都好。在西方社會內臟類已失寵，因為大家是如此地專注於吃肌肉部分。但其實內臟類的營養成分格外豐富，很值得我在此提示各位去找來吃吃。不可否認，要想出如何把內臟類融入現代的美國飲食可能相當困難。我的做法是向肉販購買放養雞的雞肝醬。雞肝是很好的鋅、銅、錳、維生素A和C、維生素B、鐵、磷和硒[27]的來源。換句話說，它是大自然的綜合維他命。若你能每隔幾天吃一匙肝醬，對於滿足你的營養需求將會大有幫助。

就為大腦健康收集肉類的營養益處而言，其實並不需要吃到像你的頭那麼大的牛排。請將肉類視為配角，而非主角。而若吃肉不符合你的道德原則，那麼我建議的素食替代品，是各種米飯與豆類的搭配組合（配在一起吃可形成完整的蛋白質）、蛋，以及全脂乳製品（若你的身體能承受）。

重新考慮肉類的攝取

你或許會很驚訝，但我經常建議病人在其飲食中加入更多紅肉。身為一個曾經的素食主義者，我可不會隨隨便便提出這樣的建議。我很欣賞也很尊重人們在餵食自己時所做出的深信不疑的選擇。事實上，我每天都在重新考慮自己飲食中肉類的必要性。但我無法否認我在病患及自己身上所見證到的，亦即加入肉類，尤其是紅肉，有時是邁向治癒情緒與焦慮的關鍵步驟。肉類是營養豐富的食物，且往往是獲得充足分量的某些如鐵和鋅等營養素時，生物利用度最高的方式[28]。

我也相信肉類能以不那麼具體或不那麼易於量測的方式，為我們的健康帶來好處。例如在中醫裡，肉類、燉菜和大骨湯被認為可用於「造血」，及支援一些如腎氣（不足時會導致掉髮、精力衰弱、畏寒、膝蓋疼痛以及容易恐懼害怕）等重要需求。

在最佳化身體健康方面，我通常都建議人們採取近似於自己祖先的飲食方式。這種飲食的樣貌，取決於每個人在地理學上的起源地。其範圍可從帶有少量魚類的半素食飲食，到更豐盛的紅肉與根莖類的飲食。對我們許多人來說，加入一些動物性食物，即使是非常少量，對於完善我們的營養並解決焦慮的根源，還是能有很大幫助。

我知道這些建議，會在那些已選擇吃素或純素飲食的人之中引發諸多疑問，甚至激起憤怒。因此，讓我澄清一下：若道德和動物權利是你最優先的考量，那麼吃肉可能根本不在你的考慮範圍內。我完全尊重這點。這個建議其實是針對所有因為覺得吃素「比較健康」，所以選擇吃素或純素飲食的人。如果你是這樣的人，我會強烈建議你再重新考慮一下。

事實上，在經過多年不斷告訴我們紅肉不健康之後，營養學家們悄悄於二〇一九年承認，研究結果並不支持這種說法[29]。所以，如果你能夠接受，請試著在飲食中加入一些牛骨湯、雞湯，甚或是一些雞肝醬，看看你的健康與焦慮是否有所改善。而基於道德、環境和健康因素，每個吃肉的人都該持續意識到動物福利，帶著崇敬的態度吃肉，並完全避開工廠式養殖的肉類食品。

碳水化合物：是敵還是友？

就和大部分的營養建議一樣，低碳水化合物飲食不斷地循環進出於潮流之中。但一如既往，在這個議題上也不存在有單一通用的營養建議。不過我發現，有焦慮問題的病患，大多都是透過允許自己吃碳水化合物找到解脫，而並不是避開碳水化合物。這種效果在處於生育年齡的婦女身上最為明顯。就跟脂肪一樣（我們稍後會談到），對於哪些碳水化合物是健康的、而哪些不是，我們需要進行更細緻的文化對話。

要傳達這種差別，難免就會製造出一些困惑。我經常鼓勵病患盡可能減少精製碳水化合物的攝取，因為一般來說這些都是發炎性的[30]，且會使血糖不穩定，但不知為何，這個建議竟會被誤解為：徹底避開碳水化合物。我們大部分人都可食用碳水化合物，而且我建議你用碳水化合物把餐盤剩下的四分之一填滿。事實上，我認為很多人，尤其是注重健康的人，其實需要增加碳水化合物的攝取量，以便向身體發出訊號，表明他們實際上並非生活在飢荒時期，從而平息他們身體的壓力反應。但我必須說清楚，這不是指徹底擁抱義大利麵、麵包、餅乾與烘焙食品。那些都是精製碳水化合物，是發炎性的，會把我們送上血糖的雲霄飛車[31]，可能對我們的健康造成損害，甚至促成糖尿病[32]、肥胖[33]、失智症[34]、心臟疾病[35][36]、消化問題[37]、短命[38]及焦慮[39]。

但來自澱粉類蔬菜的碳水化合物（如蕃薯、白肉馬鈴薯、大蕉、南瓜、芋頭和木薯等）則不僅沒問題，且往往還有益處並為擊退焦慮所必須。比起精製的碳水化合物，我們的身體需要花更多時間消化並吸收來自澱粉根莖類的碳水化合物，這為我們提供了沒有高峰與低谷的穩定血糖供應。而且這些碳水化合物來源含有某種叫抗性澱粉的東西，可做為我們腸道中益菌的食物（這部分我們將於下一章進一步探索），如此便能讓我們擁有平靜的免疫系統，與最理想的神經傳導介質產量。

一般來說，當你渴望碳水化合物時，請別痛扁自己或限制自己，但也別直接吃這些食物的加工版本。要吃澱粉類蔬菜。澱粉類蔬菜能夠滿足需求，並給予身體碳水化合物的燃料作用與好處，但又不帶來發炎問題。

我也承認，有些人更適合以蛋白質、脂肪和蔬菜為主的生酮或低碳水化合物飲食。在有明顯胰島素抗性、躁鬱症或癲癇的病人身上，還有在致力於最佳化生理機能的男性生物駭客（bio hackers）身上，我看見這些飲食發揮了最佳效果。但在另一方面，就生育年齡的女性而言，我在診療經驗中看到，低碳水化合物飲食以幾種不同的方式發揮了作用。那些全心全意投入此飲食方式，並且攝取足夠營養的人，她們似乎重新訓練了自己的身體倚賴替代的燃料來源，因此相當成功而健壯。不過，在反覆實行又放棄低碳水化合物與生酮飲食，又或是沒能滿足自身卡路里需求的生育年齡女性身上，我看到的是她們的身體屈從於捉摸不定的碳水化合物供應，於是產生如月經不規則、疲勞，以及失眠與焦慮的惡化等症狀。我相信這是因為女性處於生育年齡時，身體會持續調查環境，並評估是否有充足的食物供應及足夠的脂肪儲存量以便懷孕。如果有，那麼女性的荷爾蒙就會繼續正常循環，每個月都會排卵，而與其下視丘—腦下垂體—腎上腺（HPA）軸有關的下游荷爾蒙也能正常運作，幫助她維持正向、積極且平靜的情緒。但是，若她的身體收到食物短缺的訊號（不吃碳水化合物時就可能發生），那麼，HPA軸就會做出目前並非最佳受孕時機的結論，然後它會調節一連串的荷爾蒙反應來阻止女性排卵。這將對身體的其他部分產生下游延伸性影響，而且也可能導致焦慮。

你的大腦是由脂肪構成的

最後，讓我們來聊聊脂肪。我不建議任何有焦慮問題的人吃低脂飲食。事實上，改善焦慮最快的方法之一，就是在飲食中增加健康的脂肪。

說到脂肪，請忘記你以前曾學過的飽和與不飽和脂肪相關知識，請將重點放在天然脂肪和人造脂肪（例如反式脂肪、人造奶油〔乳瑪琳〕和工業加工的如芥花油和大豆油等植物油及種子油）間的差異。你甚至可能還停留在植物油對你有好處的印象中，畢竟「植物」聽起來就是比較健康。不幸的是，雖然橄欖油和酪梨油真的非常健康，但工業製造的植物油和種子油，卻是高度加工且具發炎性的脂肪[40][41]，可能引發心臟疾病、癌症及其他健康問題[42][43][44][45][46]。其實來自動物的脂肪和來自植物（如酪梨、堅果和椰子等）的最低限度加工脂肪，通常對身體來說是接受度最高的，且可促進健康，即使嚴格來說，如椰子和夏威夷豆等的油脂實際上算是「飽和」脂肪。這些脂肪來源與人類已攝取了數千年的脂肪更密切相關，所以更容易為人體所認可，而且也不太可能激怒免疫系統。然而一旦放棄了芥花油，你可能會煩惱不知該改用什麼油來做菜才好。對於低溫烹調，請使用橄欖油、椰子油與草飼奶油；至於高溫烹調，印度酥油、來自放牧動物的牛油和酪梨油都會是好選擇。即使你在家裡不用芥花油做菜，有個事實仍值得你知道，那就是每當你出門拿錢換食物，這些食物幾乎肯定是以工業生產的植物油所製成。因此，吃家裡煮的東西，有助於避免很多發炎問題。

我一般都建議有焦慮問題的病患增加對健康脂肪的攝取。當然，在面對脂肪時，適度很重要，但不同於精製碳水化合物、糖及加工食品，真正的脂肪是很令人飽足的，因此很難過度攝取。每餐都食用分量合理的脂肪，能幫助穩定血糖，並避免身體體驗到假焦慮帶來的顫抖與煩躁。

零食、水果與發酵食物

現在，我們已建立好你的餐盤結構，接著就來介紹一下點心、零食的部分。

首先是水果。我的意見是：請吃水果，別想太多。有些人會擔心水果的含糖量。當然，這部分還是要適當，對於果昔和果乾之類高糖分的東西要謹慎一點。但若你想在餐後吃顆蘋果或一些莓果，那就吃，不用擔心。

除了水果外，好的點心、零食還包括各種堅果類和種子、橄欖、酪梨、水煮蛋、草飼肉乾和優質黑巧克力（請選擇可可含量高、糖與乳製品含量最少且無基改大豆卵磷脂的產品）。你也可以吃如海苔、紫菜等海菜類來當零食，這些是不易找到的營養素（像是硫和天然碘等）的絕佳來源。

我也建議你把發酵食物融入你一天的生活中，包括泡菜、酸菜、味噌、納豆、蘋果醋、甜菜根卡瓦斯★等，而若你的身體能承受乳製品，或許來點優酪乳和優格也不錯。這些都是功能性食物，藉由替腸道帶來益菌的方式，它們會幫助治癒腸道，減少發炎，促進如血清素和GABA等神經傳導介質的合成[47][48][49]，並在你吃點心時改善你的免疫功能。

而你該擁抱的最後一種食物，就是大骨湯。這種膠原蛋白、甘胺酸、麩醯胺酸及鐵質的來源，是一種營養的主力軍，能治癒腸道並建立起營養庫，幫助皮膚、頭髮和指甲保持健康，而這些也正是代表了體內健康狀況的指標。大部分的傳統文化

★ Beet kvass，一種以甜菜根發酵而成的飲品，源自烏克蘭。

都有自己的大骨湯版本，因為他們認為這是一種營養必需品，同時也是一種從所食用的動物身上，盡可能取得最多營養的有效辦法[50]。

兼具兩者之長

我們多數人都能夠妥善利用素食主義和原始人飲食法的精華。這些方法乍看像是完全相反，以刻板印象的方式說，兩者就像是喝著綠色蔬果汁的瑜伽女孩和啃著骨頭的粗魯混合健身者之間的對峙。但其實把這兩種飲食紀律的好處結合起來，便能提供一種實用的兼顧型飲食方法。

我那些吃純素的病人，通常都吃大量的水果與蔬菜，這點很棒，不過他們很多人也受甜食（例如經大量加工的純素杯子蛋糕）以及過量的堅果醬所吸引。當吃純素的病人為焦慮所苦時，我認為通常與微量營養素（如鋅、B12、B51和omega-3脂肪酸等）的缺乏以及吃太多「寒涼性的」食物有關，以中醫的邏輯來說，純素飲食缺乏基礎性、溫熱性、實質性的食物（如大骨湯、雞湯和燉牛肉等）。

而另一方面，我們也有一些現代原始人會在混合健身房度過漫長的一天後，吃一大塊五花肉當晚餐來犒賞自己。夠原始嗎？夠原始！吃太多肉而且蔬菜不夠？的確如此。這是個常見的陷阱。

最終，遵循純素飲食的人若能在餐點中加入一些大骨湯和紅肉，大部分人可能就會（在身體上）感覺比較好。而採取原始人飲食法的人則可以忍耐一下，少吃一點肉，多吃一些蔬菜。吃以植物為主的飲食，並納入適量的動物性食物（例如未經加工的肉類與海鮮等）通常是達成最佳的身體與心理健康的好選擇。

什麼不該吃

有些食物會引起發炎，傷害腸道，造成血糖飆升，不然就是以其他方式對身體和大腦造成負面影響。針對該怎麼吃才能讓身心更健康這部分，以下所列的，都是最該避免或盡可能減少攝取的食物：

- 經高度加工的食品。
- 人造脂肪，包括反式脂肪、人造奶油（乳瑪琳）和工業加工的植物油及種子油（例如芥花油）。
- 添加糖和高果糖玉米糖漿。
- 人工甜味劑。
- 精製碳水化合物（但請特別注意，要避免使用一般常見的美國麵粉，這種麵粉來自噴灑了除草劑農達〔Roundup，臺灣俗稱「年年春」〕的作物，而這種除草劑會促成腸道發炎[52]、增加腸道通透性[53]與癌症風險[54]，但不知為何卻依舊存在於我們的食物中）。
- 來自其他一般常見的大豆和玉米等基改作物的食物（這點或許有爭議，不過我的直覺認為，與基改生物（GMO）有關的農藥正在損害我們的腸道，因而對我們免疫系統和大腦的功能造成不利影響）。

- 任何含有防腐劑、食用色素的東西，或含有「天然香料」成分的食品（往往一點都不天然）。

這清單還挺長的。你能夠或應該時時刻刻、百分之百徹底遵循這些限制嗎？不需要。那我呢？當然也不會！我們所生活的世界讓我們很難以這種方式飲食，不僅昂貴、不方便，又會導致社交孤立問題。其實，試圖在飲食上達到完美的壓力，會助長你的焦慮，而其助長程度，甚至超過最佳健康飲食帶來的緩解效果。所以盡力就好，對整個過程和自己都要保持彈性。

該計較的是化學物質，而非卡路里

你應該已注意到，卡路里並不是我關注的重點。就身體健康而言，我相信重點在於化學物質（沒錯，所有物質，即使是水，嚴格來說都是化學物質，但在此我用「化學物質」一詞來指稱人造的食物成分，像是防腐劑和人造糖等）。你還是會聽到一些保守派在宣揚，減重終究歸結於一個簡單的方程式：輸入的卡路里減去輸出的卡路里，但這個公式是建立在很糟糕的科學基礎上。就健康而言，吃進身體的卡路里品質比分量更重要。事實上，所吃的食物的品質，會影響我們想吃的分量，也就是說，有些卡路里令人飽足，有些則似乎只會更刺激食欲。更別說吃的食物分量，還會影響我們的基礎代謝率，而基礎代謝率就相當於方程式中「輸出的卡路里」部分。這是微積分，不是減法。

對於所有殘餘的「輸入卡路里減輸出卡路里」忠實支持者，容我以一些證據來打消你的這種想法。來自加拿大的研究人員每天餵食兩組老鼠相同的飲食，且卡路里的量也相同，但其中一組喝的是加了阿斯巴甜（一種人工甜味劑）的水，另一組喝的則是未加任何甜味的水。

儘管這兩組老鼠攝取的卡路里在分量上並無差異，但攝取阿斯巴甜的老鼠體重增加，還出現了代謝症候群的症狀（高膽固醇與血糖異常）[55]。由此可見，光是人工甜味劑的存在，便足以擾亂動物的代謝健康[56]。

而最近一項針對人類的研究也闡明了此概念。在瑞典的研究人員，每天給予兩組不肥胖的健康成年人卡路里等量的飲食，唯一的差異只在於，其中一組吃的零食是花生，而另一組吃的是等量卡路里的糖果。結果吃花生當零食的那組人代謝健康有所改善，而吃糖果的那組人則是體重、腰圍和低密度脂蛋白膽固醇都增加了。這說明了我們所吃的東西、而不只是吃多少，影響了我們的代謝健康[57]。

加工食品被設計得極為可口，目的是要讓我們的飽足訊號失效，促使我們吃得過多，並達到代謝健康不佳的狀態，而這狀態會對大腦產生負面影響。減少這種假焦慮來源的最好辦法，就是多吃真正的食物，避開假食物，亦即要更重視吃「什麼」，而非吃「多少」。

08

失火的身體

歸根究柢，我們是自己各部分的總和，而當身體衰敗時，我們所珍視的所有美德也都將隨之消逝。

——蘇珊娜・卡哈蘭（Susannah Cahalan），《我發瘋的那段日子》

自一九九〇年代起，單胺假說一直是精神病學對某些精神疾病的主要理論。此理論認為，心理健康問題是由神經傳導介質（例如在中樞神經系統的血清素）的遺傳性失衡所引起。今日，這個單胺假說依舊是我們在理解如憂鬱和焦慮等狀況時的共識。此理論肯定有其價值，但現在有更強大的證據支持另一種想法，亦即通常

（並非總是）身體的發炎狀況，在憂鬱和焦慮中扮演了核心角色[1][2][3]。這個理論被稱做「細胞激素假說」或「發炎假說」。

其大致概念是：我們對發炎的進化反應與情緒障礙的症狀一致。我們通常都會把某些症狀和生病聯想在一起，而大多數的這些症狀（疲勞、心神不寧、噁心反胃等）並不是由病毒或細菌本身引起，這些症狀其實是由我們自己的免疫系統動員起來對抗疾病所產生的。而急性發炎（基本上是免疫系統在積極運作並增強，以保護身體）是一場發生在我們血液中的戰鬥。透過演化的設計，這些症狀讓我們取消活動、躲在被窩裡休息。這樣的治療方式能防止我們感染他人，並提供我們與入侵者戰鬥的最好機會，因為免疫系統在我們休息時最能發揮作用。而這些症狀與我們所說的憂鬱症，有著詭異的相似之處。

最近有研究進一步支持了發炎會影響心理健康的理論，該研究顯示，細胞激素（由免疫系統的特定細胞所分泌的訊號蛋白，基本上是一種發炎的指標）能夠穿過血腦屏障，目的在防止循環的毒素和病原體。事實上，科學已證實細胞激素會直接影響大腦中有關恐懼和威脅偵測的區域（包括杏仁核、島葉、內側前額葉皮質及前扣帶皮質）。這表示，發炎能夠藉由通知大腦我們確實受到威脅的方式，直接引發焦慮[4]。因此，通常被視為心理健康問題的認知症狀（像是焦慮和強迫症的侵入性想法等）[5][6]，可能其實是來自大腦對發炎的反應。

內部的軍隊

人類的免疫系統，是一種設計得十分精巧而複雜的細胞及訊號分子網路，主要做為強大的防禦系統來抵禦一系列的威脅。打從最早期的人類行走於地球表面開始，免疫系統的精密武器就一直是面對細菌、病毒及其他病原體時的救星。然而，環境的改變已影響了免疫系統的功能。首先，醫學和現代衛生的進步（例如抗生素和水的衛生設施等），已讓我們的免疫系統成了板凳球員（最近的新冠肺炎大流行是個明顯的例外）。我們的身體不再需要花那麼多時間與大咖入侵者戰鬥，而這意味著在辨識朋友與敵人方面，免疫系統所接受的「教育」較少。於此同時，我們的身體又被越來越多無法識別的化學物質和食物轟炸（從農藥到鄰苯二甲酸酯（常見的塑化劑），再到 Pop-Tarts 果醬吐司餡餅（基本上，我們的身體並沒有進化到足以應付舶來品））），而這些東西刺激免疫系統的方式，都和真正的感染，幾乎一模一樣。

例如，每天吃多力多滋玉米片會讓免疫系統好戰又困惑。它持續戰鬥，以為自己有機會殺光多力多滋的「感染」，但我們的免疫系統並不是為了打敗玉米片而設計的，更何況，我們每次吃零食都會「再次感染」。隨著時間過去，持續的發炎飲食可能會造成免疫系統失調且一直處於高度警戒狀態，導致身體發炎，以及持續的憂鬱或焦慮感。

當身體自行啟動

每次看電視時，我所看到的免疫抑制藥物（用於治療免疫系統失靈的藥物）的廣告數量總是令我很震驚。自體免疫性疾病，包括類風濕性關節炎、潰瘍性結腸炎、克隆氏症、乳糜瀉、橋本氏甲狀腺炎、葛瑞夫茲氏病、多發性硬化症、狼瘡、牛皮癬、白斑症、第一型糖尿病及濕疹，在美國已達到流行病的等級，估計約影響了一千萬到四千萬的美國人[7][8]，而且這數字每年都在持續增加[9]。

當長期被誤導的免疫系統開始攻擊身體本身的細胞時，便會發生所謂的自體免疫。而產生自體免疫的必要前提，似乎包含了壓力源（可以是身體上的壓力，例如嚴重的食物中毒，或是心理上的壓力，例如突然失去至親好友等）、遺傳傾向，以及受損的腸道屏障[10]（也稱為腸道通透性增加或腸漏）。我們一般假設對人體組織的傷害也在引發免疫攻擊上扮演了重要角色，這樣的攻擊可能是由慢性感染、受傷或環境暴露（例如黴菌或重金屬）所引發[11][12]。而自體免疫的症狀可能表現為疹子、消化問題、關節疼痛、疲勞，或其他各種狀況。但你知道還有什麼其他症狀，與自體免疫疾病密切相關嗎？憂鬱與焦慮。事實上，憂鬱與焦慮的發生率高於其他嚴重毛病，這意味著，人們不只是因為生病而感到憂鬱及焦慮[13]，而且這些情緒變化還是來自某些自體免疫固有的直接結果。

我的理論是，慢性的免疫刺激本身會導致憂鬱與焦慮，因為於人體發炎時會直接影響大腦的細胞激素（發炎指標），基本上是向中樞神經系統傳達了身體處於戰鬥狀態的訊息，從而使我們感到不安。

實際上，焦慮和自體免疫之間的連結似乎是雙向的。與負面童年經驗（在研究中簡稱ACE，Adverse Childhood Experiences）有關的研究已發現，青少年時期被忽視、虐待或以其他方式遭受嚴重壓力的人，其自體免疫的發生率顯著較高[14]。我有時甚至懷疑，某些自體免疫的例子在日後的生活中，發展成了對童年創傷造成的終生痛苦的身體反應。也就是說，或許曾有過負面童年經驗（ACE）的成年人，其身體已將疼痛內在化，且已被制約，會在受到心理與身體威脅時，做出高度警戒的反應。

樂觀地說，若我們採取行動改善會造成影響的消化道問題、環境暴露及壓力的話，自體免疫或許是可預防也可治療的。我有個病人妮娜苦於慢性的大腸激躁症（IBS，Irritable Bowel Syndrome）、情緒變化、出現在臉上的蝴蝶狀紅疹，還有經常性的口腔潰瘍，這些都是名為乳糜瀉的常見自體免疫性疾病的特徵，因食用麩質而引發於敏感的個體身上。妮娜也有注意到，當她吃如義大利麵等富含麩質的食物時，會有腸胃道不適的現象。當妮娜去看腸胃道的醫生時，那位醫生提出了陰性的檢測結果，還驚呼：「好消息，你沒有乳糜瀉！」但對於為何麩質會讓妮娜痛到站不直這點，他卻沒提出任何解釋。他的建議是：「堅持下去！你可以，也應該繼續吃麩質。」儘管傳統醫學辜負了她，妮娜仍設法將她的慢性消化問題、神秘的類自體免疫症狀及飲食中的麩質給連接了起來。在實行無麩質飲食的幾天內，她原本持續惡化的健康問題改善了，她的身體開始修復。

很遺憾地，傳統醫學強調治療甚於預防的特性，及其將身體視為數個獨立器官之組合、而非相互連結之網路的觀點，無法妥善解決自體免疫問題。由一位醫生治療你的牛皮癬，再由另一位治療你的焦慮。有誰退一步檢視這兩者間的關係嗎？誰知道如何緩解存在於兩者根源的發炎狀況，而不是只用類固醇和免疫調節藥物來壓制它（會導致停藥後的反彈性發炎）？此外，傳統醫學也偏好等疾病「全面爆發」後再治療，這不僅會造成不必要的痛苦，還會導致一旦終於開始處理時，問題卻變得更難解決。

若你懷疑自體免疫有在你的焦慮中參一腳，或者你有任何類似前述的徵兆或症狀，請去看能找出你病情根源的功能性醫學醫師，或自然療法醫師。而我也鼓勵各位遵循本書所概述的建議來療癒腸道、減少發炎並控管壓力。

腸道—免疫—大腦的連結

我有個病人，瓊妮，四十二歲，除了焦慮問題外，還有許多無法掩飾的跡象顯示她的消化道出了問題。她近乎持續的脹氣與腹脹，以及便秘與腹瀉交替的排便習慣都證明了這點。而她也有長痘痘、濕疹和偏頭痛的困擾，這些都是連往腸道的額外線索。我們花了幾個月的時間採取協調一致的方式來治癒她的腸道，這時，隨著其消化系統症狀與發炎症狀有所改善，她的焦慮也改善了。或許更能支持這種連結的事實是：每當瓊妮不小心（或是有意地）吃了會讓她腸道發炎的食物，她的焦慮就會立刻回來。

正如我們現在已知的，人體大約70％的免疫活動都部署於腸道中[15]。這樣的分布或許看來令人驚訝，但這其實是個好的設計，畢竟腸道是人體與外界的主要接觸點之一。光是小腸，就具有一個網球場的表面積，可供我們攝取的食物、飲料和細菌直接進入身體，這使得消化道成為部署我們大部分防禦部隊的合理位置。人類的外表有皮膚包圍以提供保護，但我們吞進肚子裡的所有東西，卻都能夠親密接觸我們的內在大地。

腸道健康為何會影響焦慮？這有幾個主要原因。首先，你的大腦和腸道在彼此交談，即使你的精神科醫師和腸胃科醫師並未彼此溝通。就如我在第2章中提過的，腸道和大腦之間有一條直通的熱線。是迷走神經讓這樣的通訊成為可能，而迷走神經是副交感神經系統的主要元件，它會在腸道與大腦之間雙向傳輸資訊[16]。因此，大腦可能會對腸道說：「我等一下就要在一百個觀眾面前講話，真是緊張死了。讓我們拉個肚子吧！」但或許更重要的是，腸道也會回應大腦，說出類似這樣的話：「自從你為了泌尿道感染而服用抗生素，下面這兒就變得一團糟。我要讓你覺得焦慮不適，這樣你才會休息，直到我們把這種情況解決為止。」若你忽略這些訊號，腸道就永遠沒機會修復自己，而且它會繼續傳送訊息至大腦，繼續讓你感覺很糟。

除了迷走神經通訊外，在我們消化道中被稱做菌叢的數萬億微生物，也會影響我們的焦慮程度。有個新興領域叫心理生物學，專門研究消化道微生物對心理健康的影響，且已開始在腸道菌叢和大腦之間建立雙向關係，這稱為菌腸腦（MGB）軸。就如塔夫茨大學的心理生物學研究人員所描述的，有越來越多證據指出腸道菌叢影響免疫與神經系統（反之亦然）的可能性[17]。研究人員們還發現，某些種類的乳酸菌有助於增進我們的壓力恢復力、改善認知症狀並緩解焦慮[18]。而一些聚焦於心理健康與抗生素（會殺死病原菌也會殺死益菌）之間關係的其他研究則顯示，「反覆接觸抗生素，與憂鬱和焦慮的風險增加有關」[19]。一般認為，抗生素是藉由破壞腸道中益菌數量的方式來影響心理健康。的確，有幾項研究已證實，透過益生菌補充劑或食用發酵食物來恢復健康的益菌數量，確實能夠改善情緒與焦慮[20][21]。最後，研究顯示恢復益菌（可透過飲食和益生菌補充劑來達成）能減少系統性的發炎，而這被認為是一種益菌發揮其抗焦慮效果的方式[22]。儘管這仍是一個未成熟的新興領域，但改善微生物的平衡對減少焦慮大有助益這一點，已是再清楚不過[23]。

你應該還記得，腸道與大腦一同負責產生某些神經傳導介質，包括血清素和GABA，而這些化學物質都是大腦幫助我們感覺良好時所需。就如我提過的，醫學文獻中亦有證據表明，腸道細菌的特定類桿菌屬菌株與GABA的合成有關[24]。而這一事實，能幫助我們瞭解到受損的腸道菌叢如何能直接影響GABA的供應狀況，進而導致焦慮。所以，在調查我們正面臨的焦慮大流行時，直覺告訴我，由抗生素引起的腸道內GABA生成細菌大屠殺，肯定扮演了核心角色。

最後，腸道健康導致焦慮的一種尤其重要的方式，是透過發炎。正如我在Part I所探討的，腸道功能障礙具有能造成全身（包括大腦）系統性發炎的獨特能力。簡言之：腸道失火，大腦就失火。也正如我們討論過的，這可能發生在脂多醣（腸道的正常成分）滲入滲漏的腸壁時，或在腸道被致病性和機會性的細菌侵占，故指示免疫系統進入紅色警戒狀態，於是變得好鬥而非寬容[25]。在這兩種情境中，發炎現象都會到達大腦，而使我們感到焦慮。

有個簡單快速的技巧，可用來辨別你的腸道是否在焦慮中參了一腳（除了觀察如腹瀉、便秘、脹氣和胃灼熱〔火燒心〕等腸胃道症狀外），那就是大致列出你的身體變化、生活事件和焦慮狀況的時間軸。對某些人來說，焦慮是自我們有記憶以來一直持續不變的心理狀態。而對其他人來說，焦慮則可能始於如離婚期間、一次海外旅遊、一次抗生素療程、一次醫療程序或一場食物中毒。若你的焦慮是屬於後者中的任一種解釋，那就有理由懷疑你焦慮的核心原因是腸道健康受損，可能是由菌叢的變化所引起，不論是因為微生物入侵，還是因為抗生素治療後的益菌大屠殺。此外，顯著的壓力本身也可能表現得很像抗生素療程，會影響腸道中的生態系統和腸道內壁的健康。所以不論問題的原始起因為抗生素、沙門氏菌或者離婚，一旦治癒了腸道，就等於朝著治癒焦慮的方向邁進了一大步。

腸道的療癒可歸納為以下這幾個步驟：去除刺激腸道的東西、加入能讓腸道緩和平靜的東西，然後創造好讓腸道療癒的條件。就如我們談過的，有很多食物都會刺激腸道。雖然麩質和乳製品占了很大比例[26]，不過工業製造的植物油[27][28][29]、人工甜味劑[30]、如卡拉膠等食品穩定劑[31]，以及如農達等農藥[32]，都是隱藏在我們飲食中的腸道功能障礙原因。此外，也有幾個類別的藥物會對腸道健康帶來負面影響。若你能盡量避免服用制酸劑（胃藥）[33]、如布洛芬等止痛藥[34]，以及處方止痛藥[35]、避孕藥[36]和抗生素[37]，你就能妥善地保護腸道。當然，這些都只是廣泛的一般性建議，還需要依據你個人獨特的健康需求來加以採用（在與你的醫療服務提供者談過之前，請勿擅自做出任何改變）。而且，我並不是要你百分之百完全避開這些藥物。這只是建議，要權衡藥物的好處，與在腸道健康上所付出的代價。

說到舒緩腸道，我會建議可提供膠原基質以治癒受損腸壁的大骨湯、可提供丁酸鹽（一種腸壁細胞的天然燃料來源）的印度酥油，以及可幫助修補這些組織的麩醯胺酸（一種胺基酸）。此外，你也該讓益菌重新住進腸道。而在這方面，大多數人都會想到益生菌（藥錠形式的健康活微生物）。雖說益生菌可能會有幫助，不過讓健康細菌殖民腸道的真正基石，是規律地攝取如酸菜等發酵食物，以及如蕃薯等澱粉根莖類（做為讓益菌吃的益菌生★或食物）。

值得注意的是，有些人在引進益菌方面需要格外小心。若你跟我的病人瓊妮一樣，有一些如脹氣、放屁或打嗝等症狀，那麼，你的上消化道可能有細菌過度繁殖的問題，亦即所謂的小腸菌叢過度增生（SIBO，Small Intestinal Bacterial Overgrowth）。這表示，在重新引進益菌之前，你最好先殺掉一些過度繁殖的細菌。而在這種情況下，找個自然療法醫師或功能性醫學執業醫師來處理你的SIBO會比較妥當。

我對腸道療癒的最後一項建議是：要跳脫你原本的方式。腸道療癒需要能量，而這只能透過休息來達成。我們總愛購買最新的營養補充品來解決問題，這是一種文化，而必要的行為改變，有時卻感覺像是一種後見之明。不過，在經歷多年與病患合作的腸道療癒工作後，我開始認知到這是個必要條件。換句話說，若你不休息並減少壓力，腸道就不會恢復，不論你變得多麼地無麩質又攝取了多麼多的大骨湯，都只是枉然。若你有腸道問題又焦慮，而且想要感覺好一點，那麼你的身體就需要休息。我知道要實際達成充足的睡眠並妥善管理壓力，有時感覺就像是必須把好多座山移開那樣困難。但請移開那些山。**請取得充足的睡眠、別做那麼多事，並養成習慣每天都練習某種形式的放鬆。**

在此要提醒有服用興奮劑藥物（如Adderall或Vyvanse）的人：一般的療癒，尤其是腸道療癒，只能發生在神經系統處於副交感神經主導或放鬆狀態時。但請注意，服用興奮劑就是故意讓你的身體進入壓力反應狀態。我曾有很多病人都是在停用興奮劑藥物後，才能夠療癒其腸道，因為在停藥之前，他們的身體處於興奮劑引起的壓力反應中，而這會阻礙真正的療癒。

★Prebiotic，可促進腸道內益菌生長的營養素。

然後，腸道療癒的最後一步，就是去買個馬桶墊腳凳。請上網搜尋，晚點再謝我即可。

如何透過重新校準免疫系統來治療焦慮

我們可用食物做為資訊，來使免疫系統恢復至平衡狀態，並幫助憂鬱與焦慮重新獲得控制。除了減少發炎食物的攝取外，我也會和病人協商，在其飲食中增加某些食物並做一些練習，以促進消炎。我喜歡從薑黃素（薑黃中的活性化合物）開始。薑黃素會作用於免疫系統的特定支點，名為NF-κB[38][39]，基本上會與它溝通，叫它別為小事煩惱。我都建議病患利用咖哩類的菜餚把薑黃融入飲食，或是把薑黃醬和印度酥油及水混合成印度傳統的「黃金牛奶」來飲用。以薑黃入菜並搭配黑胡椒具有增效作用，能提供更多的抗發炎價值。此外，薑[40]、大蒜[41]、洋蔥[42]和富含omega-3的食物如鮭魚[43]，以及幾乎所有的有色蔬菜[44]，如深綠色蔬菜和甜菜根等，也都對暴躁的免疫系統有好處。

除了減少發炎，重新校準免疫系統也是必要的。這又回到「免疫系統是在與今日大不相同的環境條件下演化而成的、強大又複雜的機械裝置」這一概念。在我所謂的「演化時期」，我們人類是生活在持續接觸微生物的狀態下。這些微生物有的是良性，有的是共生（亦即會幫助我們的），有的則具致病性及寄生性（亦即有可能傷害我們的）。從產道到食物上的塵土，再到我們與動物（及其糞便）的近距離接觸，都讓我們暴露於微生物之中。而所有的這些接觸，一同創造出了生活在我們消化道中的微生物多樣化生態系統。這個生態系統校準了免疫系統，意思就是，我們身體裡的細菌和病毒一直在持續與免疫系統對話。因為有了多樣化的生態系統，能進行廣泛的溝通對話，這讓免疫系統得以大量練習，於是學會辨別致病性微生物和良性微生物的差異，亦即能辨識敵友之別。

但到了今日。從生命的第一刻起，我們許多人都是從受損的腸道菌叢開始出發。例如，剖腹產的嬰兒（目前約占美國出生人口的32%）[45]其消化道所留有的微生物是來自醫院的空氣，以及醫院工作人員的皮膚，而非來自媽媽的陰道菌叢[46]。陰道分娩會在嬰兒的消化道留下來自母親的多種微生物，不過即使是這樣的益菌轉移，仍可能被我們在分娩時給予乙型鏈球菌（一種正常的陰道細菌）陽性孕婦的廣效性抗生素給破壞（在美國，有約40%的女性於分娩期間接受抗生素治療）[47]。我絕對不是要責怪任何接受剖腹產的人，畢竟這通常是一種不可避免的、挽救生命的程序，但儘管如此，這些都仍是現代生活的常見面向，會影響我們的菌叢並導致免疫系統失調。而我們應該要明智地做出對應的調整。著名的微生物研究者馬丁・布雷瑟（Martin J. Blaser）博士在其著作《不該被殺掉的微生物》中寫到：「我不希望禁止抗生素或剖腹產，就像任何人都不會建議禁止汽車一樣。我只要求人們更明智地運用這些藥物，並發展出針對其最嚴重副作用的矯正辦法。」[48]

甚至在出生後，我們所經歷的世界也會對人體腸道菌叢的多樣性進行各式各樣的攻擊。例如到二十歲時，美國的年輕人平均已接受過十七次的抗生素療程[49]。

一旦再加上飲食中的糖和加工食品、慢性壓力、酒精、制酸劑、避孕藥、精神科藥物、乳製品中的抗生素殘留物，以及自來水中的氯，我們現代消化道的生態系統就被摧毀了。最後，我們只剩下基本上沒經過任何基礎訓練的強勢免疫系統。從包括氣喘、濕疹、過敏和食物不耐症等當今兒童流行的慢性發炎狀況中，我們便能清楚看出這點。我甚至認為，有些注意力不足過動症（ADHD）的案例其實是由發炎所引起[50]。而除此之外，較鮮為人知的還有慢性發炎，與困擾著我們多數人口的最重大健康問題之間的關聯性，包括了心臟疾病[51]及癌症[52]、失智症[53]，當然還有心理健康[54][55]。

那麼，該如何解決這個困境呢？有些要素並不完全在我們的控制範圍內，但我們仍能採取某些步驟。以下是我提供給病患的建議清單，其中很多都剛好與我針對減少焦慮提出的一般性建議相同。

- 避開如植物油等發炎食物，並加入如薑黃等抗發炎的食物。
- 除必要狀況外，盡可能避免使用抗生素，並食用發酵食物及澱粉根莖類，藉此維持腸道內微生物的多樣化生態系統。
- 避開會刺激腸道的、像是接觸了農達除草劑等的食物（例如一般傳統的麵粉），同時加入能舒緩腸道的食物，像是大骨湯等，以療癒腸道。
- 給予免疫系統正常運作所需的營養素，包括鋅、維生素C、維生素A及和維生素B等，都是好的開始。
- 避免於日落後接觸藍光。褪黑激素會促進免疫活動，而我們只會在黑暗中分泌褪黑激素（更多與藍光有關的資訊，請見第5章）。
- 獲得充足的休息。免疫系統大部分的工作，都是在我們睡覺時完成的。
- 放鬆。當我們處於慢性壓力狀態，免疫活動便會被抑制。
- 檢測你體內的維生素D含量，並確保你有獲得健康等級的陽光照射量（更多相關資訊請見下一節）。若是無法取得足夠的陽光照射量，就請補充維生素D。

一如往常，現代生活基本上都與這些建議相反。我們的食物讓我們發炎且營養不良；我們無法獲得充足的休息；我們太常待在室內以致於缺乏白天的全光譜陽光，但又在夜間過度照亮我們的環境；而且我們還處於恐懼狀態，沉迷於二十四小時不間斷的新聞週期。但只要能依照上列建議，做出任何一點點的改變，你就能朝著妥善校準的免疫系統，以及不那麼焦慮的心靈邁進。

我們都誤會太陽了

陽光以多種方式提振我們的情緒，但或許它對我們心理健康最重大的貢獻，是讓我們的皮膚製造出維生素D。這真是太偉大了！畢竟維生素D對我們健康的重要性，遠比大多數人所意識到的都高得多。為了能擁有平靜的心情，同時避免感冒與自體免疫問題，我們的體內需要有健康充足的維生素D含量。

確實，維生素D是如此地重要，以致於在演化上必須確保萬無一失。我們的身體配備了能因應某些刺激而製造維生素D的裝置，而這種刺激來源是這麼地可靠又無所不在，永遠不必擔心會缺乏，它就是太陽。這本來是個絕妙的設計，一直到防曬乳液、電動玩具，以及在家工作基本上消滅了我們生活中的陽光為止。

那麼，維生素D到底有什麼了不起？為什麼演化會如此重視它呢？稱之為「維生素」幾乎可算是用詞不當，因為它的功能其實更像是體內的荷爾蒙。維生素D對適當的免疫功能來說非常重要（它有助於止住感染[56]，甚至可控制新生的癌症[57]），就如我曾提過的，它會校準免疫系統，讓我們能針對真正的病原體（例如新冠病毒）發動攻擊[58]，同時又不至於對良性的過敏原反應過度（例如氣喘、季節性過敏）[59]，或是將免疫系統的機械裝置指向錯誤的目標（例如自體免疫）[60]。健康的維生素D含量，與認知功能及失智症的預防[61]、心血管健康[62]、骨質密度及骨質疏鬆症的預防[63]、生育能力及荷爾蒙健康[64]，還有某些癌症的預防相關[65][66][67][68][69][70]。維生素D對心理健康也很重要，就如研究所顯示的，健康的維生素D含量，與較低的憂鬱及焦慮發生率相關[71][72]。

世界衛生組織（WHO）的官方說法是，每週兩到三天、每天曬五到十五分鐘的太陽，便足以讓我們的身體製造足夠的維生素D。但實際上，十五分鐘是成不了事的。研究顯示，大多數的美國人都維生素D不足[73][74][75]，而且這還是依據很有可能設得太低的30ng／mL的既定實驗室範圍來判定（意思就是，如果我們的目標是接近約50ng／mL的最佳維生素D含量[76]，那麼，被視為維生素D不足的人還會更多）。我在診療過程中已看過夠多的血液檢查結果，而這些結果讓我相信，我們全都維生素D存量不足。懷疑嗎？讓我們來回顧一下人類演化的環境條件，並且問問自己，我們每週有兩到三天在戶外待了十五分鐘嗎？

我們被教導要害怕太陽，要在身體的每一吋皮膚上都塗滿防曬乳。避免過度暴露於陽光下，確實能防止一些皮膚癌及死亡的例子，但我懷疑，這種對日曬的高度警示，也導致了全民維生素D不足的代價，尤其對深色皮膚的人影響最大[77]。該是時候重塑與太陽的風險及好處有關的對話了，人們必須理解，儘管皮膚癌的風險真實存在，但我們可能偏往另一個方向太遠了點。

我們與太陽的關係，在對維生素D的需求和皮膚癌的風險之間形成微妙平衡。膚色是人體用來解決這些相互競爭的優先事項的方法。若我們的祖先是在陽光充足的地方演化，那麼，黑色素或色素就會停留在接近皮膚細胞表面的地方，使膚色顯得較深並提供強大的防護罩，以防止太陽光線造成DNA損傷並進而導致皮膚癌。相反地，若我們是陽光不足地區的人類後代，那麼，黑色素就會停留在細胞的較深處，對皮膚癌幾乎無保護效果，但也比較容易靠著較少的陽光製造出維生素D。人體的這種維生素D與皮膚癌之間的平衡是如此重要，以致於膚色基因隨著不斷改變的環境條件而迅速演化。這些膚色的決定因素，如SLC24A5和MFSD12基因，被認為是基因組的「高度保守」區域，且為物競天擇的重要標的[78]。歷史上甚至曾有過這些基因的「選擇性清掃」，大約七萬年前，這些基因在所有歐亞人身上的表現都發生了變化，差不多是這些人口遷出非洲的時候[79]。換句話說，演化不會搞亂這種平衡，因為在任一個方向上都沒有太大的迴旋空間：皮膚癌可能致命，但維生素D不足會損害全身健康。

在預防皮膚癌方面，最重要的是避免曬傷。不過諷刺的是，出於對皮膚癌的恐懼而完全不曬太陽的做法，實際上可能會讓我們在終於曬到一點太陽的罕見情況下更加脆弱。我們許多人都盡可能讓自己保持蒼白並受到保護，但在這種情況下，若我們去度假時恰巧陽光明媚，或是在六月的遊行活動中發現自己忘了擦防曬乳，那麼，我們被曬傷的風險反而會更高。這樣的曬傷會讓我們許多人面臨更高的皮膚癌風險，還不如一年四季都只接受最基礎的低度日曬還比較安全。

於此同時，這種避免日曬的單一通用建議（儘管本意良善），對膚色較深的人也會造成損害。若你屬於深色皮膚，那麼，每天十五分鐘的北美洲陽光不太可能讓你的身體製造出足夠的維生素D。醫療機構沒告訴你的是，你罹患與陽光相關皮膚癌的風險相對較低[80][81][82]。然而，因避開太陽導致的維生素D缺乏，則與糖尿病[83][84]、肥胖[85]、新冠肺炎的死亡或重症風險[86][87]、失智症[88]、各種癌症[89][90]、心臟疾病[91][92][93]、骨質疏鬆[94]、氣喘[95]、自體免疫[96][97]、憂鬱[98]及焦慮[99]有關。

實際上，適切的日曬量會隨著膚色與緯度的組合而改變。依據膚色、皮膚癌家族史、居住地、生活方式，甚至是個人童年時期的曬傷史等，我們每個人的風險效益分析都不盡相同。此外，考量祖先的地理位置如何與我們現在稱之為家的地方達成一致，也會有所幫助。在芝加哥的非裔美國人缺乏維生素D的風險，可能高於罹患皮膚癌；而住在赤道上的北歐人後裔，則應該更注意罹患黑色素瘤的風險甚於缺乏維生素D的相關影響。

雖說感覺上以藥錠形式攝取維生素D，似乎就不必讓皮膚暴露於所謂有害的陽光下，但我深信營養補充品無法取代真正的營養素。正如人類健康有如此多的面向，維生素D的作用也遠比藥錠所能達到的更複雜許多[100][101]。許多研究都一再顯示，較低的人體維生素D含量，與各種疾病狀態及不良後果有關，然而研究卻未能證明，以營養補充品將維生素D含量恢復至健康等級，確實能有效改正問題。這兩個發現之間遺失的連結，或許和人體對太陽的反應有更多的關聯性，而與所反映出的單純的維生素D含量關聯性較低。實際上，人類的確會對紫外線B光（UVB）

有所反應，而製造出其他幾種重要的「感光產品」[102][103]，像是β腦內啡、腎上腺皮質荷爾蒙、抑鈣素基因系胜肽、一氧化氮和P物質等，而這些有助於緩解疼痛、壓力、高血壓和發炎狀況[104][105][106][107][108][109]。

尤其是曬太陽這件事，似乎真的對我們的整體健康有益，而研究甚至指出，這些好處可能會抵消皮膚癌所增加的死亡風險[110]。最近一項在瑞典追蹤近三萬名受試者長達二十年的研究發現，不曬太陽的人其「總死亡率」為兩倍，意思是避開太陽的人因各種原因導致死亡的可能性，是一般的兩倍[111]。所以，儘管可靠的營養補充（搭配維生素D檢測及其他相關微量營養素如鎂、磷和維生素A與K等的補充）是滿足我們對維生素D需求的絕妙策略，但尤其在冬天，就整體健康而言，曬太陽還具有一些難以衡量、且遠超出提高體內維生素D含量的特殊優勢。

萊姆病與黴菌

雖說深入探討萊姆病和一種名為慢性發炎反應症候群（CIRS，Chronic Inflammatory Response Syndrome）的疾病（通常是因接觸黴菌而導致）超出了本書範圍，但有個事實我至少必須要指出，否則就算是我失職。這個事實就是：在許多情況下，焦慮是一種通常很明確的免疫活化狀態的症狀，可能是這兩種疾病中任一種造成的結果。若你有理由相信自己可能被蜱（壁蝨）叮咬而感染了萊姆病，或是曾在淹過水或有長黴的建築物中居住、上班，那就值得找個功能性醫學執業醫師諮詢一下，以針對這些狀況進行評估與治療。萊姆病和黴菌都可能造成強烈的焦慮，但在傳統醫學的神聖殿堂中，這兩者都經常被忽視並略過。

麩質與乳製品的進一步探討

看到「麩質與乳製品」這幾個字時，你可能會有兩種反應：其一是翻白眼，因為你已厭倦聽到這種每個人都在談論的、被捏造出來的過敏問題；另一種反應也是翻白眼，不過是因為這話題實在是太過時了，你已讀過每一本相關書籍，在各種媒體上聽過一大堆健康相關的節目討論這個，都快能自己寫出一篇麩質與乳製品的論文了。好的，不過我有一些新資訊要提出，是從焦慮的角度出發，非常值得你再看一眼。

我知道麩質不耐症是大家最愛嘲弄的一種飲食不耐症，而起司是神聖的。難怪每當有人試圖拿走我們的麩質和乳製品時，我們就會變得防衛性很強，畢竟這個組合構成了最受歡迎且為社會所容許的毒品。你有注意到嗎？所有的美式療癒美食都是由麩質和乳製品所組成：牛奶與餅乾、通心麵與起司、烤起司三明治、冰淇淋甜筒、巧克力布朗尼，還有披薩。這兩種成分與這世界幾乎所有來自食物的舒心與喜悅感都相關。所以我不會責怪你心想：為什麼這個虐待狂醫生竟想要奪走這些基本人權？

帶著我的哀悼之情，我堅持我們要來討論關於麩質和乳製品在你的焦慮中可能扮演的直接角色。這些食物藉由刺激腸道、造成系統性的全身發炎及成癮循環，增進了我們的發炎程度，並且就和其他的毒品一樣，只會讓我們興奮一時，接著很快就會陷入戒斷狀態，使我們疲憊又焦慮。

今日，我們突然看見了非乳糜瀉麩質敏感性★的普遍程度[182]，這是很奇怪的，尤其是考量到我們已食用麩質長達數千年都沒產生太多困擾。但我無法否認，我有許多具焦慮感的病人都在脫離麩質後有了明顯改善。這件事令人困惑的地方就在於：對我的許多病人，還有對我來說也一樣，當我們在美國吃麩質時便會出現症狀，但我們在歐洲和亞洲等地區卻都能夠承受麩質。乳糜瀉就是乳糜瀉，不論你身在何處，但看來麩質不耐的症狀會隨地理位置而有所不同。對此，最經典的一個反駁意見就是：那只是因為你在度假時人比較放鬆的關係。的確，當我們處於放鬆狀態，腸道功能會發揮得比較好，但這真的能充分說明為何同樣的義大利麵在義大利度蜜月期間能輕易被消化，在平日生活中卻會讓我們脹氣脹到唉唉叫？幾年前，我在自己身上檢驗了這個理論。我曾花了七個月的時間在世界各地生活並工作，在義大利、希臘、以色列、香港、澳洲和紐西蘭時，我吃各式各樣的麩質。而我的皮膚依舊容光煥發，消化系統運作得無比精準順暢。然後我到了考艾島，夏威夷群島最北邊的島嶼，回到了美國的土壤和美國的農業環境。才不過咬了一口口袋餅，我所有的麩質不耐症狀全都立刻回來了。我明明還處於度假模式，這正是天堂的定義，然而卻痛苦到連站都站不直。

到底怎麼一回事？我認為是大量噴灑於我們小麥作物上的農達（美國製造的農藥），在許多美國人的麩質不耐症上扮演了要角。對我的地理位置理論來說，這是

★一種輕度的麩質不耐症，症狀與乳糜瀉類似，但並不是乳糜瀉（一種自體免疫疾病）。

合理的，因為農達的使用在全球其他地區受到較多限制[113][114]。所以，或許所有美國的麩質不耐症，其實都只是農達不耐症？

但農達又是怎麼一回事？其活性成分草甘膦，已被證實會導致腸道通透性增加[115]，也稱為腸漏（美國國家環境保護局也懷疑，草甘膦可能會傷害或殺死93%受瀕臨絕種生物法案保護的動植物[116]，不過這又是另一個毀滅性的話題了）。腸漏使得消化道的一些內容物進入血液，也包括部分被消化的麩質蛋白本身，而這會刺激具某些遺傳敏感性的人產生大量針對麩質的抗體大軍。由於我們的小麥作物都大量噴灑了農達，幾乎就像是和麩質一起成套供應，這表示我們在攝取麩質的同時，也會攝取到導致腸漏的物質，於是確保了有些麩質會滲入至血液，並產生抗麩質的抗體。這些抗體可能會在此人吃下更多麩質時繼續攻擊小腸的內壁，進而造成腸道發炎的惡性循環（有些人或許會主張，這些抗麩質抗體也可能透過一種叫分子擬態的方式去攻擊甲狀腺組織，亦即甲狀腺組織的胺基酸序列與麩質非常相似，相似到足以讓抗麩質抗體以為它們是在攻擊麩質，但其實它們是在攻擊個體本身的甲狀腺[117][118]。

此論點指出了麩質、甲狀腺疾病和如焦慮症和躁鬱症等心理健康問題之間，可能存在有關聯性，表示這些問題，有時可能只是偽裝成精神疾病的甲狀腺功能障礙罷了）。農達，一種世界衛生組織認定的可能致癌物[119]，理論上也會損害腸道中的細菌多樣性，從而導致腸道神經系統失調。

你可能會想，好吧，那我可以只吃沒噴灑農達的有機麩質嗎？對一部分的人來說，答案是肯定的。你有可能是那個吃長時間發酵的有機酸麵團（部分麩質已在發酵過程中被消化掉且不含農達）不會出現問題的例子，但對其他人來說，在吃了一輩子充滿農達的麵包後，麩質本身已成為一種發炎蛋白，即使是經過發酵且為有機的形式，尤其是在持續腸漏的情況下。這不僅意味著農達促使我們的身體產生出對抗麩質的抗體，也暗示了這些抗體會長期存在[120]。

若你發覺當自己不吃麩質時，焦慮便有所改善，但你仍渴望在某種程度上於生活中繼續保有麩質的話，只要你沒有乳糜瀉，就可以試試有機酸麵團，並於出國旅遊時在小麥作物不噴農達的地方吃吃麩質。而一如既往，最重要的還是：你感覺如何？若你能夠承受且無身體症狀或焦慮升高的現象，那麼……恭喜你！但若你發現自己感到緊張、悲傷、焦慮或腦袋昏昏沉沉，又或是在食用麩質的幾小時內抱著自己脹氣的腹部，那麼，你還是誠實面對自己必須小心駕馭此種食物的事實吧。

而乳製品又是另一碼子事了。我們每個人對乳製品的耐受性都不同，且不同形式的乳製品本身，也各自具有不同程度的不耐症可能。在整個乳製品系列其中一端的，是大多數人都能承受的形式，例如奶油和印度酥油等產品。有一小部分的人對未經高溫消毒的、全脂的、發酵的綿羊和山羊乳製品（例如kefir優酪乳等）耐受性良好。不過在整個系列的另一端，則是一杯傳統的、富含荷爾蒙與抗生素的脫脂牛奶。儘管這一直以來都被當成健康食品銷售，但它是經過高度加工的，且根據動物研究，它至少在血液中製造了一些發炎反應的證據[121]。除非你已經知道自己每次吃冰淇淋都會胃痛並拉肚子，不然最好還是做個測試，以確認自己對乳製品的耐受程度。請試著一整個月不吃乳製品，並監控自己的感受，然後再恢復吃乳製品，並同樣監控自己的身心症狀。當你的身體抗拒時，請務必誠實面對。若乳製品會讓你發炎，而你還繼續吃的話，那它就有可能助長你的焦慮。

接著，我們將來到了麩質與乳製品的最後一個令人憂慮的面向：穀嗎啡（gluteomorphin）和酪啡肽（casomorphin）。那個字根又出現了：morphin，就跟morphine（嗎啡）一樣。的確，穀嗎啡和酪啡肽在人體內可以表現得像鴉片般[122]。當小麥和乳製品的這些成分從滲漏的腸道進入血液後，它們便能穿過血腦屏障，且有可能作用於大腦中的鴉片受體[123][124][125][126][127]。當某個腸道發炎的人吃了披薩，可能就會像是服用了嬰兒劑量的嗎啡般。這是我們愛披薩的原因之一，但這也能讓我們在餐後感到昏沉無力，而一旦高潮消退後，還會讓我們坐立不安並且想吃更多。所以，那些看似無辜的瑪芬或起司盤都能讓我們疲憊且虛弱，而這樣的上下波動可能會導致焦慮。

要知道自己有沒有飲食不耐症並非易事，但對某些人來說或許顯而易見，因為他們在吃了特定食物後會出現如脹氣、放屁、腹痛、腹瀉、便秘或糞便中有黏液等症狀。對其他人而言，症狀可能出現在下游，例如長痘痘、關節疼痛、長疹子、濕疹、鼻塞、鼻涕倒流、搔癢或偏頭痛等，甚至症狀可能更輕微，像是腦霧或焦慮感升高。判斷你能否承受麩質和乳製品的最好辦法，就是嘗試進行為期一個月嚴謹而有條理的去過敏原飲食。請小心藏有麩質與乳製品來源的食物，例如湯品、沙拉醬、醬油、肉汁、油炸食品、燕麥片（除非有標示為無麩質），以及裹上了麵糊的魚肉等。請努力避免在去除過敏原的那個月裡吃錯東西，否則最後得到的資料就不準了。而結束測試後，再有系統地將那些去過敏原食物加回到你的日常飲食中，一次一種。在這過程中，請觀察自己整體的感覺，並特別注意自己在那一個月裡的焦慮程度。若你在去除過敏原的前幾天經歷焦慮惡化的戒斷效應，然後在接下來的日子裡焦慮獲得了改善，那就表示你所去除的食物中，可能有某些東西促成了你的焦慮。一旦確認你的身體會如何應對這些食物，你就有能力做出對應的選擇。而面對該資訊，你想要怎麼做，是你和造物者之間的事。有時冰淇淋值得你忍受一點脹氣，但有時鬆餅並不值得你承受恐慌發作。

我知道大家對飲食限制的觀感不佳。對旁觀者來說，這感覺可能像是一群人很珍貴，因而強迫其他人必須對他們呵護備至，又或者像是一種被高尚化的飲食失調。事實上，飲食限制可以是一種勇敢的自愛與自我照護行為，也就是以一種能讓自己持續感覺良好的方式進食。在我們的社會中，這需要投入的承諾，以及一些逆流而上的勇氣。關鍵就在於瞭解自己的身體，並日復一日地為自己做出有意識且自愛的選擇。

皰疹與焦慮

當我和病人一起調查可能導致他們焦慮的原因時，我都會尋找模式。而我在數量多得令人驚訝的病患身上注意到一個模式，就是他們都在皰疹爆發之前或該期間，感受到顯著升高的焦慮、恐慌、憂鬱甚至絕望感。我懷疑這是隨著免疫系統被爆發活化，因相對應的發炎程度升高所導致[128][129]。而隨著爆發與發炎情況消退，他們的情緒便回到基準。

若你有皰疹，且注意到自己的焦慮感在皰疹爆發時飆升，那麼，我建議你採取第172頁所概述的建議來緩解發炎狀況。而有時也可能必須服用如離胺酸、低劑量納曲酮（LDN），甚至是祛疹易（Valtrex）等營養補充品或藥物。

如果你注意到自己的情緒亦步亦趨地跟隨著皰疹的發作狀況，請務必告訴你的醫生，這樣你才能走上正確道路，朝著平息這種被低估的腦部發炎與精神困擾的根源前進。

09 女性的荷爾蒙健康與焦慮

社區團體的強大程度取決於其女性成員的健康。

——美國前第一夫人，蜜雪兒·歐巴馬（Michelle Obama）

有一種女性的變種假焦慮，在整個歷史的另一個領域存在已久，這種焦慮不是發炎或睡眠不足的副產品，而是因為原本正常和正當的行為，卻僅簡單地依據性別就被不當地標記為精神疾病的關係。在西元前一九〇〇年左右，人們認為女性的情緒取決於其子宮的位置。這樣的想法持續存在於大部分的歷史之中，從希臘醫師希波克拉底（西元前四六〇～三七七）首先以與子宮有關的「歇斯底里」一詞（其原文hysteria源自希臘文的子宮hystéra）來描述女性的情緒波動，然後一直到精神分析之父弗洛伊德（一八五六～一九三九）聲稱歇斯底里的女人是著了魔的，因缺乏「性欲演化」而被激起[1]。今日，這種觀點依舊迴盪於醫生們的診療室中，或許些微隱約，但仍然引起共鳴。我發現，當女性病患對她們的治療計畫追根究柢地問個不停，或很直接地表達意見時，許多醫生都傾向於輕視，或讓她們感覺自己有公主病，又或是過度敏感（現代對「歇斯底里」的委婉說法）。

我曾親眼目睹許多這樣的偏見態度。當女性去找一般門診醫師，討論如頻繁的胃痛，或神經系統問題等生理上的毛病時，醫生可能會告訴她，這些症狀都只是其焦慮的副產品罷了。換句話說，一切都只是她在胡思亂想。例如，我的病人塞萊斯特是一位五十九歲的行銷主管，她曾向多位不同科別的醫生表示，幾個月來她手部持續有刺痛感且能感覺到膽囊，但每個醫生都跟她說，這些感受只是焦慮和大腸激躁症的產物。直到塞萊斯特終於找到一位醫師願意認真看待她的抱怨，替她做了超音波檢查並驗血，結果發現她有膽結石及維生素B12缺乏症。我認為會讓人們焦慮的敏感性，也會讓他們對其體內的失衡更為靈敏。或者用塞萊斯特的說法：焦慮病患是「可靠的敘事者」，我們通常都可將其知覺視為有用的資訊。

我的另一位病患，查麗希，三十三歲，她的一位醫生讓她覺得自己越界了，只因為她試圖參與自己的醫療照護計畫。查麗希當時有經期不規則的問題，所以掛了號去跟她的婦科醫生討論。由於她曾事先告訴我，說她不想再服用任何藥物（她一年前逐漸減量並停用了樂復得〔Zoloft〕，一種抗憂鬱劑），所以我們想出一個計畫，讓她在這方面能堅持自己的主張。但在那次的婦科門診，當查麗希要求以不用藥的方式解決其經期不規則的問題時，她的醫生（附帶一提，也是一位女性）宣稱避孕藥是唯一合理的選擇，還以高傲的語氣告訴她：「你可以反對我的建議，這是你的權利。」身為非裔美國人女性的查麗希，強烈意識到在該醫生診療室裡的系統性種族主義階層，所以很快就投降，但回到我的診間時，她感到十分沮喪。後來，她再去婦科回診，跟醫生說自從開始吃藥調經，她就頻繁地出現想哭的衝動，所以她擔心這藥會讓她憂鬱。結果那位醫生並未承認該藥物對查麗希來說，有可能不是最佳選擇，而只是再次駁斥其顧慮，並建議她再回頭服用抗憂鬱劑樂復得。

除了女性的意見經常被忽略（正如查麗希的例子，甚至是女性的意見被其他女性給忽略），我還觀察到另一個現象，就是當女性病患覺得無法傳達需求時，她們的身體便會開始為自己發聲。也就是說，當病患沒有平臺可表達自己的感受及需求（或是被系統忽略）時，她可能會發展出一種將深埋的情緒轉換為身體症狀的傾向。我經常看到這現象發生在女性病患身上，而這些女性多半於其生活中的其他角落被剝奪權利及壓迫，亦即遭社會去權或制約、在關係中將他人的優先度置於自己之前，又或是壓抑自身需求以回應積極強化女性殉道的文化。當她們無法表達意見時，她們的身體就會發聲，她們的身體會說：這兒有點不對勁，或是我很痛苦。

當然，這種現象並不是什麼新鮮事（以往的臨床衰竭、轉化症和假性癲癇等都屬此例），只不過今日我最常以如纖維肌痛症（基本症狀為廣泛的疼痛與壓痛），及慢性疲勞症候群等疾病形式看到它。這兩種疾病都具有確鑿的肉體依據，且會造成非常真實的痛苦。但它們也存在於身體和心理健康的交匯處。我相信，這些病痛是現代世界中各種毒素（腸道菌叢失衡在纖維肌痛症中扮演要角[2]，粒線體功能障礙則與慢性疲勞有關[3]）與社會制約（畢竟與其引起人們對精神痛苦的關注，讓大家注意到身體上的疼痛，還是比較不那麼難堪又羞恥）的一種複雜混合。在這些情況下，並非身體症狀被忽略為「只是你的焦慮」，而是心理健康問題正表現為身體上的病痛。所以，這些女性（因為纖維肌痛症發生在女性身上的頻率，為在男性身上的九倍[4]）的憂鬱和焦慮往往無法獲得解決。

這一切都表示了，若你正在經歷某種健康問題，而你的醫生擺出一副輕視或忽略的態度，請千萬別因他們的羞辱而陷入習慣性的順從與沉默。要相信你的身體，你才是專家。請大聲說出來，勇敢反擊，並為自己辯護。與其質疑自己，不如質疑整個系統。我們顯然還有很長的路要走，而我們都必須參與，好讓拙劣的系統持續往前發展。

甲狀腺功能障礙

據估計，有約莫兩千萬的美國人患有某種形式的甲狀腺功能障礙[5]，其中大多數皆為女性。事實上，每八個美國女性中就有一個會在其一生中罹患甲狀腺功能障礙[6]，而目前約有20％的六十五歲以上女性有甲狀腺功能低下的問題，且這些女性中有很大一部分的人都未被診斷出來[7][8]。甲狀腺是位於頸部的小腺體，為整個身體的能量平衡提供動力，而甲狀腺素主要是負責調節新陳代謝。

甲狀腺功能低下症（一種甲狀腺活動不足的狀態）是一種流行病，在美國用於治療此病症的最常見藥物叫Synthroid（含左旋甲狀腺素的一種品牌藥，在臺灣常見的品牌藥名為Eltroxin〔昂特欣〕），年復一年地贏得被開立最多的處方藥獎。甲狀腺活動不足會導致疲勞、憂鬱、便秘、掉髮、皮膚乾燥、腦霧、體重增加、減重困難、肌肉痠痛和運動不耐等症狀。若你正經歷甲狀腺功能障礙問題，那你可能會注意到自己眉毛外側的三分之一非常稀疏或幾乎沒有毛。而相反地，甲狀腺功能亢進症，是一種甲狀腺素過多的狀態，則可能產生精力旺盛、失眠、易怒、情緒激動、腹瀉、心跳過快、心悸、覺得燥熱、過度出汗、體重意外減輕，還有焦慮等症狀。

醫學教科書會說，甲狀腺亢進和低下是兩種不同的、彼此互斥的疾病，但從我的診療經驗看來，事情並沒有那麼單純。有時甲狀腺活動過剩的狀態，會出現在活動不足的狀態之前。而被診斷為甲狀腺功能低下的人，往往同時具有亢進與低下的症狀。我見過許多被診斷為甲狀腺功能低下症的病人，其甲狀腺疾病的症狀是以焦慮來呈現。

若你懷疑自己可能有甲狀腺功能障礙，那麼第一步，就是要跟自然療法醫師或功能性醫學醫師約診，以評估你的甲狀腺（你沒看錯：比起去看傳統的內分泌科醫生或一般家醫科醫師，我大部分的病人都是在與整體醫學類的醫師諮商後，其甲狀腺症狀才終於獲得更多緩解）。而若最後結果發現，你真的有甲狀腺功能障礙，那麼，你可採取從服用甲狀腺藥物到改變飲食，再到實行身體排毒等多種方法來治療此狀況。

月經週期與心理健康

雖說月經週期通常等同於發生在女性月經前的荷爾蒙變化，且往往與煩躁易怒有關，但其實在這整個過程中，還會有幾個其他的階段與情緒產生。濾泡期發生於前半個月，是在我們開始流血後，當主導的荷爾蒙為雌激素時。在此期間，隨著雌激素逐漸增加，我們可能會變得外向、感覺有自信、精力充沛且喜愛交際。這時我們神經比較不敏感，較不容易被惹毛。接著於排卵前後，雌激素與雄激素分泌較多，可能會促使性欲增加並讓人更有活力。而排卵之後，我們便處於黃體期，由黃體素荷爾蒙主導。這時，隨著我們越來越接近流血的階段，我們可能會感到煩躁且疲勞，或許會比較喜歡待在家裡泡個澡，而不想出門見人。

在這個時候，我們應該好好地尊重身體的休息需求，因為這也正是許多女性困擾於經前症候群（PMS，Premenstrual Syndrome）的時候，雌激素、黃體素和血清素的波動，可能會導致焦慮、憂鬱、疲勞、對食物的渴望及睡眠困難。經前症候群是一種很常見但令人很不舒服的狀況，據估計，在每四個有月經的女性中，就有三人受到其某種形式的影響[9]。

不過，我有許多女性病患都因本身荷爾蒙失衡，而經歷了十分誇張且病態等級的經前症候群。在過去的診療經驗中，我見過女性在經期開始之前的幾天經歷令人虛弱的痙攣、嚴重的情緒波動，甚至出現自殺念頭。這些或許常見，但並不正常。這是一種身體失衡且在呼籲你採取行動的跡象。我太常看到我的女性病患對令人衰弱的經前症候群感到疲憊又無可奈何，彷彿這是伴隨著女性身分而來的必要元素。但其實事情不必如此。讓我們聚焦於如何讓自身荷爾蒙恢復平衡，以消除這層被放大的症狀（或者也可稱之為假經前症候群）。

我最常在病患身上看到的，是一種稱為「雌激素優勢」的狀況。儘管雌激素優勢的存在與否仍有爭議，但對我來說，它在我們的現代世界中，於生物學上似乎相當明顯。其概念是，女性的雌激素過量而黃體素過少，因而脫離雌激素與黃體素原本應有的比例。這會在黃體期造成大規模的荷爾蒙崩壞，而看起來、感覺起來就像是很糟的經前症候群，或者甚至像是經期前情緒障礙症（PMDD，Premenstrual Dysphoric Disorder），亦即一種還會在流血開始前一兩週內明顯易怒、焦慮和憂鬱的更嚴重版本經前症候群。我們的雌激素因持續暴露於環境賀爾蒙與內分泌干擾物（分別為會模仿雌激素，以及會改變荷爾蒙正常功能的化學物質）而變得過量，這些環境荷爾蒙和干擾物是以個人護理產品[10]、化妝品[11]、香水[12]、清潔產品[13]、手部消毒液（乾洗手）[14]、塑膠[15]、熱感應收據[16]和殺蟲劑[17][18]等形式存在。至於我們的黃體素，則因現代營養趨勢及慢性壓力而變得過少。為了製造黃體素，我們需要膽固醇[19]和一種叫孕烯醇酮的前體分子。我們之所以膽固醇不足，是因為一直以來膽固醇在醫學文獻和媒體中都遭到詆毀，導致我們去餐廳都點只有蛋白不含蛋黃的歐姆蛋，還誤以為自己是在做對身體好的事，更別說有些人甚至會用他汀類藥物來去除膽固醇。而我們缺乏孕烯醇酮，是因為它剛好也是體內另一種重要荷爾蒙——皮質醇（我們的壓力荷爾蒙）的前體分子。所以，每當我們有壓力時，孕烯醇酮就會被分去製造皮質醇。你可以想像，在現代生活的慢性壓力之下，真的沒剩多少孕烯醇酮能用於製造黃體素。正是這個被稱做「孕烯醇酮竊取」的過程，使得我們許多人體內的孕烯醇酮含量極低[20][21]。這就是導致我們的雌激素與黃體素比例失衡的完美配方，會在我們月經的前幾天造成急遽的荷爾蒙崩壞，或者換個說法，會造成：假經前症候群。

不過好消息是，我們可以採取一些行動來讓荷爾蒙恢復平衡，例如把個人護理產品換成天然的產品、減少接觸殺蟲劑與塑膠、多吃有苦味的綠色蔬菜以支援雌激素代謝物的肝臟解毒，以及控管壓力。這個平衡荷爾蒙的目標，並不是要否定我們生理週期中不同階段的情緒，而是要以更輕鬆不焦慮的方式度過週期。

此外，我相信當女性將其經前症候群帶入自身更能夠掌控的身體表達領域時，她們也能夠獲得黃體期意料之外的好處。與一般普遍的文化敘事相反，我不認為女性在此期間的情感洞察力可被忽略為荒謬又不合邏輯，我堅信，每個月的這個時候，能讓我們接觸到根深蒂固的信念。這不是女性比較不講理的時候，這只是女性對胡說八道的容忍度較低的時候。因此，我們應該尊重黃體期與經前症候群原始、易怒及溫柔情緒的真相，這時我們應該要休息、往內在發展，並探索可能只在每月這關鍵的幾日中完全浮現的啟示。

藥物與焦慮之間的連結

當我懷疑病人的情緒困擾與外源性荷爾蒙（亦即所服用的荷爾蒙，而非由人體製造的內源性荷爾蒙）有關時，我通常都會鼓勵她們停止服用荷爾蒙避孕藥。避孕藥可以是一種讓人有自主權的選擇，它讓女性在生育和性方面擁有自由與動力。話雖如此，但我們從最近的研究得知，外源性荷爾蒙會在生育年齡期間促進情緒變化，且其效果在青春期最為明顯[22]。在我的臨床經驗中，利用荷爾蒙的避孕方式也可能在焦慮中扮演要角。對某些人來說避孕藥或許是正確的選擇，不過我深信醫生必須讓病患更充分理解所有風險與副作用，尤其隨著醫生們越來越常為年輕女性開藥，這點就變得格外重要。近來有研究證實了青少年口服避孕藥的使用（不論是否持續使用），與成年後的憂鬱症風險之間的長期關聯性。該研究報告的作者明確表示，他們的發現指向一個觀念：「青春期可能是個敏感的時期，在此時期使用『口服避孕藥』可能會增加女性罹患憂鬱症的風險，甚至是於首次接觸藥物的數年後。」[23]換言之，在年輕時即開始使用荷爾蒙避孕藥，似乎會使心理健康的副作用更容易產生，且可能會持續數年之久。

除了外源性荷爾蒙會增加罹患情緒障礙的風險外，這類藥物也會引起發炎[24]與微量營養素枯竭的問題（尤其是和焦慮與憂鬱有關的維生素B群）[25][26]，此外還可能引發菌叢的變化[27]。同樣值得注意的是，長期看來，有些口服避孕藥會增加膽囊問題的風險[28]，而有些則會增加自體免疫疾病的風險[29][30]。口服避孕藥有個總是令我感到不安的面向，那就是它們會增加如性荷爾蒙結合球蛋白（SHBG，Sex Hormone-Binding Globulin）等結合蛋白的產生，然後這些結合蛋白會在血液中循環並結合其他的荷爾蒙，像是雄激素（即我們一般認知的睪固酮）等[31]。這會減少可用的雄激素，並可能進而影響活力、性欲，沒錯，還可能影響心情[32]。

我曾經治療過一位三十六歲的女性，名叫娜歐蜜，她來找我時，已因多種不同的診斷結果而服用多種藥物，包括治療憂鬱症的威博雋（Wellbutrin）、治療注意力不足的Adderall，以及治療焦慮症的贊安諾。同時她也有服用避孕藥。第一次看診時，我便問她是否有可能停掉避孕藥。她回答說絕不可能，並且提到避孕藥能幫助她治療面皰粉刺及生理痛問題，更何況，她還得靠避孕藥來避孕。我們努力地解決她的憂鬱、焦慮和注意力不足過動症（ADHD）的根本原因。她改變了飲食、開始重視睡眠、在每天的行程中安排少量運動，甚至在工作上建立了新的界線。最終，我們讓她成功擺脫了威博雋和Adderall，令她覺得十分自由暢快。她很高興每天下午不再有Adderall帶來的「低潮」，那會讓她感覺筋疲力竭、極度飢餓又暴躁易怒。此外，她的憂鬱和專注力部分也有改善，但她仍然苦於背景焦慮★。然後，經過幾年的治療，她和男朋友分手了，於是決定停止服用避孕藥。

其停藥效果立即而顯著，娜歐蜜的焦慮就這樣消失了。她的恐慌症不再發作，感覺神清氣爽。生活還是有壓力，但她發現自己以我們都未曾見過的韌性，巧妙應付著向她襲來的壓力源。她持續成長，直到進入另一段戀愛關係，而決定植入會釋出黃體素的子宮內避孕器（IUD，Intra-uterine Device）為止。有人說這種黃體素只具有「局部效果」，意思就是它只會影響子宮內膜。但實際上，若黃體素被釋放至子宮內，它就會進入血液然後到處跑，也包括大腦。

雖然我曾試著引導娜歐蜜改用非荷爾蒙的避孕方法，像是含銅子宮內避孕器、安全期避孕法，以及保險套等，但她都拒絕了，因為：她的朋友告訴了她有關使用含銅子宮內避孕器的嚴重生理期「恐怖故事」、她沒自信能確實地靠安全期來避孕，以及她的男朋友是不可能願意用保險套的。於植入黃體素子宮內避孕器後的一、兩週，娜歐蜜又變得和我剛認識她時一樣焦慮。

我指出了植入子宮內避孕器，與她再次感到焦慮之間的時間連結。娜歐蜜則疲憊地回應了這幾天她的工作有多麼地瘋狂。工作當然瘋狂，工作總是很瘋狂的。但同樣的瘋狂工作，原本已從壓力大得無法忍受，變成了壓力大但可以忍受，而現在，突然又變回壓力大得無法忍受。工作並未改變，是娜歐蜜的荷爾蒙改變了。幾個月後，娜歐蜜的焦慮達到了極度高點，以致於她願意嘗試任何方法來緩解，也包括取出子宮內避孕器。結果在取出避孕器後的數週內，她的焦慮便再次消除。

很顯然，利用荷爾蒙的避孕方式就是娜歐蜜焦慮的根源。我回頭檢討了一下她的病史。就在重新審視初診的筆記時，我注意到了一些先前被我忽略的事情：娜歐蜜是在十六歲時，為了治療面皰粉刺而開始服用避孕藥，而這時間點差不多就是她首次被診斷出憂鬱和焦慮的時候。對我來說，一切都在這一刻豁然開朗：娜歐蜜所有的心理健康診斷，都是從她十幾歲開始吃避孕藥之後發生的。有時新的症狀其實是新藥物的副作用。沒人（我也沒立刻發現）把娜歐蜜的憂鬱與焦慮發作，和開始服用荷爾蒙避孕藥之間的時間點連接起來。

一想到這已影響了娜歐蜜過去二十年的人生，包括所有已造成的痛苦、對她的人際關係與工作及自我感覺所產生的影響等，我就被強烈的悲傷和憤怒給淹沒。而且娜歐蜜只是其中之一，還有許許多多其他的女性病患都是因荷爾蒙避孕藥而導致焦慮問題。她的焦慮症可追溯至她第一次獲得的處方避孕藥，而發作與否更是完美符合每一次停藥與用藥的時間點。但一直以來，她卻只被告知她患有精神疾病。幸好自此之後，娜歐蜜決定使用非荷爾蒙的避孕方法。若這個故事讓你想到自己的心理健康歷程，那麼請考慮：在以診斷定義你自己之前，先排除你的精神疾病是由藥物副作用假裝而成的可能性——畢竟荷爾蒙避孕藥可說是相當常見的罪魁禍首[33]。這些可能會與我們的身分緊密地綁在一起的標籤、診斷，以及看似必然的命運，有時只是一時的失衡，只是需要改變而已。

關於多囊性卵巢症侯群和「治好」的觀念

當我在社群媒體上張貼我以功能性醫學為基礎的多囊性卵巢症侯群（PCOS，PolyCystic Ovary Syndrome，一種荷爾蒙失調問題，會造成月經不來或週期延長，及雄激素過多等症狀）解決辦法時，我受到了一些批評，說我是在誤導人們，因為這問題沒有所謂的「治好」。

廣義的「治好」是一種過時的概念，它暗示了科學家們會突然靈光乍現，然後就想出一個能徹底解決疾病的辦法。但疾病的過程往往比這要複雜許多，而預防永遠勝於治療。我們的健康取決於遺傳傾向和環境影響（例如飲食、生活方式、壓力和所接觸的物質等）的組合。雖然我們不會去控制基因，但我們可以控制環境影響和基因表現。

多囊性卵巢症侯群的遺傳脆弱性由來已久[34]，其盛行率卻持續增加[35]，可見這是由環境影響所造成的[36][37][38]。而導致多囊性卵巢症侯群的根本原因，包括了過多的皮質醇[39]、胰島素抗性與肥胖[40]，以及慢性發炎[41]。一旦拋棄讓很多人生病的現代預設飲食與生活方式，多囊性卵巢症侯群的徵兆與症狀往往就會減輕。我們可以就語義進行辯論（治好、逆轉、治癒、解決），但若你是從月經不規則、不孕及多毛症，轉變到一種荷爾蒙平衡、月經極為規律準時，且生育能力恢復的狀態，那你應該根本不會在意我們使用哪個詞彙。

生育能力與焦慮

我們生活在奇特的時代。在日常生活中，我們深陷於一大堆會影響女性及男性生育能力的因素之中，從慢性壓力、殺蟲劑和內分泌干擾物，到口袋裡會影響精蟲數量的手機[42]。然而一講到生育，我們的文化依舊只短視地聚焦於一個問題：女人的年齡。女性的「生理時鐘」有著強烈且無可否認的重要性，而儘管現在，我們比過去任何時候都更能夠控制生育，但卻也更有可能對此感到焦慮。職場需要長時間的投入，而職業婦女們必須在生育的黃金時期冒著被「媽咪追蹤」的風險（總是孩子在學校發燒時，老師第一個打電話通知的人），為了家庭努力兼顧工作崗位。所以，很多人都在自己尚未做好準備時，使用荷爾蒙避孕藥，結果之後當自己準備好時，又需要做生育治療才能夠懷上孩子。有些人甚至會去凍卵，試圖擺脫現代生育的束縛。這些可能都是讓人有自主權的選擇，但我們應該要記住自己因此將陷入的險境：我們會面臨生育的壓力、不讓生育妨礙工作的壓力，以及不要等太久才生，否則懷孕風險更高，或是可能因而完全錯過擁有家庭的機會的壓力。甚至就算你對生小孩這件事毫無興趣，光是要回答周遭對這個選擇持續不斷、且不請自來的各種提問，便足以帶來壓力。這樣的沉重負擔，將女性置於一連串令人眼花撩亂的、具時效性的決策之下。這些決定都需要在過程中即時做出，於是我那些處於生育年齡的女性病患們，就變得越來越焦慮。

而且，並不是當你確實懷孕了，焦慮就會結束。相反地，這就彷彿大腦長出了一個額外的皺褶，專門在晚上醒著，緊張地預期任何可能出現的不好結果（這在母職中只會充滿熱情地一直持續下去）。事實上，二〇一八年的一項研究觀察了六百三十四名懷孕女性在懷孕頭三個月的狀況，結果發現「高度焦慮狀態」的盛行率為29.5％[43]。

當然，流產也會帶來特殊的挑戰。儘管近年來，流產在去汙名化的方面已有長足進步，但這仍是女性健康歷程中缺乏足夠資源、理解及支持的一個部分。其部分原因在於長久以來，女性並不被鼓勵分享這些經驗。然而在臨床認可的懷孕中，有8%至15%的流產發生率（在所有懷孕中則為30%）[44]，且絕大多數的風險都落在前十二週。因此，許多女性在安全地度過頭三個月之前，都不願意分享她們懷孕的消息。我理解人們對隱私和界線的渴望，不過我還是希望，女性能有足夠的安全感，可以早點分享這個消息，以減少默默承受的痛苦。對此議題我有強烈的感受，實際上我就冒著風險提早分享了自己懷孕的消息。我在第二次懷孕的第十週時，於IG上公開了這個消息。

然後，在第十一週半的時候，我流產了。

身為醫師，我很清楚理解流產是常見、正常且自然的。有很大一部分的胚胎具有基因錯誤，而流產為其制衡系統，可避免無法存活的胚胎度過懷孕的早期階段。在整個人類演化的過程中，這個系統一直存在。雖然基因錯誤會隨著母親和父親的年齡增長而增加，但在任何年齡都可能發生。此外，染色體異常並不是流產的唯一原因，胎盤位置和生存力、凝血傾向，以及其他更無形的因素，也都會造成影響。流產可能發生在任何人身上，我知道，而且這並不代表你有什麼問題，也不代表你做錯了些什麼。然而，這些知識都沒能讓我的流產經驗比較輕鬆一些。

我花了很多時間待在原始的情緒不適之中。當塵埃落定，我感到悲傷卻又平靜。我至今依舊同時保有這兩種似乎對立的感覺。流產是一種急遽的失落，我曾治療過許多在流掉孩子後，掙扎於憂鬱與焦慮的女性病患。的確，這些女性有些是連續經歷了數次流產（在接受了似乎永無止盡的好幾輪體外人工受精〔又稱為試管嬰兒〕後），而我發現，持續的悲傷與急遽的荷爾蒙崩壞，轉變成了更嚴重的焦慮和憂鬱形式。同時感覺到毀滅、絕望、憤怒、麻木，甚至還有解脫感的混合情緒全都很令人迷惘，卻也非常正常。**感受本身沒有對錯**。

我的流產經驗讓我瞭解到，醫學界對流產後的身心需求所知甚微。那時我大量流血、頭暈目眩且筋疲力竭。我的子宮開始脫垂（亦即掉出原本的位置）。我的身體要求休息。但我在流產後那天早上得到的建議，卻是四處跑來跑去做額外的超音波檢查、驗血，並且打點滴。我並不需要只是為了不舒服地坐在急診室的擔架床上，而等待醫護人員替我做檢傷分類；我需要的是躺在沙發上蓋著毛毯喝熱茶，過濾一下剛剛所發生的事。在流產後，聽從醫療建議固然重要，畢竟有時可能會出現嚴重的併發症，不過，傾聽我們的身體，並擁護我們的身心健康也是必要的。

我很幸運地擁有一位可在緊急時讓我立刻聯繫的幫手，金伯莉．安．強森（Kimberly Ann Johnson），她是一位陪產士、創傷專家，同時也是《Call of the Wild》（暫譯：《野性的召喚》）一書的作者。當我在這次的經歷中尋求她的支援時，她向我解釋說：「流產基本上算是一種產後期，與懷孕的時間成正比。」流產後和產後期的一項重要差異是，流產後我們沒有休息和暫停工作（休假）的傳統（至少在美國的文化中是如此）。既然懷孕早期與流產都還未能被廣泛討論，我們又怎麼可能休息、休假呢（有鑑於我們的機構幾乎都不認可產後休假與恢復的必要性，因此看來，距離認可流產後需要時間恢復，似乎還有很長的路要走）？

在花了幾週的時間休養並思考後，我回到IG上分享了自己流產的消息。那篇貼文獲得了令人難以置信的大量溫暖支持，對此我當然非常感激，不過最重要的是，這似乎在曾有過類似經驗的人之中，引起了很大的共鳴。女性們挺身告訴我她們各自不同的流產經歷，而我則認知到，能夠為如此脆弱敏感的過程提供討論空間是多麼地榮幸。我聽見來自世界各個角落的女性共同鬆了一口氣的聲音，就像在說：「我很高興我們能談論這件事。」我認為，我們的社會已準備好負擔流產的沉重。我希望我們都能在自己感覺已準備好時，就開始討論自己的懷孕狀況、把關於流產的對話正常化、解放自責，並系統化我們在這痛苦的人生篇章中，所應獲得的照護與支援。

產後焦慮症

在所有已開發國家中，美國提供給母親們的有些條件可說是最差的。很悲哀地，二〇一八年在美國，有大約六百六十名孕產婦死亡（死亡率為每10萬次懷孕中有17.4次），這讓美國在所有工業化國家中敬陪末座[45]。此外，根據美國疾病管制與預防中心（CDC）的資料，黑人女性死於懷孕相關原因的可能性，是白人女性的三倍[46]。

而一旦我們實際跨過了分娩的門檻，便與全世界女性一同展開旅程，伴隨著工作上的同工不同酬，以及平均而言無償的家務勞動不平等分工[47]。我們之中的許多人（約占美國11％的人口）[48]，沒有醫療保險可負擔產前護理和分娩。在外工作的母親們甚至將面臨育兒假政策的不足，或根本不存在、負擔不起的托兒服務選項，以及潛在的工作不安全感。難怪有越來越多的新手媽媽們感到焦慮。事實上，於二〇一七至二〇一九年期間，在接受美國心理衛生協會（Mental Health America）之篩檢測驗的新手媽媽或準媽媽們中，有74％的人被評為患有中至重度的心理健康問題[49]。產後期的焦慮症患病率為17％，高於產後憂鬱症的發生率（4.8％）[50]。然而，人們對產後焦慮症（PPA，Postpartum Anxiety）的意識，卻遠遠落後於對產後憂鬱症的意識（PPD，Postpartum Depression）。之所以會如此的部分原因在於，比起產後憂鬱症，產後焦慮症是一種較新的診斷[51]，不過也因為公眾對這種形式的焦慮仍知之甚少，容易傾向於認為憂鬱是女性產後普遍面臨的心理健康問題。其實產後焦慮症可能單獨發生，也可能伴隨產後憂鬱症一同發生，而造成女性感到恐懼及不知所措。產後焦慮症的其他症狀還包括腦子停不下來、坐立難安，以及如頭暈、熱潮紅或噁心想吐等身體症狀。值得注意的是，隨著照顧新生兒而發生的睡眠不足問題，也可能促成（或加重）這些感覺。

彷彿這些文化、社會和財務因素都還無法造成夠大的挑戰，在體內養大寶寶的物理現實、經歷分娩並從分娩中恢復，再加上或減去哺餵母乳，始終睡眠不足又時間緊迫，根本就是讓營養枯竭的最完美配方。我相信像這樣對身體營養庫存的消耗，是產後焦慮症一個重要且未被充分認識的根本原因。這意味著在恢復之路上，補充營養的重要性，可能與治療及轉換至母親身分的處理同樣重要。

此外在產後期，還有另一個不同類型的健康弱點存在。那就是於懷孕期間，我們的身體會自然地降低免疫活動，以避免我們的免疫系統將寶寶和胎盤視為「外來物」而加以攻擊[52]。我許多有自體免疫疾病經歷的病患，在懷孕時症狀都會緩解。然而到了產後期，免疫系統的迅速回復，往往導致這些新手媽媽們特別容易發炎，也特別容易發展出自體免疫疾病[53]。

因此在產後期，你必須溫和地對待免疫系統，以免誘發其進入失調狀態。若你知道自己有飲食不耐症，那麼請在分娩後的最初幾個星期，盡全力避免不耐症的發生。你可以日後再判斷那個可頌麵包是否值得你這麼做。不過，在產後期很敏感的幾個月裡，你會特別容易罹患自體免疫疾病或加重其病況。還有當然，過度的發炎也會直接導致焦慮。**而藉由盡可能減少發炎，就能有效降低產後焦慮問題。**

新手媽媽們需要整個村莊的支援、幾代人的智慧，哺乳指導、熱湯、營養豐富的食物，以及當她們經歷生產與身體、生活和身分的變化時願意傾聽的人。更不用說還需要有個人去準備那些熱湯，並在媽媽們洗澡和打盹時抱著寶寶。但在我們目前的系統中，這些媽媽們所得到的，卻是在重大的生活轉變和身體磨難之外，再加上導致焦慮的完美條件。讓我們將此對話的音量調高，並認知到這巨大的需求，以及我們可採取以支援自己和其他母親的可行步驟。

10 沉默的流行病

再也不會有單一的故事被當作唯一的故事來講述。

——英國著名藝術評論家、小說家、畫家及詩人，約翰．伯格（John Berger）

雖然我相信，醫生們都以希波克拉底誓詞認真地發誓「不損害病人」，但我也相信，今日我們已無意中在治療方面製造了危機。醫生們如此頻繁地開出的藥物，製造了屬於它們自己的假焦慮類型。這點在心理健康方面尤其真實。而這也正是今日精神病學的處境：替人們貼上診斷的標籤，彷彿那是一種遺傳的命運，同時卻又提供可能忽略了精神疾病根源的藥物，有時反而加劇了他們原本試圖修復的問題。同時，我們也沒能妥善處理這些藥物的副作用與長期服用的後果，以及有時當病患決定停藥時，可能發生的令人極為痛苦的戒斷過程。

有鑑於我們正處於空前的用藥高峰，故現在這些狀況就顯得特別有意義：美國是全世界用藥最多的國家，每兩個人之中就有一個在服用處方藥，其中最普遍的，便是開給六十歲以下美國人的抗憂鬱劑[1]。更別說服用精神科藥物的人數於新冠肺炎疫情期間明顯跳升：在美國，抗焦慮藥物的處方（例如Klonopin、贊安諾、安定文錠〔Ativan〕等苯二氮平類的藥物，簡稱benzo或BZD）從二〇二〇年二月中到三月中增加了34.1％，而在同時期，抗憂鬱劑處方則上升了18.6％[2]。

由這些精神科藥物所引起的假焦慮，可透過幾種不同的途徑發生：有些藥物如興奮劑Adderall和Vyvanse，還有抗憂鬱劑威博雋等，會透過多巴胺和壓力荷爾蒙（如去甲腎上腺素等）的調節，直接加重焦慮程度，並創造出一種感覺就像是焦慮的活躍狀態。而其他藥物，如選擇性血清素再回收抑制劑和苯二氮平類藥物，則可能讓人們陷入「用藥間戒斷效應」，這指的是一種相對的戒斷狀態，隨著身體在兩次用藥之間達到藥理學的最低點時，便會創造出一種化學效應，使得身體焦急地等待下一次的用藥。不過，最嚴重的後果，或許是苯二氮平類藥物能夠長期影響GABA受體的表現，讓人很難在不服用更多的情況下靠自己感到平靜。

而關於最後一點，尤其是服用苯二氮平類藥物的人數急劇增加這件事，已造成了一個在很大程度上被醫學界忽視的棘手困境。身為史丹佛大學教授、同時也是心理學家的基思．亨弗瑞斯（Keith Humphreys）甚至將苯二氮平類藥物稱為「毒品中的『羅德尼．丹格菲爾德（Rodney Dangerfield）★』」，因為從這類藥物的成癮性與破壞性看來，它們並未獲得應有的關注。他推論說：「或許人們都以為，既然是醫生開的藥，就不會那麼糟才對。」[3]

★羅德尼．丹格菲爾德為美國知名的喜劇演員，其口頭禪是「我沒受到尊重！」。

苯二氮平類藥物最大的問題之一，就是對GABA受體行為的影響。你應該還記得，GABA是中樞神經系統的主要抑制性神經傳導介質。它會說：「沒事沒事，沒關係的。」並為我們創造出感到平靜與自在的能力[4][5]。不同於選擇性血清素再回收抑制劑（SSRI）的亂槍打鳥（SSRI本來是要瞄準單一神經傳導介質做為靶心，但卻會在過程中分散掉），苯二氮平類藥物則是提供了直接的攻擊。苯二氮平類藥物會直接作用於GABA—A受體，在我們的突觸中製造出GABA激增的效果，而當然，這會讓人感覺超棒[6]。對許多人來說，一旦吞下苯二氮平類藥物，整個世界就突然變得平靜又溫暖。我完全理解為何很多人不願重新思考他們與這些藥物的關係。當你掙扎於焦慮問題時，服用苯二氮平類藥物感覺就像獲得一個溫暖的擁抱。在這個壓力越來越大的時代，有誰不想要有個快速又可靠的方法，能讓自己感覺舒適？

然而不幸的是，這並非故事的結局。苯二氮平類藥物真的只能在短期內發揮其魔法，接著就會讓你比一開始用藥時還更糟。事實上，人體是為了生存而存在，不是為了感覺平靜而存在。因此，當我們在突觸中製造出GABA激增的效果時，身體便會嘗試重建體內恆定（原始的平衡狀態）。身體會說：「GABA太多了。要是出現真的威脅怎麼辦？我們會因為太放鬆而毫不在意，結果就無法存活了。」於是面對苯二氮平類藥物時，身體便會做出下調GABA受體的反應[7]。之後，我們的大腦就彷彿再也感覺不到GABA。每當藥物逐漸耗盡，體內就只剩下正常分量的GABA，但受體卻異常地少。這會造成一種相對的GABA戒斷狀態，且隨著時間過去，苯二氮平類藥物可能對GABA的訊號傳導產生累積性影響，進而造成嚴重的戒斷狀態，其感受可能從焦躁易怒到令人難以忍受的痛苦。或者依據我的一個病人的說法，就像被人抓住頭髮從地獄拖過一回般。苯二氮平類藥物的耐受性（當身體適應了苯二氮平類藥物，而需要更多才能獲得同樣效果的現象）[8]，會讓許多人感覺比剛開始服用該種藥物時還更焦慮。的確，苯二氮平類藥物已被證實，就長期而言，是會加重焦慮的（明明原本是用於治療焦慮）[9]。你可把苯二氮平類藥物想成是個OK繃，這個OK繃本來是用來貼住傷口，但撕下後卻留下一個比原本更大的傷口。而基本上這個新傷口，就是苯二氮平類藥物所造成的假焦慮。

不過，苯二氮平類藥物也以會形成習慣而聞名，這類藥物會產生「身體依賴性」，這是醫學上對成癮的委婉說法。所以往往，當病患於兩週後回到精神科醫師那兒去拿藥時（因為此時，這藥物是唯一能緩解其焦慮的東西），醫生的態度有時會轉向拒絕且讓人感覺羞辱。結果，現在是你必須擺脫這些東西——長期倚賴它是不好的。正如化名史考特．亞歷山大的精神科醫師兼部落客所指出的：「你可能會期待醫生將停用這些藥物的難度考慮在內，但其實你對醫生的很多期待，都並不總是會發生。」⑩

戒斷：沉默的流行病

我曾親眼目睹對某些人來說，戒掉精神科藥物是多麼地痛苦。事實上，我曾治療過許多掙扎於精神科藥物戒斷問題的人，以致於我已將之視為一種沉默的流行病。一項由詹姆士・戴維斯（James Davies）博士與約翰・里德（John Read）博士（兩位都是在倫敦的研究人員）於二〇一九年所做的分析已確實發現，在試圖停用抗憂鬱劑的人中，有56％的人經歷了戒斷效應，而在這些人之中，又有46％的人將其症狀描述為嚴重[11]。這意味著最近新冠疫情爆發期間，同時服用抗憂鬱劑和苯二氮平類藥物的人數突然急遽增加這件事，可能會在這幾百萬人中有一些決定要脫離這些藥物時，產生巨大影響。

若停藥更容易些，我就會更傾向於開藥。但實際上，有一大堆人處於戒斷狀態中，他們正經歷著如失眠、易怒、憂鬱、焦慮、腦霧、疲勞、噁心、恐慌發作和大腦電顫（感覺就像是大腦中的電擊般）等症狀。這些人在這樣的經歷中感到孤單，且難以從醫生那裡獲得支援或適當的指引。我最關心的是，很多人在戒斷狀態中都會有自殺的念頭。我甚至曾見過自殺意念出現在戒斷前從未有過這類想法的病患身上。

尤其苯二氮平類藥物特別會造成麻煩的戒斷困境。由於GABA是讓人覺得安心的基本要素，所以GABA戒斷就是典型的什麼都不好、一切都令人不安的感覺。我有段時間曾處於這種狀態，而在我曾目睹的所有戒斷狀態中，從興奮劑藥物Adderall到海洛因，對我的病人來說，苯二氮平類藥物的戒斷可算是最痛苦的。我曾見過他們易怒、焦慮、無法入睡、陷入恐慌的漩渦、絕望、有自殺傾向，感覺就像是他們想爬出自己的皮囊。

的確，在每天用藥三到四個月後，苯二氮平類藥物的戒除，可能對某些人來說極具挑戰性。我們很難預測誰能毫髮無傷地離開，而誰會上癮。沒有哪個醫生想讓病人對苯二氮平類藥物成癮，但成癮的狀況經常發生，因為這些藥物會為自己創造需求。一旦處於戒斷狀態，病患就會需要服用更多苯二氮平類藥物，才能再次感覺正常（亦即恢復到開始服藥之前所感覺的原始焦慮方式），更別說是放鬆了。然而不幸的是，越是長期且持續地服用這些藥物，GABA受體就越難重新開始正常運作。這怎麼可能是幫助焦慮症患者最好的辦法？

以我自己來說，當我面對有苯二氮平類藥物戒斷問題的病患時，我會把重點放在幫助病患重新建立起天然的GABA活性（就如我們在第7章討論過的），而做法就是透過改善營養與睡眠、減少酒精的攝取，以及進行呼吸練習、冥想、瑜伽、誦經或針灸治療等，這些都能促進天然的GABA恢復力。雖說這些步驟都很有幫助，但我也承認這並不總是那麼容易。

而精神科醫師甚至從未被教導過如何幫助人們戒除這些藥物，更是讓此情況變得越發困難。事實上，大多數人都否認戒除選擇性血清素再回收抑制劑之類的藥物可能引發戒斷效應。我們的訓練告訴我們，如果病患在停止服用抗憂鬱劑後很快就出現症狀（顯現出焦慮增加、恐慌、失眠、想哭的衝動，或情緒惡化等跡象）的話，這應被視為是一種復發，而非戒斷。雖說當然也有可能是復發，不過我發現，在停藥後的最初幾個星期裡，當其大腦的化學作用與受體表現處於重新平衡的過程時，很難確認該病患是否為復發。如果一個有憂鬱症病史的人，在嗑了古柯鹼後的隔天早晨醒來感到煩躁又昏沉的話，我們會說那是他憂鬱症復發嗎？還是會認知為其情緒暫時受到毒品戒斷的影響？毫無疑問，抗憂鬱劑是強大的精神作用物質，而其停藥會導致實實在在的戒斷效應。目前有一大堆人都在停藥後出現戒斷症狀，而且他們並不知道該把這些症狀歸咎於所服用的藥物。他們不是責怪自己，就是責怪其生活環境，又或者單純將之視為一種復發（這樣就表示藥物確實有幫助）。

舉個例子，我曾有過一位名叫托娃的病患，多年來（從青春期到二十多歲）一直處於中度的憂鬱與焦慮狀態，直到二十五歲時，她的醫生讓她服用立普能錠（Lexapro）為止。雖然她並未立即感受到情緒上的改善，但她確實有注意到，隨著時間過去，她哭的次數減少了，而且在工作上與私人生活中似乎都能夠好好運作。托娃很快就感覺很好，於是便開始質疑自己是否仍需要立普能錠，她因此突然停了藥，而結果就如她所說的：「一切頓時亂成一團。」她感到煩躁又焦慮，對室友和媽媽大吼大叫，而且還無法入睡以維護正常生活。所以，她又回頭服藥。這些停藥的週期（就像托娃，一開始會感覺很好，接著停止服藥，然後就變得越來越不快樂）在幾年的時間裡反覆發生。而每一次，立普能錠都會如來自天堂的禮物般降臨，讓托娃恢復正常與平靜。當托娃來找我時，她完全相信是立普能錠挽救了她的生命。

然而，托娃的臨床病史暗示了我，其心理健康問題的根源可能不是單純的化學失衡，而是另有禍首。我懷疑每次她停藥後又再重新服藥時真正發生的，其實是藥物把她從戒斷狀態中給解救了出來。所以，儘管托娃盛讚立普能錠使她免於憂鬱和焦慮，但我相信該藥物雖於一開始明顯減弱其情緒而顯得有效，可是之後，就只是在緩解藥物本身的戒斷效應罷了。托娃注意到立普能錠降低了她的性欲，然而，當我談到將來有一天要逐漸減少立普能錠的劑量時，可理解的，托娃表現出了防衛性。她覺得自己被批判了，且對我的這種想法十分抗拒，她認為我竟然連這種最基本的支援都不讓她擁有。我向她保證，我理解她的艱苦，也理解能讓她輕鬆的事物是多麼地有價值。而且當然，在醫療上，當我使用藥物管理心理健康時，不存在任何汙名或羞恥的問題，但卻總是必須承認，會有隨著藥物而來的權衡取捨。

在延續了幾個月的診療過程中，托娃和我一起探索了其憂鬱與焦慮的可能根源。我們開始看出一些模式，這些模式暗示了其情緒困擾可能是基於多種因素的結合，其中包括節食和卡路里限制、飲食中的健康脂肪不足、對咖啡因敏感、避孕藥的副作用、犧牲自己的信仰來取悅生活中的其他人，還有慢性萊姆病等。我們逐一處理了這些問題，在基礎上予以修正。有了這些改變，托娃感覺很好，於是覺得自己應該可以嘗試逐漸減少立普能錠的劑量，每個月減少10％，而不是像她之前那樣自行突然停藥。此外，我們也藉由結合更好的營養、充足的休息、冥想，以及隨著其萊姆病感染狀況正逐漸獲得解決時，利用紅外線三溫暖協助排毒等方式，來輔助其藥量遞減計畫。我們商討出一些方式，讓她能在人際關係中設定界線，並主張自己的需求。大約一年後，托娃便完全擺脫了立普能錠，也不再憂鬱與焦慮。

在輔導有意減少並停用精神科藥物的病患時，我總是將每個案例都視為獨一無二，因為我發現，停藥這件事有很多個體差異。不過在進行藥物減量時，還是有一些可靠的方法能讓我用於所有病患，這些方法包括了：一開始將藥物的減量率設為10％、協助排毒、支援神經系統，以及為情緒的釋放創造空間。

我通常會建議每個月以最近劑量10％的比例來減少藥量，好將戒斷症狀盡量減到最少⑫。而為了讓病患不必在家自己切藥（畢竟這方式很可能不夠精準）也能順利減藥，我選擇與調劑藥局合作（這類藥局可使用非專利的藥粉並秤出精確的分量，以製作出客製化藥錠），而非受制於製造商提供的市售藥品。

當病患因為先前的戒斷所造成的心理創傷，而對減藥感到憂慮時，我會告訴他們，比起之前他們突然停藥時經歷的感覺，慢慢減少藥量可說是一種痛苦程度低得多的過程。而同時，也有一些病患急著擺脫藥物，故他們有時會覺得每個月只減少10％會把這過程拖得太長（這過程通常費時一年左右，取決於中途是否有暫停或調整減藥比例）。對於這類病患，我會強調，與其快速卻無法持續，關鍵其實在於緩慢但成功，急於一時往往容易導致病患為了應付其戒斷症狀，而回頭倚賴藥物。我還會告訴病人，隨著他們服用的劑量用來越低，他們就不算是真的還在「倚賴」藥物，因為他們服用的已不再是治療劑量，他們只是在服用足以避免讓身體陷入戒斷狀態的藥量。確實，在減藥的最後幾個月裡，病患們實際上是真的「脫離」了藥物，只以很少的藥量在避免戒斷效應發生。

在這樣的減藥過程中，支援身體的排毒機制，以幫助清除藥物代謝的分解產物可說是非常重要。我通常建議病患要保持身體水分充足、泡瀉鹽浴，且若行程安排及財務上都可行，也建議定期使用紅外線三溫暖。

我持續注意到，神經系統在減藥的過程中變得相當迷惘，而這可能表現為情緒波動、煩躁、失眠和容易覺得不知所措，所以我也會建議病人每天至少練習一次冥想與呼吸，好讓自己回到放鬆狀態。此外，一如既往，我都會鼓勵病人優先考慮培養良好的睡眠習慣及攝取營養的食物，這些對於讓身體在大腦中重建受體與神經傳導介質庫存來說，都極為重要。

最後，大多數人在減藥期間都會體驗到程度顯著的情緒釋放。我的病患以許多不同的方式表現出這點，有些人感受到悲傷或憤怒的浪潮，有些人則是循環進出於絕望狀態。在實質層面上，這可能是因為他們的神經化學正在重新平衡的關係。然而在精神心理層面上，我相信這是先前因為藥物而減弱的情緒之再現與釋放。例如，若某人於用藥期間痛失所愛，我經常會在其減藥期間看到延遲的悲傷過程。對於停藥的情緒釋放，我的處理方式就像助產士處理健康的分娩一樣：我承認那很痛苦，但我不以恐懼做為回應。我會在一旁穩穩地坐著，為出現的一切保留空間，同時一再地安撫病人：「我就在這裡陪你，你一定能夠克服。」這是個過程，但也確實可靠，因為我總是看到病患們最終找到了平衡。一旦他們適應了新的情緒狀態，就會感覺到自己已站穩腳步。

到頭來，是否選擇服藥這件事，還是應該經過病患與開處方者之間徹底、深思熟慮的對話（或是一系列的對話）後再決定。這才是真正的知情同意。不幸的是，這類交流在今日匆忙約診的世界裡已越來越少見。很多時候，病患並未充分理解精神科藥物的潛在副作用（通常包括體重增加、消化障礙，以及性欲低落等）。不過我發現最令人擔心的是，人們幾乎從未談論過當某人想停藥時，可能發生的戒斷問題。我相信所有醫師在開出第一次的處方藥時，都有義務要幫助病患權衡此一考量與用藥的好處。

最後，還有個關鍵我必須指出：若你對這樣的討論感到沮喪（感覺被藥物困住，或是預期會出現艱難的戒斷狀況），請記得事情永遠不會毫無希望。我們的大腦真的相當具可塑性與適應力。大腦的作用就是「學習」。它們能學會倚賴藥物，也能學會在停藥後復原並重建。總是會有希望的。

11 釋放壓力並學習放鬆

你所背負的這些山，都只是讓你攀越的。

——納瓦・澤比安（Najwa Zebian），黎巴嫩裔的加拿大籍行動主義者、作家

由身體的壓力反應所產生出的假焦慮，可藉由改變飲食與日常習慣來達到部分預防的效果。不過，在身體的焦慮生理體驗方面，還有一些其他的重要考量因素存在：培養放鬆的反應，以及完成壓力循環。

首先，所謂培養放鬆的反應，有點像是服用一種能抵擋焦慮的綜合維他命。

這種練習能幫助身體提高其壓力門檻，讓焦慮一開始就比較難把你送進壓力循環中。而其次，所謂的完成壓力循環，則是承認生活中有無法避免的壓力存在，我們必須排空已充入的能量，才能使身體回到基準。歸根究柢，我們越是能夠每天增進負責放鬆反應的副交感神經系統，並降低負責壓力反應的交感神經系統，我們就能越不焦慮。

放鬆反應

我們都曾經在某些時刻被別人大聲提醒：「放輕鬆點！」因此都知道這個指令根本無效，通常只會更放大我們已處在的焦慮或失調狀態。不過，確實有一些運用了科學的方法，能夠強化身體能力以回到平靜狀態。每天為這些練習騰出時間，是控制整體焦慮程度的絕佳辦法。

我們的自律神經系統是所有活動的所在之處。這個神經系統具有兩個分支：

交感神經與副交感神經。你可以把這兩者想成是我們的壓力反應（交感神經）與放鬆反應（副交感神經）。交感神經的狀態，就是我們到目前為止一直在討論的，它指導了我們的壓力反應，決定了何時該戰鬥或逃跑。透過皮質醇、腎上腺素和去甲腎上腺素等壓力荷爾蒙進行通訊的交感神經系統，會在我們狀況不好時告知我們，並試圖讓我們採取一些因應的行動，著眼於優先考慮在當下的生存機率。對許多人來說，這種狀態的感受就等同於焦慮。而放鬆反應則與壓力反應相反。正如哈佛大學附屬班森亨利身心醫學研究所名譽主任，醫學博士赫伯・班森（Herbert Benson）在其著作《心靈的治療力量》中所說的，放鬆反應發生於副交感神經系統使用如乙醯膽鹼、血清素及GABA等神經傳導介質來「對生活發出愉悅的呼嚕聲」時，會促使身體花時間休息、消化並修復。

壓力和放鬆的過程彼此互斥，你神經系統的主聲調無法同時處於兩種狀態。這表示，只要能讓身體倒向放鬆反應那邊，你就能夠避免壓力反應，同時還能提高身體的壓力門檻。這就好像你的神經系統有一條代表零的基準線，而你越是將身體抬升至這條線以上並進入放鬆區，若要下降至零以下並進入壓力反應，所需移動的距離就變得越長。因此，培養幾分鐘的放鬆，就能降低你在任一天中落入焦慮狀態的可能性。

要怎樣花更多時間在放鬆反應上呢？首先，我們可採取老派的傳統方式，亦即如其字面意義：放鬆（請想像一下！）。這通常需要足夠的睡眠、身體充滿了它所需要的營養、腸道裡一切安穩平靜、沒有未解決的創傷、世界對你和你的家人來說很安全、你並不悲傷、你富足、你知道自己富足，而且在疫情發生時你沒有就地躲藏。這一切都表示：這年頭，要放鬆並不容易。所以，我們需要一些密技。

首先，必須理解身心之間的連結是雙向的。當我們的心放鬆時，它就會告訴神經系統把呼吸放慢並加深。我們的下巴放鬆、消化加速，而手部與腳部的血管擴張。其結果便是一種身體上的平靜感。同時，放鬆的身體也會傳送訊號至大腦，好讓大腦有樣學樣，把我們的想法轉往輕鬆、感恩及驚奇的方向。你應該還記得，迷走神經有很大一部分的通訊是傳入的（屬於感官資料），這意味著，其通訊是從身體往上至大腦❶❷。因此，我們可藉由創造放鬆的身體所具有的一些條件，來讓我們好騙的大腦進入放鬆狀態。

有很多方法都能在人體上製造出放鬆的身體條件，簡單舉幾個例子，像是瑜伽、冥想、太極拳、針灸、顱薦椎療法、靈療、睡眠瑜伽、呼吸練習（詳見後述）、漸進式肌肉放鬆……等等。此外，我們也能透過一些練習來直接刺激迷走神經，像是漱口、誦經、哼唱、呼吸練習、沖冷水澡，甚至是跳進冷水裡。

讓壓力反應短路

培養放鬆反應有個特別有效的切入點，就是改變我們呼吸的方式。當我們放慢呼吸時，橫隔膜便會往上傳送一個訊息給大腦：「天啊！我真不敢相信我會這麼說，但看來我們這次似乎放鬆了！」換言之，只要像個放鬆的人那樣呼吸，你的身體就會告訴大腦：你是個放鬆的人。

將吐氣的時間拉得比吸氣時間長的呼吸練習，能夠引起身體的放鬆反應，因為長時間的吐氣和人體真正放鬆時的動作非常相似❸❹。你可以現在立刻試試看。花個一分鐘仰躺著，雙手放在腹部，並以如下的模式呼吸：吸氣從1數到4，接著屏住呼吸從1數到7，然後吐氣從1數到8（簡稱「4-7-8呼吸法」），讓身體感覺到平靜與輕鬆。數數字時，不見得非以一秒為單位不可，只要採取練習時不至於讓自己緊繃的時間單位即可。

做個幾輪之後，問問自己感覺如何？是否感覺到你的焦慮程度有任何變化呢？

請注意：有時當我們開始把注意力放在呼吸上，可能不知不覺地就會憋起氣來，導致呼吸緊繃侷促並引發焦慮。若你的呼吸變得侷促，就專心讓它變得輕鬆自然，別強迫它遵循特定模式。而需要重新調整呼吸時，你隨時都可採取所謂的「淨化呼吸法」，亦即用鼻子吸氣後，伴隨著嘆息聲以嘴巴吐氣。

呼吸也為管理假焦慮提供了另一種類型的切入點。我最常使用呼吸練習，來幫助病患改掉淺而急促的呼吸習慣，並培養更放鬆的呼吸模式。不過，我有些病患則是因結構或生理上的問題而無法正確呼吸，這可能會對焦慮有很深刻的影響。請記住，焦慮往往是身體處在壓力反應中的結果，而有什麼壓力訊號能比身體上些微的窒息感更強烈？

若你懷疑自己可能因某些障礙而無法正確呼吸（例如在夜裡都用嘴巴呼吸或是打鼾很嚴重），那這就很值得你一探究竟，不論是去找物理治療師做功能性徒手治療，以擴大你的硬顎並幫助打開鼻氣道，還是去看整骨醫師以幫助橫隔膜正確運作，又或是去接受睡眠呼吸中止症的評估。有可能你只是需要在枕頭上套個防塵蟎套罷了。不論是什麼原因造成的，認知到呼吸是焦慮的核心要素，並將呼吸恢復為透過鼻子深沉而緩慢的橫隔膜呼吸，可說是脫離假焦慮並進入放鬆狀態最有效的途徑之一。

多重迷走神經理論

至此為止，為了易懂起見，我們在討論時都把神經系統當成具有兩個分支的雙系統，而這兩個分支分別為副交感神經（休息、消化與修復）和交感神經（戰鬥或逃跑）。但實際上，就跟人體所有其他方面一樣，事情遠比這複雜許多，而且最近的研究已對神經系統有了全新的理解。心理學家史蒂芬・波格斯（Stephen Porges）於一九九四年提出一個新的神經系統模型，稱為「多重迷走神經理論」。在此典範中，我們對交感神經的理解或多或少依舊維持不變，亦即交感神經對應於各種動員狀態（戰鬥或逃跑）。你應該還記得，交感神經的反應是一種過度興奮，伴隨著腎上腺素激增，與隨之而來的心跳加速、血壓升高、肌肉緊繃，以及呼吸短淺。在此狀態下，我們可能會感到焦慮、憤怒、暴躁且害怕。

然而在波格斯的模型中，副交感神經系統會呈現額外的細微差異。多重迷走神經理論提出人類有兩個副交感神經反應分支：腹側迷走神經與背側迷走神經。腹側迷走神經叢，負責的是我們一般認為的副交感神經反應功能（休息、消化與放鬆），而背側迷走神經叢，則負責各種不動作的狀態（解離或凍結反應）[5]。

背側迷走神經叢代表了一種對壓力的不同反應，且是在許多方面都屬於較後期的反應。我們會僵住（凍結），而非採取動作，這是一種反應不足的狀態，在此狀態下，我們可能感覺疲累且情緒麻木。背側迷走神經的思維可能包括了「對一切都感到絕望」或者「到底重點是什麼？」。而人之所以會被鎖進背側迷走神經的反應中，也往往與過去的創傷經驗有關，因為就忍耐創傷並從中倖存來說，不動作與解離的狀態較具適應性。

另一方面，在腹側迷走神經反應中，身體是放鬆的，我們會體驗到肺活量增加、能夠深呼吸，且心跳變異性（每次心跳之間的時間變化程度，與健康和壽命有關）有所提升[6][7]。我們的觀點積極，想法以信任、安全為中心，且覺得自己有能力應付所遇到的任何事情。在此狀態下，我們能夠以交際手腕處理各種挑戰，且能達成相互的理解。對那些苦於焦慮症的人來說，其目標不只是要花更多時間處在腹側迷走神經狀態中（透過此處介紹的、可培養放鬆反應的練習），還要藉由調動迷走神經的方式，來連結我們的背側與腹側迷走神經反應，並且重新改編我們對壓力的自動反應，以便擁有走出僵固與絕望的路徑。

照料與扶助

加州大學洛杉磯分校的心理學家們在二〇〇〇年時發現，直到最近為止，我們都完全忽略了另一種主要為女性面對壓力時的反應方式：照料與扶助[8]。該校的心理學教授雪莉·泰勒（Shelley E. Taylor）寫到：「關於戰鬥或逃跑反應有個鮮為人知的事實，那就是研究在探索變數時，大多都是在雄性身上進行，尤其是雄性老鼠。」[9]換句話說，我們對壓力反應的理解，和對許多藥物的理解一樣，都遺漏了女性在生物學上的獨特性。

幸好有泰勒與她的同事們投入了這項研究，試圖釐清真相。他們發現雄性對壓力的反應，可能和交感神經的興奮（由雄激素所組織並啟動，例如睪固酮），以及在過去七十年裡一直主導著壓力研究的戰鬥或逃跑理論比較緊密相關；而另一方面，雌性的壓力反應則可能（至少有部分）和催產素的分泌，及其與照顧有關的生物行為（也稱為「照料與扶助」的本能）較密切相關。就演化的角度來說，這是有道理的，因為就如研究人員所指出的，針對戰鬥或逃跑而發展出的壓力反應，無法解決雌性面臨的特殊挑戰，尤其是在保護後代子孫方面。

研究人員們解釋道：「懷孕、哺餵及照顧嬰兒的需求，讓雌性極度容易受到外部威脅的傷害，如果威脅在此期間出現，母親不論是攻擊掠食者還是逃跑，都可能使得其後代陷入不受保護的致命狀態。反而是讓後代離開，將他們從受威脅的環境中救出、安撫並使他們安靜下來、保護他們免於進一步的威脅，以及針對逼近之壓力源的預期防護措施等行為，較可能增加後代的存活可能性。」[10]於是，此理論提出雌性在面對威脅時，不是選擇戰鬥或逃跑，而是會照料其後代，且不只是尋求緊密團結的關係以獲得保護，甚至還可能與構成威脅的對象友好或迎合對方，藉此保護自己與後代的安全。這確實和數十年來教科書中描述的戰鬥或逃跑反應非常不一樣。

完成壓力循環

雖然戰鬥或逃跑反應相對簡單直接，不過多重迷走神經理論能幫助我們理解凍結反應。當被掠食的動物（如兔子等）面對掠食者（如狼等）時，其大腦會自動進行評估：我是否跑得夠快，快得足以保命？我是否夠強壯，壯得足以抵抗？又或者這兩種選擇都毫無希望？在第三種情境中，兔子會在掠食者靠近時突然裝死。這是一種不由自主的行動，兔子會僵住不動並從受威脅的情境中抽離。而掠食者則可能會撥弄軟趴趴的兔子，然後覺得這大概是一隻病了的動物，於是便離開。一旦兔子的神經系統判斷危險已過，牠就會甦醒並充滿活力地抖個幾下。抖動是其釋放腎上腺素並恢復放鬆基準的方式。人類也會面臨強烈的壓力源，而且我們有時甚至也會在面對威脅時僵住不動，並從受威脅的情境中抽離。但兔子和我們之間的關鍵性差異在於，我們不會抖動。為何不會？這主要是因為我們受到社會制約，會避免這樣的行為。

還記得你上一次走在街上不小心被絆倒，在差一點就要摔個狗吃屎之前，勉強恢復了平衡的狀況嗎？當發生這種事的時候，你的身體便經歷了一次小小的壓力反應。你有暫停一下，振作起來，並且抖個兩下嗎？肯定沒有。你一定是繼續往前走，盡量不引起周遭的注意。但你可能會因為腎上腺素持續通過血管，而在幾分鐘後感覺到顫抖。我們傾向於努力挺過這樣的微小片刻，以及對我們的存在具有更嚴重威脅的情況（如忍受或目睹身體暴力、生活在系統性種族主義的壓迫之下等），持續過日子，並在如自然災害和流行病等威脅中倖存下來。而多數時候，我們都會讓自己忽略釋放身體所經歷之壓力並恢復至基準的機會。

可是當我們試圖保持鎮定，不去完成壓力循環時，壓力就永遠不會消散。相反地，它會累積。而且當我們抽離或壓抑自己的感受時，我們的邊緣系統仍處於活化狀態。於是之後即使當壓力源不再存在，我們也無法感到安全，因為身體依舊帶著那些來自舊壓力與創傷的神經系統興奮模式，而我們便會將此感受視為焦慮。今日，感覺上我們的思想和情緒似乎是造成困擾的問題所在，但其實真正的毛病在於，我們的邊緣系統仍卡在「開啟」的位置。一般來說，再多的思想都無法關閉這個開關，釋放它的唯一辦法，就是透過重新改編神經系統使之回復平靜。而這要從完成壓力循環開始。

有三種主要方式可讓我們成功釋放壓力並回到基準：活動、自我表達，以及連結。活動可包括跳舞、運動，甚或是正式的甩動練習。自我表達則可包括寫日記、唱歌、演奏樂器或藝術創作（但必須是以三歲小孩的方式自由創作，就把活在你心中的一切都表達出來，別批評它或說它不好）。而感受與他人的連結也能完成壓力循環。這可以是擁抱或依偎；捧腹大笑或哭得淅瀝嘩啦；又或只是展現出你原始而真實的自我，且有個人認真聽你說出事實，並回應說你仍是被接受的、你依舊是一分子。正如伊麗莎白·庫伯勒—羅斯（Elisabeth Kubler-Ross）和大衛·凱斯勒（David Kessler）在兩人合著的《當綠葉緩緩落下》一書中所寫的：「當某人一再地告訴你他的故事時，他是在試圖釐清某些事。」[11]發出聲音處理我們所背負的混亂情緒，然後感覺自己獲得見證，而藉由這樣的進行方式，便能夠深度治療我們的神經系統。

我個人最喜歡的完成壓力循環練習，是所謂的薩滿能量舞蹈（Shamanic Shaking）。我是在二〇一二年於亞利桑那大學學習整合醫學時接觸到的練習，它使用詹姆斯·阿舍（James Asher）名為「Amma（加長混音版）」的特定音樂曲目，而在十年後的今天，我還在繼續使用此音樂。這種練習很簡單：播放音樂，閉上眼睛，膝蓋微彎，並感覺身體像個布娃娃般癱軟鬆散。然後就隨著感覺，任意搖晃甩動身體數分鐘。

當你的身體被鎖住時，就像一臺當掉的電腦，進入了壓力模式，而甩動、晃動就像是按下Ctrl＋Alt＋Delete鍵，能讓你突破並擺脫壓力反應，並回到放鬆反應。薩滿鼓能幫助你的腦波進入一種叫「西塔波（θ波）」的特定放鬆模式[12]，而甩動運動則近似於動物在經歷壓力之後的抖動方式。就和所有能完成壓力循環的做法一樣，這似乎會告訴神經系統（以一種古老且與生俱來的方式）：「威脅已過去，你現在安全了。」此外我還發現，這樣的動作能讓緊繃的肌肉鬆開，並挖開被卡住的情緒，這有時有助於揭露未被發掘的阻礙。偶爾，老舊的記憶會浮現。當記憶浮現時，我建議你可以陪著它，並對它進行冥想。自由地搖晃甩動有額外好處，亦即能幫助你以身體想要的方式運動，而不是以你認為身體該動的方式運動。讓身體發號施令並尊重其需求，具有深度修復的潛力，能夠對你進行重新改編以適應你的內部需求，而非外部壓力。我必須承認，這種練習真的很怪，但也很自由。只需花費兩分鐘，就能有效完成壓力循環，並減輕你的焦慮負擔。

顳顎關節（TMJ）

請想像一隻即將發動攻擊的狗：收緊下巴，露出牙齒並且低聲吼叫。同樣地，在壓力反應中，為交感神經所強力支配的人類下巴肌肉與髖屈肌和斜方肌等，也都會繃緊。在壓力下，我們會自動繃緊下巴，因為這原本是一種表明侵略、力量和準備好要打鬥的方式。對一隻準備戰鬥的狗來說，這樣或許很好，但若你只是一個長期壓力過大的上班族，那麼，因下巴痛而從睡夢中醒來可不是什麼好事。更何況，我們的下巴和中樞神經系統之間存在有雙向連結。因此，當壓力告訴我們要繃緊下巴時，緊繃的下巴也會告訴大腦我們正在戰鬥，進而使我們感到焦慮，於是又繃緊下巴……就這樣繼續循環。

顳顎關節（TMJ，Temporomandibular Joint）障礙指的是一種常見的狀況，也稱為顳顎障礙症（TMD，Temporomandibular Disorders），為慢性且經常性的下巴緊咬疼痛，而這也往往和磨牙症（磨牙癖）有關。現代生活其實有許多面向都能把我們鎖進TMJ的模式中：

- 未處理的壓力。
- 某些藥物與毒品，包括一些選擇性血清素再回收抑制劑和興奮劑[13]，以及非法藥物（即毒品）如古柯鹼和MDMA（3，4—亞甲二氧甲基安非他命，也稱做搖頭丸[14]）。
- 食用軟的、加工過的食品（尤其是在童年時期，吃真正的食物能給予身體觸覺回饋，幫助我們發展出強壯且正確對齊的下顎骨。因此，當我們在成長過程中都吃花生果醬三明治，而不是啃食骨頭上的肉時，我們的下顎骨可能就無法正確成形[15]）。
- 盯著螢幕和低頭看手機時，頸部姿勢通常都一直維持不變，而這會導致頸部和下巴肌肉緊繃。

儘管對年少時的花生果醬三明治無能為力，但我們可完成今日的壓力循環，並採取步驟來釋放下巴的緊繃。有趣的是，在下巴和髖部之間被認為有一種結締組織關係存在。所以，若你很難釋放下巴的緊繃，不妨試著用一些瑜伽的伸展動作來打開髖部，例如鴿式，或是做任何能幫助伸展並鬆開髖部屈肌的姿勢，例如弓箭步。緊繃的下巴發出即將戰鬥的訊號，放鬆的下巴則會安撫我們，保證目前沒有任何戰鬥的需要。

久坐相當於新的抽菸行為，而運動相當於新的焦慮症治療藥

你可能已經讀過一些新聞將運動宣傳為治療焦慮的有效辦法，並且警告久坐不動的生活方式有多麼地危險。的確，幾乎每次研究人員拿運動來做試驗時，都會發現它是一種有效的抗焦慮劑[16][17][18]。一般認為運動之所以會有這樣的好處，其可能的機制包括了運動對發炎的影響[19]、去甲腎上腺素的調節[20]（亦即會減少壓力），以及內源性類鴉片的分泌[21]等，換句話說，運動會讓我們的身體分泌出自行生產的

止痛劑，能讓我們放鬆並冷靜下來。運動也是完成壓力循環的絕妙技巧。

若你完全沒有運動習慣，首先，我深感同情。運動做為一項獨立的活動，它有自己專用的（緊身）服裝，並且占用一天中相當長的時間，而在我們已行程過滿又疲憊的生活中，感覺實在很難再把運動塞進去。或許到了每年的一月一號，你都會許下新年新希望，你會報名加入健身房，或是購買有私人教練的套裝課程。然後到了大約一月十九日左右，有些事情來了，你要去出差、你感冒了，或是單純沒能養成運動的習慣，於是就這樣過了幾個月，連個伏地挺身都沒做。

讓我告訴你，你要降低標準才行，因為運動這玩意兒是這樣的：它不必是個全有或全無的命題。事實上，即使是少量的運動，也能顯著降低焦慮並提升整體能量。你恰到好處的健身方案，就存在於不運動和跑超級馬拉松之間的某處；而所謂的恰到好處，則是要讓你感覺良好，且能夠真正融入你的生活。

我以往每週都會去上好幾堂九十分鐘的瑜伽課程。前後加上移動到健身房、換衣服及沖澡等，這整個行程至少要花費兩小時。但現在除了忙碌的診療工作外還有家庭要顧，我連一整週都空不出兩小時來，更別說是一天了。

我有自己的一套將運動融入生活的方式，我稱之為「微運動」，也就是在自家客廳或住家附近花個幾分鐘，做一些免費、方便、有趣且可快速完成的運動。我把這件事安排在女兒入睡之後。

有時會去外頭快走，有時則播放惠妮·休斯頓的歌並在客廳裡跳舞。而通常我就只是鋪起我的瑜伽墊，然後做個十五分鐘的瑜伽或皮拉提斯。

雖然近期內我不會贏得鐵人三項，但我所做的都是實際可行且能夠持續的運動。就健康與控制焦慮而言，你實際能做到的，比起其他更崇高但更不切實際的目標要百分之百好得多。找出適合自己生活的運動方式並持續下去，就是最天然的焦慮症治療藥。

控制你的恐慌

本書中的所有練習都為了減少整體焦慮而創造條件，提升我們對壓力源的耐受能力，不會陷入極度恐慌。然而，有時焦慮會超越某個極限以致於無法回頭，於是我們便發現自己陷入了全面性的恐慌發作，亦即在無真正危險或明顯原因的情況下，感到突如其來的強烈恐懼，並伴隨有如心跳加速、呼吸急促等身體反應。我曾見過坐在我對面的病患當場進入這樣的狀態：激動地顫抖著，請求我給予指引。發生這種狀況時，我會試著幫助他們做三件事：一，讓恐慌在自己身上完成循環，而非抗拒；二，讓身體紮根於當下；三，成為觀察自身焦慮的科學家。

當我們用暴力對付焦慮，而不是軟化於其中並讓自己感受焦慮時，我們其實是給了焦慮更多的力量。貝瑞．麥克多納（Barry McDonagh）便在其著作《Dare》（暫譯：《敢於面對》）中說明了，我們如何又為何應該讓焦慮流動，而非奮力抗拒：「焦慮是神經的興奮……恢復的秘訣就在於，一旦你達到真正允許並接受它的地步，它就會開始釋放並自然消散。這是在治療焦慮上極為重要的悖論。」[22]麥克多納甚至建議我們要「奔向」焦慮，而非試圖逃離焦慮：「在面對恐慌發作時，要求更多是你所能做出的最有力量也最矛盾的舉動……這樣的要求是焦慮無法給予的。你的恐懼會快速消退，因為為其提供動力的燃料供給，亦即對恐懼的恐懼，已被突然斬斷。」[23]

恐慌有很大一部分是建立於我們對自身不適感的想法，或是建立於焦慮的想法本身，而這創造出了一種滾雪球的效應。恐慌發作的核心情緒不見得是一種無法克服的障礙，它往往相對易於管理且轉瞬即逝，能夠被重構或挑戰（這正是認知行為療法的優勢所在）。當我們為情緒附加故事時，才會使情緒呈螺旋式上升，而這經常會激起焦慮之火。看到病人恐慌時，我會盡全力在其面前示範接受與冷靜的態度。與其以恐懼回應，我企圖向他們展示我能夠處理他們的焦慮，藉此幫助病患看清他們自己也能做到。唯有在我們讓恐慌流動時，它才能被徹底解決。

若是沒有可信賴的友人或治療師幫助你度過極度痛苦的時刻，那麼，另一種更輕鬆地乘風破浪到達對岸的方式，就是讓身體紮根於當下。亦即基本上，就是要提醒自己你還活著，還在呼吸。恐慌就像一列失控的火車，又像是超出我們掌控範圍的螺旋式上升能量。用冷水洗把臉或開窗呼吸新鮮空氣，都有助於把自己帶回到身體，並進入當下。某些瑜伽動作也很有幫助。在這類時候，我最喜歡採取所謂的嬰兒式。首先跪坐，然後讓上身往前趴，使前額貼在地面上。讓雙臂舒服地落在你的兩側。若你剛好處於不方便真的跪下的地方（例如在無隔間的開放式辦公室，或是在機場的安檢處等），那就坐著並專心感受自己的身體被椅子支撐著的感覺。此外，還有一種有效的紮根當下技巧，是數出你能看到的五樣東西、你能碰觸的四樣東西、你能聽到的三種聲音、你能聞到的兩樣東西，以及你能嘗到的一種味道。這能將你的注意力瞄準於當下。恐慌往往源自於「未來的絆腳石」或沉湎於過去，亦即糾結於想像中的問題，或是無法改變的委屈。當下的意識對恐慌這個吸血鬼而言就像大蒜。一旦你回歸到身體，提醒自己你正在經歷恐慌，那麼，這就只是一種壓力反應。儘管非常不舒服，但你很安全。

最後，我會督促我的病人以研究人員般客觀公正的好奇心，去探索自身的恐慌。請盤點身體的各種感覺：心臟怦怦跳、呼吸急促、雙手顫抖。自己想想：「這不是挺有趣的嗎？這就是我的身體處於壓力反應的狀態。我現在知道了，也不過就是如此而已。看看我的身體運作得多麼好，當我感覺焦慮時，它就會做它該做的事。」這種觀點上的改變（亦即將恐慌視為一種身體正常運作的跡象，而非出了問題的跡象）非常有幫助。它會從反應之中把情緒的力量拿走，以好奇心，甚至是以欣賞的態度（而非恐懼）來重新構建。

恐慌處理速查表

若你經常經歷恐慌發作，那麼，準備一些可靠的處理策略來幫助你度過這些困難時刻，是相當有用的。以下便列出一些快速而有效的干預措施。我建議你可將其中一些抄下來，然後放在皮夾裡或貼在冰箱上。

- 去戶外活動一下身體，以釋放累積的腎上腺素。
- 隨著薩滿鼓音樂搖擺，這對完成壓力循環和恐慌都有效。
- 重新專注於當下的感官資訊：
  - 數出你看到的五樣東西。
  - 做一次4-7-8呼吸法。
  - 數出你碰觸到的四樣東西（例如腿、毛衣、地板和椅子）。
  - 做一次4-7-8呼吸法。

- 數出你能聽到的三種聲音。
- 做一次4-7-8呼吸法。
- 數出你能聞到的兩樣東西。
- 做一次4-7-8呼吸法。
- 數出你能嘗到的一種味道。
- 採取盒式呼吸法（吸氣從1數到4，接著屏住呼吸從1數到4，再吐氣從1數到4，最後屏住呼吸從1數到4。不斷重複）。
- 雙腳著地站穩，並以雙手推牆。
- 從一百開始倒數至零，每次間隔七個數字（100、93、86……）。
- 讓你的手或腳掠過能引發感官知覺的東西，例如水、砂或黏土等。

飛行焦慮

有超過一半的美國人對飛行感到焦慮。其中有些可歸咎於由典型的航空旅行壓力源所產生的假焦慮，包括：睡眠中斷、匆忙地進出機場、擔心錯過航班、登機安檢程序、來不及吃飯，或是只能隨便吃吃速食等。不過，我也以阿育吠陀醫學處理Dosha（生物能量類型）的方式來思考飛行焦慮。

在來自印度次大陸的古老治療系統阿育吠陀中，有三種主要的Dosha：Vata、Pitta和Kapha。尤其Vata的特色是傾向於寒冷、乾燥、移動與改變，以及腦子停不下來、擔心、不安還有焦慮。此外，Vata也是空氣元素，掌管流動。而將Vata維持在平衡狀態的最好辦法，就是透過日常生活的一致性。仔細想想，航空旅行不就剛好是讓Vata惡化的完美風暴嗎？它打亂了我們的日常規律，而且要坐在寒冷、乾燥的機艙裡飛馳於空中。沒有什麼比改變時區，並實實在在地飛過天空更能讓Vata失衡了。這或許正是為何Vata類型的人（就像我的許多焦慮病患一樣）在飛機上會覺得自己像一團焦慮的球，每次遇到亂流，就狂吞焦慮症的藥並抓緊扶手。

因此，克服飛行焦慮的最佳解藥就是平衡Vata。在坐飛機的那天，可行的平衡手段包括了圍上圍巾，並穿上舒適的襪子以保持溫暖、在隨身行李中放點花草茶包，以便在飛機上能喝些溫熱的茶飲、三餐定時（不可省略早餐），且最好吃以健康的油脂烹調成的熱食（避免生冷食物）、獲得充足的睡眠（有時必須付比較多的機票錢，才能避開早上六點的航班或紅眼航班）、避免攝取如咖啡和糖等興奮劑；此外若你願意，還可用舒緩Vata的香芬（如佛手柑、檀香和玫瑰等）做個平靜的芳療儀式。這些做法都能幫助你於移動時，將焦慮維持在較低程度。在那天結束時，最重要的是要對自己有耐性，認知到移動的日子可能會是焦慮的漩渦，而一旦在目的地安頓下來，你就會自動感到平靜。

最後，我建議你向飛行所隱喻的力量低頭，畢竟我們確實是在自己幾乎毫無掌控能力的狀態下飛馳於空中。換句話說，那就像人生。控制永遠是幻覺，我們從未擁有過。請開始將飛行焦慮視為某種形式的真焦慮，這樣的焦慮是在試圖要你放棄對控制的需求。

我們不是開飛機的人。何不舉雙手投降並信賴一切，知道我們終究會到達目的地即可？

有時候，不當負責掌舵的人其實挺好的。

Part III

真焦慮

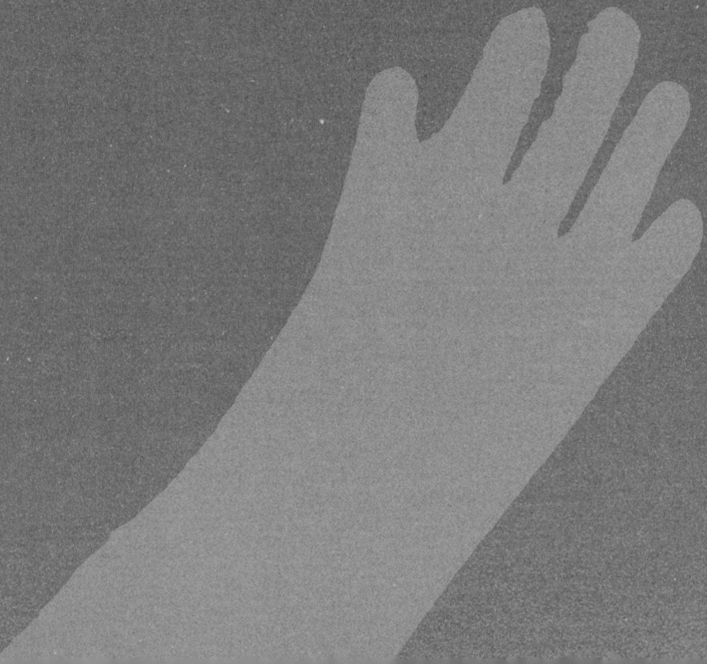

12 協調

如何與你的靈魂保持聯繫：當世上發生某些錯誤的事情，別試圖假裝它是對的，然後就繼續過你的生活。說著：「這樣不好」的你的內在聲音，是來自你靈魂基本良善的直接來電。接起來。每次都要把它接起來。而且別掛斷，直到你想出怎麼幫忙為止。

——美國藝術家、詩人、作家，克麗歐・韋德（Cleo Wade）

有時你能夠微調並最佳化自己生理上的各個方面，但卻還是有所不安、無法放鬆，或無法對自己的生活感到樂觀。這是真焦慮，而我們可以把它想像成有個情緒指南針在告訴我們：「某些事情不對勁。」這些感覺和情緒不是我們該試圖根除的，也不是我們有辦法根除的；這些與我們的見解、創傷，以及最深切的脆弱感和使命感有關。當我們理解到，焦慮有重要資訊要提供時，關鍵的轉變就發生了。那些不安的感受不再是敵人，或某些需要克服的東西，它們反而成了我們的工具與盟友。

話雖如此，但真焦慮所提供的洞見，不見得都是如此大規模的轉變。某天，內在指南針可能會直接引導你走向你的命運，或者也可能只是指引你邁向正確的下一步，而這下一步可能是單純如對孩子更有耐性，又或是在需要時讓自己休息一天。但即使是這些複雜人生中的微小片段，也都具有無限的影響力。真焦慮的存在是為了輕輕推你一把，並告訴你該是時候離開那份吃力不討好的工作，或是該在那段不適合你的關係裡設下界線，又或是該創造一些東西，好讓你的獨特與力量對這世界有所貢獻。

我們孤單而寂寞、過勞又憂慮、遠離自然且疲憊。我們每個人都在自己獨立的倉鼠滾輪上，與社群和創造力脫節，有些人將自己與周圍的苦難隔絕，有些人則淹沒於其中。若對你來說，目前的世界感覺不安全，那有可能是因為真的不安全。畢竟暴力與歧視無所不在。若你屬於社會中任一種弱勢且邊緣的族群，你就有充分的理由感到焦慮。事實上，我們改變社會的能力，仰賴你傾聽你自己的焦慮，以及社會也傾聽你。這是一個亟需盤點的時刻，該是時候面對我們的焦慮所提出的強大真相了。

然而，為了傾聽真相，我們必須安靜，但多數人卻都會盡一切努力來避免自己靜止、停頓。你上一次排隊等廁所或等電梯時沒拿出手機來，是在什麼時候？我們常常以為，在無事可做時查看手機就會讓自己有生產力，但其實，這種時候正是傾聽真焦慮的輕聲低語之必要時刻（只和自己及自己的思想在一起）。要能與焦慮可能正在告訴我們的真相接上線，需要停頓與寧靜，也需要準備好、有意願，並能夠迎接所出現的任何情緒波動。

我們發現，有一些基本原因讓這樣安靜接納的狀態難以達成：首先，我們從小就被教導當事情很難處理時，就必須分散自己的注意力。當小孩鬧脾氣時，我們會想：該怎麼讓他停止哭鬧？我們知道只要給小孩糖果或平板、手機等，他們應該就會滿意。這樣問題就解決了，對吧？但其實這樣就等於是教小孩：我無法處理你的強烈情緒，而你也無法處理，所以若你在往後的人生中再次感受到強烈的情緒，那就趕快找個能分散注意力的東西，給自己一點多巴胺，或讓自己麻痺。難怪即使我們成年了，在面對情緒湧現、需要宣洩的時刻，也會自動轉向手機或情緒化飲食。

不過，我們也很難安靜地與自己相處，因為我們生活在一個氣候控制與即時滿足的時代。我們會讓房間永遠保持在攝氏二十一度左右，絕不會太熱也不會太冷。可是真實生活的氣候不受控制，而我們也無法統一以藥物來治療悲傷、失眠，或焦躁不安。這種不切實際的承諾，正在重新建構我們的認知。我們感覺自己被賦予權力能聆聽任何歌曲、欣賞任何影片，或是按幾個按鍵就能創造幻想；我們能透過FaceTime看清世界各地；只要瀏覽一下抖音（TikTok），就能把深刻的省思給壓抑下來。但為了能夠獲得焦慮的真相，我們就要能夠應付不適才行。

有時，真相是一場暴風雪，而我們得要願意坐在風暴中一段時間，以接受它並發揮其智慧。而利用那樣的焦慮來推動有意義的改變，有時可能感覺就像河流刻蝕峽谷般地漸進又緩慢。

或許最重要的是，我們的四周幾乎總是包圍著各種具影響力的事物，會把我們從當下吸走。就算我們沒有因為鬧脾氣而被平板、手機或零食安撫，也時常為其他的干擾所誘惑。我們追求一切，從更好的鞋子到更好的身體，再到更好的房子。而當然，在這一切之下嗡嗡作響的，是讓我們能夠逃避自身死亡的隱含保證。

雖然真焦慮並不是一種麻煩，也不是會令人虛弱的症狀，我們不需要用藥物抑制它，更不需要忽略它以換取美好承諾。但為了能夠聽見它，我們就需要放慢腳步，靜下來，並且更仔細地傾聽才行。而它那激動人心的真相，唯有你能聽見。

能和身體溝通的人

傾聽就是溫柔地靠過去，並且願意被所聽到的內容改變。

——美國詩人、精神顧問，馬克・尼波（Mark Nepo）

雖說真焦慮通常始於低語，但若你完全不聽，它就會隨時間發展成高聲呼喊。而當我們沒有停得夠久以聆聽其意見時，身體往往就會代表焦慮進行溝通。不論假焦慮還是真焦慮，都是如此。例如，若你的假焦慮與血糖不穩有關，那就可能從輕微的血糖異常開始，這表示你不時會感到有點「餓怒」及心神不寧。這是你的身體在低語。而隨著這些症狀越來越惡化，你的焦慮就會變得更強烈且更一致。此時，當你在傍晚五點遇上血糖驟降，便可能感到恐慌。這是你的身體在高聲呼喊：「快來幫忙！我的需求沒被滿足！」而假焦慮的不同之處在於，其解決辦法更為快速且直接：維持血糖穩定即可。

但即使真焦慮的解決辦法比較複雜一些，其發生過程仍是大同小異。若你做著不合適的工作，或處於錯誤的關係之中，你的身體就可能開始低聲碎念：「感覺有些事情不對勁。」你可能會開始注意到一種不明確的不適或不安感，或許是某個人跟你說話的方式令你難以接受，又或是你在某個會議中感覺到氣氛不和諧。要在當下擺脫這些感覺很容易，但若你總是忽略這些警告，身體終究會提高音量，以便完全掌控你的注意力。當它達到一個讓你無法起床，或是讓你在工作中一再恐慌發作，又或是當你試圖與伴侶發生親密關係，身體卻毫無反應時，就是你的身體在高聲呼喊了。身體利用這些症狀來維護自己並表達：「我拒絕在這些狀況下繼續運作。」這感覺更像是一場心靈危機。當然，你也有可能在其實只是血糖驟降的時候有此感覺，但假焦慮的發生時機通常具有一些可預測性，例如你往往是在喝完含糖的咖啡後陷入焦慮的漩渦，或是只會在睡眠不足時感到極度絕望。真焦慮則不具有類似的規律性，卻會有一致的主題。請聆聽焦慮所說的話語。你坐飛機或電梯時會恐慌嗎？你一個人的時候是不是最焦慮？還是在人群中時？又或是當另一半下班回到家時？焦慮的主題為正在造成影響的未知問題提供了線索。若你的恐慌以獨處為中心，那麼，它很可能是在告訴你要恢復生活中的社群。或許你是在友誼方面感到寂寞，這可能表示你需要展現真實的自我，或是去尋找不同的朋友。若你搭電梯時會恐慌，其主題似乎是以被困住為中心的話，請問問自己生活中還有哪些部分令你感覺陷入泥沼。是在工作中還是在人際關係裡？答應每一個要求，並把所有人的需求都放在自己的需求之前，是否令你感到受困且無力？如果這就是你焦慮的象徵，那麼你最好開始說出自己的需求，努力解放自己。

焦慮透過身體傳遞的訊息，往往能直接帶領你到達問題的核心。畢竟就如德國哲學家尼采（Friedrich Nietzsche）所寫的：「人身體裡的智慧比最深奧的哲學更多。」只要勇敢地調查，並持續得夠久，你終究會弄清楚身體所要表達的。而到時你該做的，就是信任自己所聽到的。人們害怕若是冒險進入自身感受的黑暗角落，就會再也出不來。但其實事情正好相反。我們越少以暴力應付焦慮、越是不抗拒焦慮，就越能輕鬆地隨之流動並從中解脫。

有些人相信我們可以逃開並忽略身體傳遞的訊息，因為它無法以具體的言語表達。我們以為背叛自己不會有什麼問題，只要取悅了所有其他人就可以。但最終，身體會呼喚我們。身體目睹了一切，而且會持續不斷地溝通傳達，它終究會讓自己的聲音被聽到。所以，若你發現要面對自己的焦慮很困難，那麼請記住，現在勇敢面對可能令人為難的真相，將可讓你免於一輩子承受接二連三的不便症狀。

情緒解鎖

曾經當我在一場猶太教的喪禮上，讓悲傷的浪潮淹沒自己時，有個人俯身靠向我並低聲說：「堅強點，別哭。」我們生活在一個恐懼情緒的文化中，重視情緒的平穩與堅忍，相對地，脆弱和敏感被視為軟弱的徵兆。一旦哭泣，我們便會道歉，並直覺地忍住，而非讓情緒傾洩。可是每隔一段時間，我們便不得不退一步並問自己，再這樣下去我們會變成怎樣呢？從飆升的焦慮與憂鬱發生率看來，我認為在這部分，我們弄錯了。該是時候允許自己感受情緒，並且重新思考這麼做的意義了。於難受的情緒產生時，跳入其中遠比壓抑或忽略這些情緒更勇敢（而且更健康）。

在心理健康專業中，我們經常會召喚精神分析學家暨分析心理學的創始人卡爾·榮格（Carl Jung，一八七五～一九六一），總是會提到其洞見，亦即「我們所抗拒的會一直存在」這一道理。也就是說，情緒從未成功地被藏到地毯下。當我們想著「我不想要感受那些」時，便是強迫那些感受脫離意識，但那些感受並不會真的消失。它們實際上會加倍並被卡住，而經常轉化為慢性背痛或頭痛，又或是消化問題，直到最終達到沸點，導致我們暴衝。

所以，當一陣情緒的浪潮向你襲來時，請試著跳入其中，讓它淹沒你。好好感受哀傷、憤怒或悲痛的完整力道。就跟海浪一樣，這些情緒終究會達到頂峰並消退。順從情緒的浪潮，不要試圖逃脫，你就更有可能感覺良好，而從另一端走出來。正如心理學家馬克·布雷克特（Marc Brackett）博士在其著作《情緒解鎖》中所寫的：「若我們能夠學會辨識、表達並駕馭我們的感受，即使是最具挑戰性的那些感受，我們就能運用那些情緒來幫助自己創造積極、令人滿意的生活。」❶換句話說，在喪禮上的那個人其實應該要對我說：「堅強點，哭吧！」

當下意識與有限的生命

我有個病人潔達，她每次來接受診療時都會帶著筆和筆記本，詳盡地記下我們所談到的內容，與我們所討論的建議事項。其實這並不是什麼特殊的現象，尤其是就焦慮症病患而言。他們通常都很努力地控制、拚命地塑造生活，不放過任何細節。所以當潔達告訴我，自從她爸爸被診斷出相當嚴重的心臟病後，她就擔起了處理父親健康的責任時，我並不驚訝。潔達將她父親死亡的可能性描述為「最糟的情況」，而且經常在話講到一半時停下來，說她光是想到那種可能性，就快承受不了。她直覺地想要控制狀況，試圖淹沒這些強烈的情緒。她頻繁地打電話給她爸爸，但不再問候他：「你好嗎？」她不讓她父親有任何機會處理自己正在經歷的一切，卻只是花時間責備他喝汽水、催促他去運動，並且一再地要求他去找「最好的醫生」。我提醒潔達，她父親有可能因此在其生命中的脆弱時刻感覺自己受到了嚴厲的批評，且覺得潔達並不理解自己，而只是把自己看成是個需要解決的問題。在他們曾經很自然的聯繫中，就這樣牢牢地嵌入了一層恐懼與距離。

實際上，當「最糟的情況」最終真的發生時，熬過它的最好辦法，就是讓自己完全臣服，並充分體驗整個過程。不論是我們自己還是所愛的人，都不可能征服命運並避免死亡。終有一天，我們會失去自己珍視的一切。這是真焦慮，這是位於其核心最純粹的恐懼。若要活得充實、完整，我們就必須徹底投入身為人類的強烈體驗，感受所有的脆弱與情緒，不論喜悅、憤怒、毀滅感還是悲傷。

我勸潔達，在這種引發焦慮的情況下，能讓她獲得些許平靜的唯一辦法，就是擁抱、接納當下的情況。在面對即將到來的痛苦時，我們的潛意識比較偏好讓自己麻木或是轉移注意力。但在避免受傷的過程中，我們也可能錯過會讓生命有意義的原始體驗。所以保持清醒會比較好。我建議潔達可以給她父親建議，然後退一步練習徹底接受，也就是完全認可當下的生命狀況。對潔達來說，這就意味著要接受她父親有一天會死的事實。不過此時此刻，她依舊能夠出現在父親面前，全心全意地陪伴他，並感受如此深愛一個人的美好與強烈痛苦。

鍛鍊當下意識

冥想既是脫離焦慮的路徑[2][3]，也是傾聽焦慮的工具。焦慮的主要特徵之一，便是所謂「未來的絆腳石」，亦即為未來感到擔憂。而正念冥想的主要目標，則是在培養、加強當下意識，且此做法也已被證實能夠限制聚焦於未來的思維[4]。事實上，有越來越多研究指出，正念冥想似乎與增強情緒調節的腦部變化相吻合。換言之，看來只要強化我們停留在當下的能力，應該就能降低焦慮[5]。

對我來說，冥想不是一種技能，它只是一種持續進行、好好坐著的行為。你並不需要終於完成所有待辦事項的那個完美時刻，因為那一刻永遠不會真的到來。你真正需要的是坐下，並保持安靜不動幾分鐘。嘗試把自己的注意力集中在呼吸的體驗上，感受吸氣與吐氣，體會這一刻活在自己身體裡的感覺。在你開始後不到一秒，就會有想法浮現你腦海。而且這些想法絕大多數都與未來或過去有關。你會逮到自己在想著晚點去購物時該買哪些東西，還有某人十年前講的那件事還讓你耿耿於懷。就承認自己想到了這些，然後讓它過去。接著經過不到一秒，又會有其他想法冒出來，請同樣讓它離開。每次有想法出現，就想像自己坐在自己身邊，觀察著自己的思想來了又去的整個過程。正如麥克·辛格（Michael A. Singer）在其著作《覺醒的你》中所寫的：「你不是心靈的聲音，你是聽見其聲音的那個人。」[6]隨著各種念頭不斷出現，你要維持一種有耐性的困惑態度，就像個大人看著小孩幾乎無法把食物從盤子送進嘴裡，但仍努力學習使用叉子的樣子。對於每一個浮現你腦海的想法、念頭，你都要把自己的注意力拉回到當下，使之回到你的呼吸上。

我的很多病人都跟我說他們不喜歡冥想，因為他們不擅長，意思就是：他們的思緒太常四處遊蕩。所以，讓我在此公開更正一下觀念：在冥想時，你的思緒是會四處遊蕩的。這不是失敗，這就是冥想的運作方式。沒有所謂不擅長冥想這種事。冥想就只是固定去做，並鍛鍊一下當下意識罷了。每一次的思緒遊蕩，都是將該衰弱的能力重新強化起來的機會。而每一次將自己的注意力拉回至當下，就是在稍微鍛鍊一下該能力。於是很快地，我們便會有強健的能力可過生活，我們將能夠掌握自己，並在落入習慣性的反應之前選擇回應方式。

對冥想練習的一個常見誤解，就是以為其主要目標是要變得無憂無慮，亦即誤以為一旦開始冥想，生活就只會有美好氛圍。這個想法沒有抓到重點，因為這個世界根本不可能存在「萬事如意」，它充滿了苦難與不公不義。冥想能夠有效幫助我們連結由所有這些苦難與不公不義所引發的憤怒、悲痛與哀傷。對我來說，冥想的終極目標，是要達到最純粹的真實。我自己在進行冥想練習時，會嘗試以中立的心態開始，但若有負面想法出現，我會讓這些想法停留一下，尤其是當我發現這些想法確實導致了我的真焦慮時。這能幫助我讓這世上的錯誤，替我設定清醒生活中的行動軌跡。

看看你能否將冥想視為一個開放式的問題，以及一種真相的邀請。接著，就在你最不期待的時候，便會有一、兩個時刻真正處於當下，亦即你不是單純地像看電影般看著自己的思想，而是處於當下時刻的體驗之中。在這美好花蜜的包圍之下，你的潛意識會發現，帶著真相的核心及踮著腳尖前行，其實很安全。真相或許很隱約細微，但也可能極為沉重、震撼。不管怎樣，當你直接從直覺那兒獲得下載時，別質疑它，也別想太多。傾聽即可。像這樣的傳輸可能讓你感覺更輕鬆，彷彿有某些東西終於到位了，或者它們也可能很沉重，就像一個痛苦的意識在許久之後浮出水面。而無論如何，這訊息都是你的一個重要部分。

冥想的美麗以及可改變人生之處，在於當你規律地練習時，它便會開始滲透至你的整個生活。你走在路上會更小心，和陌生人互動時會更謹慎，而你與焦慮共舞時會更專注。「喔，天啊，我無法處理這情緒的螺旋，無法轉換它，我可以看見這狀況正在發生，這真的讓我感到非常焦慮。」你變得不那麼認同自己的想法，而是習慣成為自己思想的觀察者。

你開始意識到，這些想法幾乎都具有某些預期未來會發生不好結果的特質，而且它們並不能替真焦慮做出明智的預言。當焦慮的想法冒出來時，正念能給你一點距離。這正是強化當下意識能力的基礎力量：在刺激與反應之間創造出片刻時間，好讓我們能選擇如何有意識地回應，而非被動地落入熟悉的情緒反應。當我讓自己像這樣有意識地停頓時，我就能夠更貼近同情與理解，而這為充滿挑戰的生活提供了更平和安穩的旅程。但請勿期望過高：以我本人來說，我約莫只有10％的時候能夠成功停頓下來並掌握自己（如果狀況情有可原，例如你在疫情期間與姻親一起住在隔離的環境中，那麼請以2％的成功率為目標）。而每次成功時，請花點時間注意一下自己的進展。

此外，你在「失敗」時回應自己的方式也同樣重要。你應該要支持自己的努力嘗試，而不是責備自己，自責往往只是來自父母制約的延續，而他們也是受到其父母的制約。請同情自己，因為要在日常生活中忠於這樣的意圖非常具挑戰性。然後，當你的冥想練習效果很好時，你就會開始認知到，在當下這一刻存在有大量的平靜。正如心靈作家艾克哈特．托勒所指出的：「你的生活狀況或許充滿問題（大部分人的生活狀況都是如此），但請確認你是否在目前的這一刻有任何問題。不是明天也不是十分鐘後，就是現在。你現在有問題嗎？」7

尋求混亂的成年人

有些人是在混亂的家庭中長大。這裡所謂的「混亂」不只是指忙亂而已，也包括家庭狀況。在這樣的家庭中，小孩要不沒有固定、可靠的照顧者，要不就是其基本需求難以獲得滿足。在這樣的環境中長大，會建立出一種失序的基準，而這除了是一種焦慮的前兆外，也可能導致在成年後難以適應平靜。在混亂的家庭中長大的人，可能會發現自己一直在用刺激來填滿生活（以及任何潛在的安穩寧靜），因為這讓他們感覺熟悉，所以會很舒服。而當那個混亂的家庭也造成了創傷時，焦慮就可能成為一種逃避的形式。

也就是說，每當混亂家庭的成年子女發現自己處於平靜的狀態時，創傷便可能悄悄捲土重來。於是，不知不覺地，他們會尋求以焦慮來填滿所有沉默，這是一種瘋狂的焦躁不安狀態，能夠讓輕拍他們肩膀的創傷記憶黯然失色。

在這類情況，焦慮本身是為避免平靜的下意識需求效力。這種焦慮可能非常難緩解，因為心靈會強烈抗拒平靜，但治療處方就是該本人必須堅持，並增加安靜地坐著的能力、承認這對自己來說特別困難，並且在尋找分心事物的衝動出現時，對自己有耐心與同情心。要確保當創傷記憶出現時，可提供支持的系統已就定位（例如，由了解其創傷狀況的治療師進行定期治療）。要保持溫柔和緩，但也要堅持到底，還要提醒自己：真焦慮即將會出現在這些得來不易的平靜時刻，而其中必存在有指引。

感恩練習

在治療焦慮症病患的經驗中，我發現，聚焦於感恩能夠確實轉變其情緒，並擴大其眼界。感恩練習是一種造反的行為，必須在不完美的條件下完成。每天都有訊息在責備我們，告訴我們說我們還不足夠。而感恩則是在承認更深層次的真相：即使是在最黑暗的時刻，我們也能夠找到富足。雖然這並不會從根本上消除在我們生活中導致恐懼與痛苦的真正原因，但我們的大腦依其原始設計，天生就會一直強調此種不足，這是一種幫助我們生存的本能。我們甚至可以感謝此傾向，畢竟它讓我們的祖先活了下來。

我建議感恩練習保持簡單即可：只要每天寫下、或大聲說出三件你感激的事情，這樣就夠了。不論事情感覺起來（且可能是真的）有多麼地不好，感恩練習都會強迫你暫時專注於好的事情。隨著時間過去，你的大腦將鍛造出新的神經通路[8]，包括內側前額葉皮質內的調整（與恢復力和情緒調節有關）。而當這件事發生時，你可能會注意到自己的眼界擴大了，從聚焦於錯誤的短淺目光，轉移至更大且更複雜的事實真相。

真同意，真拒絕

「真同意」與「真拒絕」的概念來自《非暴力溝通》，這是已故心理學家馬歇爾．盧森堡（Marshall B. Rosenberg）在其著作中提出的思想流派，同時也是一項訓練課程。他的教導幫助人們有同情心地辨別、並滿足自身內在未被滿足的需求，以加強與他人的關係。以這種方式行走於世上，可防止我們背叛自己；有時，真焦慮會拍拍我們的肩膀，因為在某種意義上，我們已拋棄了自己。這項任務的關鍵之一，是在有人對你有所求時，清楚分辨你何時能夠真正同意或真正拒絕。這聽來或許簡單，但你會很驚訝於我們實際上有多常難以辨識自己其實不想配合他人請求、並採取對應行動；對許多人來說，這違背了自己的人格特質。因為我們是如此渴望被喜歡，或希望避免衝突，又或是想糾正這世上的錯誤，以致於會將這些本能置於自我防衛之上。但最終，憂鬱與焦慮，就如盧森堡指出的，往往是「我們表現良好所獲得的獎勵」。若我們要找到與焦慮之間的和諧關係，並聽見埋藏在其中的真相，我們就要能夠熟練地傾聽自己身體真正的同意與拒絕。事實上，這是身體所說的另一種語言，一種介於收縮和擴張之間、以感覺來表達的語言。

現代舞之母瑪莎．葛蘭姆（Martha Graham）觀察到，人的每個動作不是收縮就是鬆開，這正是身體的語言。你可以感覺到自己肌肉的收縮或擴張、你的橫隔膜，以及你的呼吸。當你思考自己眼前某件事呈現的概念，而且從身體上清楚知道這對你來說不是正確的選擇時，真拒絕就發生了。那感覺像是一種收縮、咬緊牙關、呼吸急促，又或者像是胃裡打了個結般，可能會感覺冷，那是一種「哎喲喂呀，我不要」的感覺。

而另一方面，真正的同意則會觸發身體上溫暖、鬆開、擴張、開放與輕鬆的感覺。你可能會覺得自己像是被舉起的重物，覺得緊繃感有所釋放，或是有種積極正向的感覺，像是身體在說「聽起來不錯」或「是的，我想要」。以我來說，會有一種特別的刺痛感告訴我，有某些重要的事正在發生，就彷彿我的下一步行動剛剛已被清楚揭示。身體上的同意，不只是被快樂吸引的感覺而已，有時這甚至是一種與艱難但重要的責任維持一致的感受。這些我們在身體裡感受到的真相可以是平凡的，也可以是深刻的，而最重要的是，我們的言行要與來自內心深處的感覺一致。

當我們聽不到、或根本無視於身體的指令時，大部分人都會落入假同意的陷阱。這會導致我們承諾提供一些令自己悔恨的恩惠，例如在談判中接受了過低的薪資，或是說服自己接受其實不想要的接觸。你還記得這樣的互動嗎？你能立刻回想起那種感覺嗎？你的身體是如何感覺的？你是否曾注意到自己的直覺說了：「等等，慢點，別急著說出違心之論。」但你卻直接碾過了這個警告？自身拒絕意志的發掘，始於在日常決策中變得更加慎重，在繼續前進之前，你要花個一分鐘檢查並聆聽。當然，有時確實有必要為了與健康妥協而同意某事、越過直覺做出合理的讓步。例如，若我們因為必須累積經驗，而同意承擔一項其實感覺應該要拒絕的工作任務。但請保持清醒，要認知到一個事實，那就是每個假同意都是對自己的一點點背叛，而終究，都是我們自己把身體訓練得困惑又混亂，或者沉默下來，不再為我們的基本真理發聲的方式。

同時也請記住，當我們給了假同意，就絕不會有好結局。很可能人們指望我們，但我們卻在最後一刻崩潰；或者我們完成了所答應的一切，卻因此讓自己犧牲太多；又或者我們最終變得很怨恨對方。請問問自己：你會希望某人跟你說

「好」，但事後又怨恨你嗎？這令人驚訝的轉折就在於，比起反射性地同意人們對我們提出的任何要求，一開始就說實話，才是比較有同情心的方式。對你的同事、家人或朋友不直接，是對他們不好；而說「好」以保持和睦，則是對你自己不好。

我與我的許多病患進行「真同意」和「真拒絕」的練習。對來自堪薩斯州的三十三歲病患伊蓮娜來說，這帶來了革命性的轉變。伊蓮娜是一位非凡的照顧者。她於成長過程中負責照顧她的三個弟弟，而今日她是一位社工人員。此外，她也有一些朋友關係是對方倚賴她遠多於她倚賴對方的。有鑑於伊蓮娜所肩負的他人壓力，其能力受損以致於無法感知身體所傳達的訊息這件事，或許就不令人意外了。當伊蓮娜第一次來見我時，她在專注和焦慮方面有著強烈的困擾，並倚賴抗焦慮藥物贊安諾來控制她的恐慌發作。在長達數年的治療過程中，我們致力於其假焦慮的處理，努力減少她的發炎，並讓她獲得更好的營養。當我們終於讓伊蓮娜不再被生理焦慮阻礙時，我們在治療中就達到了更深入的節奏。她已準備好，也渴望與自己聯繫，她想要感受通往自身真理的道路，而她對真同意或真拒絕的反應特別地好。

事實上，她對自己體內真同意的生理感受（以興奮和愉快的形式呈現）變得非常靈敏，這成了她內部的指南針，指引並徹底改變了她的生活。她換了工作，調整了她的朋友關係，搬了家，談了戀愛（後來又分了手），還去了戒癮門診以徹底脫離贊安諾。其中最後一項努力其實違背了我的建議。我認為戒癮計畫的做法太激烈了點，她應該要更緩和地逐漸減少贊安諾的藥量比較好，但她心意已決，認為這就是對她而言正確的下一步行動。由於至此為止，她所做的每個真同意決定都適切而明智，於是我便選擇尊重伊蓮娜偏頗的判斷。既然她的直覺已把她帶到了這一步，而且如此地歡欣鼓舞，那麼，我並不覺得我能夠確切地主張我比較清楚狀況。事實證明，戒癮計畫非常恰當，她成功脫離了贊安諾。

但並非所有人都能像伊蓮娜那樣培養出如此的直覺力。若我們的真同意和真拒絕更常符合所在文化對我們的期望，那麼當然，我們的旅程會更容易。在這過程中最棘手的部分，就是當世界告訴我們該做的事，卻會讓我們的身體收縮、緊繃。而在體內給你一種響亮的同意感的事情，有時卻正是周遭的每個人都在告訴你那沒有用、不切實際、不可能發生的事。這些社會與家庭的期望，能夠誘使我們背叛自己的真同意和真拒絕，或者更糟的，它們還能讓我們偏離正軌，說服我們社會本能其實是我們自己的本能。

尤其是女性，長久以來已被制約為總是說「好」，目的是要努力取悅人們，並滿足周圍所有人的需求，而不考慮我們自己的個人真理，或體力及精力上的限制。霍莉・惠特科爾（Holly Whitaker）在其著作《Quit Like a Woman》（暫譯：《像個女人般地戒癮》）中睿智地指出：「多數人在成年時，尤其是來自社會壓迫史的人們，都已喪失了傾聽自己、信任自己的所有能力。我們在自己之外尋求答案，因為我們一次又一次地被告知，內心深處的智慧是錯誤的。」[9]

我們許多人都體驗過分辨恐懼與直覺的獨特挑戰。這兩種感受經常是如此密不可分，需要真正的努力與紀律，才能學會如何釐清兩者。我同意紐約時報暢銷書作家格倫儂・道爾（Glennon Doyle）的說法，這兩者間的差異可被比作震動頻率，其中恐懼顯示為較高頻率的波長，幾乎像是顫音，而直覺的波長則是較長且緩慢[10]。我自己這輩子的多數時候，都在努力區分這兩者。直到最近，我認為我應該要發揮自己理性和客觀的一面，好讓人們認真看待我，被男性群體接納，才能擁有權力。儘管我擁有很強的直覺，但我把這些都壓了下來，因為害怕被貼上不理性的標籤。

後來我開始研究非傳統的治療方式。這時，我的直覺變成了一股不可抑制的力量，而我也親眼目睹了全人療法有多麼地強大。一旦開始剝除一層又一層的思想灌輸，我便開始領悟到，一直以來我都在否認自己天性中的一系列強大技能。我的真焦慮、我的真拒絕與真同意、我的直覺，這些構成了深埋於內在的指南針，而這指南針現在順利地在我的生活和職業中為我服務。這並不表示我背棄了理性與客觀。我盡全力將自己的這兩面（分析的與神秘的）都帶進我的決策過程中。我檢視數據資料，並徹底思考實際的優缺點，但我也傾聽自己的身體與直覺告訴我該做什麼。最終，我自己的健康與意志取決於持續不斷地識別，亦即在真拒絕與假同意之間，在直覺與恐懼之間，在社會制約與我自己的內在認知之間，持續不斷地識別。

如何說出真拒絕

我的許多焦慮症病患都有討好、取悅他人的傾向。這是可理解的，畢竟我們許多人都忍受了一輩子的制約，被教導這世界期望我們遵守所有的要求。有時我們的童年環境告訴我們，順從會贏得父母的認同，或是能維持整個家庭的生活。而讓每個人都滿意所造成的混亂，則讓我們苦惱、與自己的需求脫節，並感到焦慮。為了從討好他人的傾向中恢復過來，你可能需要做一些練習，以學習如何有禮貌地說出實話並繼續前進。以下便是一些較溫和的說法，可誠實、堅定且圓滑地表達真拒絕：

「謝謝你的邀請。最近我正在盡最大努力以家庭和工作為優先，所以暫時要把社交活動減到最少。」

「你會想到讓我參與這項專案，真是很榮幸，但我目前實在沒空檔了。」

或者，用Whole30的共同創始人兼CEO梅麗莎．厄本這位紙上界線專家的說法：

「你要求我做的事情讓我很不舒服，我能用別的方式幫助你嗎？」⑪

在治療中允許直覺

在霍莉．惠特科爾的著作《Quit Like a Woman》中最令人驚嘆的重點之一，就是她呼籲大家注意，由中上層白人男性創立於一九三〇年代的匿名戒酒會所提供的指引（被稱為十二個步驟），並未從根本上滿足女性的需求這一事實。她寫到：「要知道自己不是上帝、要對自己有適切的認知、要避免質疑規範、要讓自己謙卑、要承認自己的軟弱、要記錄自己的問題、要脆弱到足以向另一個人承認自己的錯誤、要閉上嘴巴傾聽：這些都是與女性有關（且強加於女性）的行為準則。這些基本上就是如何成為女人的指引，而對那些男人來說，這些是治療良藥，要以這種方式行事是一種瘋狂、全新的存在方式，感覺就像是獲得自由。但對女性或任何其他受壓迫的族群來說，被告知要放棄權力、意見、權威和欲望等，只是更多同樣的狗屁，那根本就是一開始讓我們生病的東西。」[12]阿們。

而關於讓自己重新連結內在認知的部分，我相信認知行為療法（CBT，Cognitive Behavioral Therapy）很值得我們透過同樣的角度予以重新審視。認知行為療法由一九五〇年代的亞伯．艾里斯（Albert Ellis）和一九六〇年代的亞倫．貝克（Aaron T. Beck）等心理學家所開創，是當今美國最流行的治療形式之一，通常用於治療焦慮。該療法指引病患理解其自身的想法與情緒可能是錯誤的資訊來源，以及我們的個人歷史影響了我們理解世界的方式，這是一種所謂「認知扭曲」的現象。當認知行為療法有幫助時，它會讓病患識別並改變具破壞性的思維模式。例如我的病人馬可斯，他長期以來一直有在機場排隊等待安檢時恐慌發作的困擾，而透過認知行為療法練習簿的使用，便能夠完全阻止這種情況發生。我在診療時確實也會運用一些認知行為療法的技巧。我們的想法具有影響力，有時能夠模糊我們的知覺。不過我也相信，我們的想法和情緒可以是強大的資訊來源。而在這方面，我相信基本上建議我們要質疑自身感覺的認知行為療法，有時可能是具破壞性的，尤其是對女性來說。

認知行為療法大體上認為，情緒性的推理不值得信賴。病患可能會描述一種在社交互動中被排擠或討厭的感覺，而認知行為療法會建議他們不該相信自己的想法或感受。也就是說，這些悲觀的直覺都只是如心理過濾、否定正向層面、讀心術或災難化等認知扭曲的例子罷了。「別那麼情緒化，要客觀。」認知行為療法如是說。簡言之，這種認知療法頌揚了廣義上對男性而言較自然的東西，並貶低廣義上對女性而言為第二天性的東西。我知道，我知道，我也相信例外：我們所理解的性別，有很大比例是一種錯誤且受社會制約的結構，並非所有男性都以客觀方式思考，也不是所有女性都很情緒化，認知行為療法對男性和女性都可以很有幫助，並提供有益的見解。但是，退一步，我也相信不帶感情思考比感受和直覺更有價值的這種觀念，確實存在於認知行為療法的核心，而這種觀念可能有害。

人類是複雜且細緻的社會生物。我們能夠接收並理解如此多的資料，像是細微的臉部表情、肢體動作、真的捧腹大笑又或是乾笑。是的，我們有偏見，我們也可能因為一些錯誤印象就拒絕互動，但我們也具備精巧的機制能夠評估他人感受，或許不可思議地，女人就是如此[13]。拋棄這些直覺，會抹煞掉一個人得來不易的現實感。我認為病人的觀點無論準確與否（我們可能永遠不會知道），都值得探索。我們的感受提供了證據，雖不見得是完整的故事，但會是其中有用的一部分。感受不是事實，但它們也並非歇斯底里的謬誤。它們是真相的一種形式。

現在我要繞個遠路說明（並保證不離題），請忍耐一下。近年來，小孩的卡通在描繪年輕女英雄方面，已朝著正確的方向邁出了一步。今日的年輕女主角不再是楚楚可憐的少女（或是實實在在需要王子的吻才能恢復聲音，就像小美人魚），她們是凶猛的戰士，就跟男孩一樣，想想《馴龍高手》裡的亞絲翠，或者《花木蘭》裡的女主角。但這樣的轉變，只帶著我們走了一小段代表真實女性力量之路。這些動畫電影所傳達的訊息是：「當這些女孩具有典型的男性特質及喜好時，她們就和男孩一樣強大。」除了幾個明顯的例外（像是《海洋奇緣》裡的莫娜和《尋龍使者：拉雅》裡的拉雅，她們會運用如情感協調、信任和合作等典型的女性技能來拯救世界），這些具影響力的角色鮮少能代表女性真正的超能力。我一點也不反對女孩們用上戰場的勇氣與高超的劍術來讓大家眼花撩亂，只要我們認同我們也可以將那樣的凶猛引入至女性內心的任何渴望，就如同玩洋娃娃是掌握複雜人際互動的一種方式，或是以一種讓你感覺充分表現了自己的方式梳妝打扮。身為父母，我們回應文化巨變的方式，是試圖引導我們的女兒們走向運動與包含科學、技術、工程和數學的所謂STEM領域（即理工科），而非洋娃娃和穿著打扮。儘管運動與STEM領域對男孩們來說是很棒的興趣，對女孩來說也一樣，可是這傳遞了一個訊息給我們的女兒們：她們原本可能有的不同傾向，在某種程度上是比較差的。而這進一步強化了主流文化共識：男性的外顯傾向本來就比較有價值。

身為女演員、同時亦是電影製片的布莉特・瑪琳（Brit Marling）在紐約時報的一篇專欄文章中，以極具說服力的方式寫出了這個問題。她分享到：「我越是演出強大的女性領袖角色，就越是意識到其角色優勢的狹隘具體性，像是身體上的高超能力、線性的野心、專注的理性等。男性的力量型態……我們很難把女性特質本身（同理心、脆弱、傾聽）想像成強大的。看著我們的故事幫助了我們想像並建立的這個世界，我覺得這些正是被過度興奮的男子氣概所抑制的特質。」[14]

在文化上，直到能夠充分平等看待典型的男性與女性特質之前，我們可能還有很長的路要走，不過我對認知行為療法的看法是：早就該進行女性主義的改寫了。客觀推理與情感直覺同樣有益，也都屬於人類技能，可用於更妥善地理解自己和世界。即使是面對著不完整的資訊，有時我們可以挑戰自己的假設，有時也可以尊重我們的預感與直覺。兩者都提供了一種真知的形式，以及脫離焦慮的途徑。

與真焦慮的聯繫熱線★

如果就如佛洛伊德曾說過的，夢是「通往潛意識的康莊大道」，那麼，迷幻藥就是神聖的聯繫熱線。我有個病人曾將她有過的神奇蘑菇★（含有賽洛西賓〔Psilocybine〕，為裸蓋菇屬蘑菇的精神活性成分）體驗描述為：「感覺就像坐在治療師的辦公室裡，探索得越來越深入，結果一抬頭卻發現，自己就是那個心理分析師。」而我自己經歷過的迷幻儀式，則更像是與上帝進行了一次治療。我有一些在解決真焦慮或找到平靜方面有很大困難的病人，最終是以迷幻藥找到了前進的道路。他們發現，服用這些藥物不僅終於能讓他們面對根深蒂固的恐懼，還能與之談判以要求停火，創造出持久的平靜感。

你或許還記得我在第3章提過的病人伊森，他的真焦慮是由童年時期的創傷所造成。醫生開給他 Klonopin 以治療恐慌發作，而他多年來一直嘗試逐漸減少該藥量。那過程相當殘忍。我幫助他試著慢慢減量，企圖平衡他的顯著焦慮與想戒除

Klonopin的欲望。有好多年，感覺都像是一直在撞牆，毫無進展，我們兩人都越來越沮喪。

讓伊森能夠完全脫離Klonopin，並與其焦慮達成新關係的突破性發展，是發生於他「迷上蘑菇」的時候。伊森過去就曾自己用過幾次神奇蘑菇。而出於其本人意願，在這曲折的Klonopin減藥過程中，他又回頭找上蘑菇。結果在下一次的診療時，他告訴了我發生在其最近一次蘑菇儀式中的特殊時刻。他坐在沙發上，感覺被引導至舊時的創傷，那創傷自孩童時期起便已存在，只是不在他的自覺意識裡。伊森跟我說，他感覺自己穿過森林，被吸引至一大片蜘蛛網和藤蔓中。當他掙扎地撥開藤蔓，便發現一扇隱藏的門，而在那扇門後的是一個陰暗的房間，裡頭有個保險箱鎖著複雜的鎖。他繼續通過這些一層又一層的安全防護，直到抵達柔軟的核心。

★此節提到的迷幻療法仍有爭議，且有成癮性的問題，請勿輕易嘗試。

★迷幻蘑菇在臺灣為第二級毒品，請勿嘗試。

當他抵達時，該空間被搖曳的光線填滿，就像有個電影放映機在播放，向他展示了一個隱約熟悉的童年經歷短暫影像。伊森感覺到一股想逃跑的衝動，但他忍住了，他提醒自己要臣服，並讓藥物把自己帶到他該去的地方。他留下來看影像，看著他的記憶，並感受這些所帶來的一連串複雜情緒，從困惑與無助到憤怒及內疚。隨後，伊森的身體便經歷了一次明顯的生理釋放，以顫抖和搖晃收尾。

這令人想到許多人對迷幻藥的顧忌，人們都害怕會有「不好的經歷」。具有挑戰性的經歷，並不是本質糟糕的經歷。它可能會非常、非常地困難（我自己就曾多次跪地投降），不過我通常都相信，迷幻藥會把我們帶到我們該去的地方。我之所以不使用「不好的經歷」這個說法，是因為我不認為困難的經歷必定「不好」。有時我認為，艱苦的儀式具有深層組織按摩的性質。情感宣洩可以是有益的。就跟按摩一樣，對我們最柔軟關節的深度揉捏，在當下可能十分疼痛，但之後卻能讓我們脫胎換骨。

在這樣的一陣顫抖與釋放後，伊森從沙發上站了起來。他描述那感覺就像焦慮是一件他穿了幾十年的厚外套，而現在他終於能把它脫下來。幾個星期之後，伊森不再談論Klonopin，就好像那根本不是什麼大不了的問題，接著又過了幾個月，他感覺自己已從焦慮中解脫出來。

由於治療很少是明確肯定的（且悲哀的是，從來都不是童話故事），伊森的焦慮情緒在他經歷蘑菇體驗之後三個月左右，又再次升高。我懷疑伊森的大腦還在從Klonopin的影響中恢復過來，我相信該藥物對他的神經化學作用就是如此地強烈。而同時，我也相信讓伊森能夠停止服用Klonopin的那段心靈成長，已使他進入了一個新的、更困難的心理發展階段。就像是他已經把電動的某一關打得極為熟練，現在進入了更困難的下一關般。也正如同伊莉莎白·庫伯勒—羅絲和大衛·凱斯勒說的：「學得越多，課程就變得越難。」⑮

曾有研究使用功能性核磁共振造影追蹤大腦在賽洛西賓（神奇蘑菇的精神活

性成分）影響下的活動狀況，而該研究顯示，此成分降低了兩個部分的活性，一個是內側前額葉皮質（mPFC，medial Prefrontal Cortex），另一個是後扣帶皮質（PCC，Posterior Cingulate Cortex）[16]。尤其目前已知內側前額葉皮質在人憂鬱時會更活躍，而後扣帶皮質則是在意識與自我認同中發揮作用，大腦這部分的活動增加與過度內省、卡在自己腦袋裡以及與外在世界脫節有關。賽洛西賓會使這個網路安靜下來，讓人能夠「在大腦裡開拓出新路徑」，使之能擺脫「過度強化的軌跡」[17]。

因此，伊森服用賽洛西賓時與其創傷（他的真焦慮）的相遇，為他提供了一個突破其心理發展階段的機會，而這是他過去所無法做到的。

我們有理由期望迷幻療法能被證明為精神病學的一項重大創新，就如同選擇性血清素再回收抑制劑在一九八〇年代後期的問世。精神病學領域目前正處於危機之中，針對焦慮與憂鬱而頻繁開出的選擇性血清素再回收抑制劑，不如我們曾經相信的那麼有效，至少在不那麼嚴重的病例上是如此[18]。這類藥物可能會帶來沉重的副作用，而且就如我們已討論過的，要停用這類藥物可能會很困難，甚至極為痛苦。儘管仍處於初期，不過最近已有一些非常有趣的研究指出了與賽洛西賓[19]、K他命[20]、搖頭丸[21]、LSD（麥角酸）[22]、伊博格鹼[23]及其他迷幻藥有關的潛在開創性心理健康治療。而這種治療方式已被證實可幫助如焦慮[24][25]、創傷後壓力症候群（PTSD，Post-Traumatic Stress Disorder）[26]、重度憂鬱[27]、飲食失調[28]及鴉片成癮[29]等會令人衰弱的障礙。反覆的試驗已確實顯示出令人印象深刻的結果。而且不同於會隨時間產生依賴性的傳統藥物，很多時候迷幻藥會消除對自己的需求。

我相信，這些物質會漸漸被理解為革命性的治療方法，可用於治療具頑固性心理健康問題的病患。我很高興我們正朝著能讓更多人接觸到這些治療方式的方向前進，這能提供一個轉化性的治療機會。我也希望隨著迷幻藥變得越來越主流，並與製藥業和醫療環境開始有交集，我們可以培養出對這些藥物的敬意與尊重。其實做為一種傳統文化，像是秘魯亞馬遜地區的烏拉里納人，以及中非的俾格米部落等，幾個世紀以來早就知道這些藥物都很神聖，故應以崇敬而謹慎的態度對待。

藥物：非法與FDA核准

在正確的情況下，我傾向於認為大麻是比Ambien更安全的助眠劑，而賽洛西賓是比百憂解（Prozac）更有效的抗憂鬱劑。在思考哪些物質有用而哪些可能有害時，有個重要的事實是我們必須要考慮的，那就是：所謂太危險而不適合讓大眾使用的物質，不見得比經FDA核准、並在今日市面上販售的藥物更有害[30]。

有許多政治、經濟和歷史上的驅動因素，都會影響精神科醫師能否開給你某種藥物，或是該藥物的使用是否會讓你坐牢。更別說是在大麻的犯罪化中發揮作用的系統性種族主義了，警察和法院總是不成比例地大量對非裔美國人執行此類法律。例如，依據美國公民自由聯盟提出的報告，美國黑人因持有大麻而被捕的可能性是白人的八倍[31]，即使這兩個族群的大麻使用率是差不多的[32]。在我看來，藥物犯罪化的真正受益者並不是大

眾，而是各種酒類產業、製藥業，以及監獄產業複合體。上述這一切都只是為了說明，請別自動將合法等同於安全，也別將非法等同於危險。我鼓勵你針對每種物質本身，並在你自己獨特的健康傾向背景下進行評估。

考量到迷幻療法並非對每個人來說都安全的重大警告（對任何有個人或家族性的躁鬱症、思覺失調症或其他精神障礙（還需要更多研究）病史的人來說，這些是相對禁忌的治療方式，而我不建議在非安全且設備齊全、或無整合體驗的支援下服用這些藥物），我仍對神經生物學、心理學及生理學充滿希望，並相信應持續推動進一步研究。

迷幻藥物能以多種方式改善我們大腦的化學作用。它們會以一種似乎持久又有效的方式，增強大腦中名為5-HT2A之受體的血清素訊號，而且不使人麻木，也不會製造出戒斷狀態[33][34]。研究人員相信這解釋了（至少一部分的）單一蘑菇儀式的持久抗憂鬱和抗焦慮效果。某些迷幻藥還會增加BDNF（腦源性神經滋養因子）的分泌，這是一種非常重要的訊號分子，會促進神經生成與神經可塑性[35][36]。意思就是：BDNF能幫助大腦成長、改變及適應，因此，如果你被困住了，就像伊森那樣，BDNF能幫助你脫困。這項發現對於治療如創傷後壓力症候群、沉思憂鬱症及成癮等根深蒂固的心理模式，具有令人興奮的治療意涵。某些迷幻藥甚至也抗發炎[37]，這很有用，因為正如你現在已理解的，發炎是導致焦慮與憂鬱的常見因素。

另一個研究方向則探索了這些藥物對預設模式網路（DMN，Default Mode Network，部分由上述的內側前額葉皮質和後扣帶皮質構成，是我們大腦中負責分別自我與他人感覺的部分）的影響，為經歷疏離、孤獨、創傷以及伴隨著這些而來的焦慮感的人，提出了治療的可能性。在某種程度上，將自己視為獨立個體並穿越自身挑戰，促進了人類的進化，這讓我們能從自己的錯誤中學習、預測可能的負面結果，並為自己的生存而戰。不過，暫時安靜下來的DMN（亦即迷幻藥幫助我們達成的狀態[38]），能讓我們從未來的絆腳石和沉湎於過去中得到喘息的機會。而且或許，當我們之中有更多人花時間在降低了活躍度的DMN上時，我們都會一起受益，這樣我們就能探索與他人和整個地球相互聯繫的感覺，並重新思考自身獨立的狹隘定義。

最後，迷幻體驗能夠更直接地幫助人們釋放壓力，讓人們透過晃動和發出聲音（例如吟唱、誦經）來完成壓力循環，這些都是在迷幻體驗中很常見，但在相對較壓抑的日常生活中通常難以達成的動作。用比較平易近人的說法就是（並依據我在巴西服用死藤水〔在那兒是合法的〕，以及在有輔導員的正式環境下服用賽洛西賓〔神奇蘑菇〕的經驗老實地說），在迷幻儀式持續的幾個小時中，你會撇見另一個現實，而那個現實能夠卸下眼前現實的壓力。能夠超越邏輯，看見生活不只有肉體的存在，而且可能並不完全取決於我們，是很令人謙卑且自由的。你也許會開始相信，有某些比你所能理解的更偉大事物正在展開。正如我的好友兼同事的醫學博士威爾·邵（Will Siu）睿智地評論道：「迷幻藥不只是治療創傷的工具，同時也讓靈性世界看起來更誘人——尤其對心靈空虛已久的西方世界而言。」[39]

或許對某些人來說最關鍵的是，迷幻藥能降低對死亡的恐懼，而這種恐懼就位在真焦慮的中心。有幾項長期追蹤的隨機對照試驗已證實，賽洛西賓不僅能激發精神啟示、降低焦慮和憂鬱[40]，還能讓人們克服臨終焦慮。例如在二〇一一年，UCLA的研究人員進行了一項由精神科醫師查爾斯．格羅布（Charles Grob）所領導的賽洛西賓試驗，對象為十二位正經歷焦慮、憂鬱與存在恐懼的癌症末期病患。研究人員在三個月後發現，這些病患的焦慮和對死亡的恐懼顯著降低，且於之後長達六個月的時間，情緒都有明顯的改善[41]。這項研究後來在二〇一六年，更進一步獲得了約翰霍普金斯大學研究人員所進行的一項大型隨機雙盲研究的證實[42]。

依舊有許多人堅稱這些令人驚嘆的經歷，都只是基於迷幻藥的神經生物學效應，並且總是會有一個合理的解釋。例如我有一群朋友，他們是在加州的無神論工程師們。每每在工作之餘，他們便當起用迷幻藥做實驗的靈遊家（Psychonaut）。

而一旦有機會碰面，他們就會告訴我他們的迷幻儀式經歷。雖然主觀上，他們體驗到了某種超越自己的非凡感覺，例如一些與神的交流、一種超然的敬畏感，或是對某個他們難以原諒的人突然同情心大爆發的一刻，但他們事後會回過頭來試圖理解相關的神經化學解釋。我能理解他們對於相信神聖事物的抗拒，而且終究隨著我們更了解迷幻物質的治療潛力，我預期在判定此類經歷的神經化學基礎上，將會遭遇更多壓力。

這讓人想起所謂的神秘體驗假說，亦即假設某人在適當的情境及環境中服用迷幻藥，他們就一定會有最高度的靈性體驗，通常會感覺到一種合一感，或是與世界一體的認知[43]。而這某人的神秘體驗程度，預告了其正向的治療效果，也就是說，該體驗的神秘性與迷幻藥的持續益處（例如憂鬱感的降低）成正比[44][45]。換言之，體驗越是神秘，該藥物就越有效。國家地理頻道的主持人傑森·席爾瓦（Jason Silva）將此種現象描述為「反向PTSD」，意思就是如此光輝、驚奇且優雅的體驗，能夠以類似創傷的方式來改變一個人的性格結構，但其方向是朝著開放與愛，而非朝著恐懼與不信任。神秘體驗假說暗示，「體驗」本身即帶來幫助。這點當我們回過頭來思考正規製藥產業的追求時，就顯得格外有意思。當藥廠不斷分離各種活性成分，試圖讓患者不需經歷迷幻體驗的混亂而直接享有療效的同時，藥物可能注定就沒那麼有效。許多人將迷幻體驗稱之為「旅程」（trip），這是因為迷幻藥物會讓使用者經歷一趟完整的過程，並且一路學習、成長。用我朋友、耶魯大學迷幻藥研究人員暨心理學教授亞歷山大．貝爾瑟（Alexander Belser）博士的話來說就是，該旅程中混亂的部分「是功能，而非程式錯誤」[46]。我傾向於相信這是真的，不只是對於迷幻藥，在生活中也是。

不論是透過冥想還是迷幻藥，邁向開發內在智慧最重要的第一步，就是要傾聽它的聲音。當自己最深處的這個部分現身時，請相信它所傳達的訊息，因為這是你自己獨特而基本的指引，是只有你能提供、也只有你能採納的建議。

13 這正是你停止歌唱的原因

倦怠存在是因為我們讓休息成為一種獎勵，而不是一種權利。

——美國作家茱莉葉．奧博多（Juliet C. Obodo）

大部分人應該都知道「煤礦坑裡的金絲雀」的故事。但為了以防萬一，我還是簡單扼要地講一遍：在整個二十世紀的多數時間裡，煤礦工人通常會把籠子裡的金絲雀一起帶進礦坑，做為一種檢測一氧化碳的方法，一氧化碳是一種無臭無味的氣體，在那樣的環境中有可能累積到致命的程度。金絲雀比人類更容易受到空氣中毒物的影響[1]，故當金絲雀停止歌唱時，煤礦工人就知道他們得離開礦坑了。自那之後，這便成為一種常用的說法，用來比喻某些人事物對不利條件的敏感性，為即將到來的危險提供了警告。

若你為焦慮所苦，那麼你很有可能就是我們礦坑裡的金絲雀。也就是說，你敏感得足以偵測到現代世界的有毒影響，而且或許，你也已經停止歌唱。人們使用很多不同的詞彙來描述這種類型的人：有同理心的人、具有直覺力、高敏感族群（HSP）、藝術家、治癒者。這表示你可能擁有比一般人更大的天線，故能接收到更多背景噪音。這或許是一種累贅，因為現代世界可能相當吵雜，但這也是一種上天給的禮物。所以，如果你正沉湎於敏感的消極面，覺得自己特別情緒化，或是無法應付人群、各種社交聚會，又或是對麩質過敏等，請記得你也擁有此特質的積極面。你可能更能理解他人的需求，也更能夠同時傾聽多種不同的價值觀；你不只是聽見某人的言語，還能看出他們是如何克制其身體，又或是其身體如何出賣了其隱藏的情緒。而當然，你也密切關注著在這世上的更大需求。敏感是一種天職，應予以珍視，並謹慎對待。

敏感族群的每日核對清單

我們都需要刷牙和喝水。但若你很敏感，就可能需要一些額外的保養，來照顧你天生敏銳的神經系統。以下便列出一些做法，可供你考慮加入至日常生活。

- 早點上床睡覺，且若可以，就睡到自然醒（不設鬧鐘）。
- 在需要時讓自己安靜獨處。
- 盡可能簡化你的生活，別把行程排得太滿，需要休息時記得說「不」。
- 讓自己紮根於大自然中，每天至少花十分鐘以光腳接觸地面❷。
- 清除練習：如果你承受了很多來自別人的能量，請做幾分鐘的能量清除練習，例如隨著薩滿鼓音樂搖擺等。

人類本來就是被設計成具有多種不同變化。正如第3章曾討論的靈長類動物研究所證實的，我們部落中的敏感成員，對我們的生存而言具必要性。他們站在前線，傳送警告給其他人。過去，這些人保護我們免於風暴與逃竄踩踏導致的生命威脅，而今日，他們讓我們意識到這世界危險失衡的狀態。就如莎拉．威爾遜在《First, We Make the Beast Beautiful》一書中所寫的：「過度敏感的我們，是向主要部隊打旗號傳訊的先遣部隊，而主要部隊的消費主義正在傷害我們的心。」[3] 在更個人的層面上，敏感的人往往會被他人安靜的憂慮給吸引，例如當房間裡某個人的意見沒有被聽見時，或是當某人覺得沮喪不安時；他們是改變房間能量的人，目的是要讓大家覺得更和善且公平。但除了直覺外，我們還需要那些有多一點穩定性與耐力的人，例如外科醫生和飛行員等，以發揮不同的作用。我們都是為了在社會上發揮作用而生，不論是在壓力下處變不驚，還是每看新聞必哭。而實際上，我們都有可能失去歌聲，至少在一段時間內，尤其是在我們目前的世界裡。如果你能在現代西方文化的大熔爐中放入試紙，它便會顯示出近年來的生活基調就是焦慮的。焦慮是我們這個時代的動詞、氛圍、質地、酸鹼度。

庸俗的恐懼

它做了所有廣告都該做的事：創造一種可透過購買來緩解的焦慮。

——美國作家大衛・福斯特・華萊士（David Foster Wallace），《Infinite Jest》（暫譯：《無盡的玩笑》）

除了目前引起我們焦慮的沉重社會因素（例如系統性種族主義、氣候變遷，以及性侵和性騷擾的創傷等）外，也有許多個人的理由讓我們生活在憂慮狀態中。我們擔心工作、婚姻、家人，擔心自己沒有對象或尚未成家，擔心自己的健康、財務。而疊加在這些之上的，是長年來透過如廣告之類看似無害的東西持續籠罩著我們的恐懼。

忘掉「性」吧！大企業已發現恐懼和焦慮能夠促進銷售。由於知足和自我接納不能確實激發猖獗的消費主義，於是我們的不安全感便被精心策畫並且反映給我們自己，慢慢灌輸不確定性，然後驅使我們消費。當我們滑過社群媒體上那些以我們為目標對象的廣告時，我們一再接收到「我們不足夠」、「我們有危險」、「有事情亟需解決」的訊息。於是，我們便過著被恐懼籠罩的生活，但卻不見得是出於深刻、不幸的理由，而只是因為聰明的行銷人員正試圖賺錢罷了。

我們的焦慮流行病，已被某些如行銷策略這樣庸俗的東西給放大。若你發現你失去了歌聲，請隨時隨地開始注意有人要賣東西給你。這種意識可以像個力場般發揮作用，防止你被捲進那些令人焦慮的訊息中，畢竟那些訊息都只是想嚇唬你，好讓你購買自己其實並不需要的東西。

總是在工作

倦怠的認定，往往評估的是你一整天都在做什麼事（你一輩子都在做什麼事），你覺得無法辨認自己到底想過哪種生活，以及你想要賦予它哪種意義。這就是為何倦怠狀態不只是對工作成癮而已。那是一種對自我，以及對欲望的疏離。

——美國作家、記者安妮・海倫・彼德森（Anne Helen Petersen），《集體倦怠》

多年來，我們一直使用「工作狂」這個詞彙來指稱似乎沉迷於其工作的人。不過，我認為工作狂是一種狀態，在此狀態下的人們把辦公室當作一種逃避、當成一種分散惱人情緒的方法，例如藉此避免面對破裂的婚姻或扶養小孩的困難，同時深信自己一直在朝著某個方向累積，也就是財富與地位。

然而今日，我們強迫性的工作習慣似乎具有不同的根源。永無止盡的工作流程不是工作狂，而是工作主義，也就是德瑞克・湯普森（Derek Thompson）在他寫給大西洋雜誌的文章〈Workism Is Making Americans Miserable〉（暫譯：〈工作主義令美國人悲慘〉）中所解釋的：「相信工作不僅是經濟生產所必須，同時也是一個人的身分與人生目標的核心。」[4]我感覺到我的許多年輕病患並不像以前的人那樣急迫地想透過工作來逃避他們的感受，相反地，他們投入於工作中，好讓生活變得充實。研究確實顯示，千禧世代更傾向於在工作中尋找意義與目標[5][6][7]。而同時，許多的新創公司與科技巨頭也都發現，如果他們躲在「讓世界變得更美好」的糖衣後面，他們就能利用這種戰鬥口號來說服年輕員工接受較低的薪資，並讓他們不停地工作。因為若不團隊合作，就等於沒有努力達成使命。德瑞克．湯普森寫到：「一個說服美國史上負債最重的世代將其目標置於薪資之上的經濟體制，似乎有些狡猾地反烏托邦。的確，若你要設計一個鼓勵在不加薪的情況下過度工作的『黑鏡』★勞動力的話，你會怎麼做？或許你會說服受過教育的年輕人，收入不是最重要的、工作不只是工作，還有來自工作唯一的真實獎勵，就是目標難以言喻的美麗光芒。這是個殘忍的遊戲，它創造了如此誘人而又罕見的獎品，幾乎沒人能贏，但

每個人卻都覺得有義務要一直玩下去。」❽

對現今我們大部分的人來說，不過是想休一個月的假，並花時間和我們愛的人相處罷了。但那一個月的假卻從未實現，甚至連一週或一天的假我們都沒請，因為……我・們・總・是・在・工・作。一邊盯著網路通訊軟體，一邊狼吞虎嚥地把午餐吃下肚。晚上，當我們「放鬆」看電視時，依舊用手機在回覆工作上的電子郵件，並且和試算表一起坐在沙發上。度假時我們帶著筆記型電腦，連上廁所都要滑手機收個信。然後在床上一邊努力讓自己睡著，一邊又想著工作上的困境。

信不信由你，曾經有一段時間，是會有環境提示（且有共識）顯示一天的工作已結束了。首先，人們三三兩兩地慢慢收拾包包，打卡離開，最後天花板上的日光燈熄滅……這一系列的事件提供了可靠的訊息：是時候該回家了。現在，我們的工

★《黑鏡》（*Black Mirror*）為一部英國科幻影集，主要以黑色幽默諷刺過度依賴科技的現實社會。

作生活總是在進行中，沒有固定的終點。今日，對我們許多人來說，辦公室是一臺放在餐桌上的筆記型電腦，而我們持續不斷地工作，從早到晚。在美國，倦怠早已成為日益嚴重的流行病[9]，然後我們遇上了新冠肺炎大流行，這進一步模糊了工作和家庭之間的界線，同時也增加了大量的不確定性、悲傷和集體創傷混合在一起。身為父母的人，至少有家人的需求和固定的就寢時間會來打斷他們的工作時間，不過，依據我從病患那兒（還有，讓我們面對現實，也依據我自己的生活）蒐集到的資訊，我們很多人不可避免地都會在小孩上床睡覺後再回頭登入系統，以滿足工作需求。

這種朝向工作主義的文化轉變，使我們非常有生產力，但也更加焦慮。就如布芮尼·布朗所指出的，現在，我們的筋疲力竭被視為一種「身分地位的象徵」，而我們的生產力被視為「自我價值的衡量標準」[10]。科技讓我們隨時隨地都能持續待命，這剝奪了我們的成就感，讓我們處於永無止盡的競賽中，試圖達到無限長的待辦事項清單的最末尾。即使是相對較富足的人，也不再有所謂的足夠。焦慮在許多方面都是一種我們生存本能的誇大，誇大了覓食、築巢，以及小心提防掠食者與災難。在現代的工作世界中，這種針對準備與生存的驅動力，可以無止盡地繼續下去。而所造成的感受，亦即我們總是還能做更多的感覺，就是一種抒解焦慮用的貓薄荷。

因此，我們即使是放鬆的，也會帶有一種努力的感覺。也就是說，我們冥想是為了能夠更專注；我們提早上床睡覺，是為了在隔天早上的會議中能夠頭腦清醒、思緒清晰。在中醫裡，道家的陰陽觀表達了一種世界是由兩種相對但相互連結的力量所構成的概念。陰是黑暗，陽是光明。陰是女性，陽是男性。陰是休息，陽是活動。這概念就是，世界上的一切都處於自然且動態的平衡中。但今日我們是如此地偏重於工作和生產力的那一端，以致於只在陰服務陽時，我們才會重視陰。我們甚至將休閒視為一種增加產出的功能。

於是，便有了健康產業（或者說是「有生產力的放鬆」產業）的興起[11]。有鑑於我們即使在休息時也需要每分鐘都有所達成，更進階且多重的自我保健開始成為焦點，像是在紅外線三溫暖裡冥想，或是在立槳板上倒立時做感恩練習。目前，我們的陰其實只是更多的陽，而我們的休閒本身已變成疲憊。可是，這兩端必須要平衡才行，意思就是，我們應該要為了休閒而重視休閒，就跟重視勤奮一樣。

諷刺的是，我們貶低了休閒的事實，實際上已導致我們的工作生活不那麼有活力。我們在工作中分心且經常拖拖拉拉，就是因為我們從來沒真正休息過。若當我們在應該很放鬆的時候，也還是在檢查工作上的電子郵件，或者硬是把密集的自我護理養生方案擠進行程的話，我們怎麼能夠期望獲得之後從事重要工作所需的恢復效果？當我們應該要關機時卻只關了一半，於是當我們應該要開機時，就也只會開一半。這製造出一種惡性循環：我們在白天缺乏工作做得好的滿足感，然後在休息時便感覺到更大的生產壓力。

你必須記住：你的主管、你的公司，甚至是你一輩子無意識的制約，都不會鼓勵你休息。有意識並主動地指定休閒時間，是我們自己的責任，然後還要用力地保護這段時間。首先，在展開新的一天時，都要為自己設定基調。我的意思是，不要早上起床第一件事就拿起手機。別讓手機（裡頭所有充滿各種要求的通知訊息）告訴你該如何感受。醒來並與自己和自己的心思相處，直到能為當天建立出一種意圖及氣氛。接著，走到外頭去（就算只是穿著睡衣站在人行道上兩分鐘也好）接收一劑真實的陽光。這會啟動你的生理節奏，展開荷爾蒙的交響曲，幫助你的身體知道現在是白天了，該是時候感到清醒、警覺且投入。這也會啟動倒數以幫助你在夜晚感覺想睡。在室外的幾分鐘還能提供一些工作與生活之間的分隔，並且為你的一天增添些許空間。

在展開一天的工作時，請簡單寫下行程表，其中要有實際可行的目標，並指定休息時間以用餐和讓大腦休息。仔細檢查每個會議是否都真有必要，還要注意保留較大的時間區塊，好讓自己能進入心流狀態（一種感覺精力充沛且專注地沉浸於任務中的狀態）並完成重大工作。正如領導力與商業策略家葛瑞格·麥基昂（Greg

McKeown）在其著作《少，但是更好》中提出的，問題在於，我們是想在一百萬個方向上取得一公釐的進步，還是在一個方向上取得一英里的進步？⑫或許最重要的是，你要在一天開始時，就決定好什麼時候要停止工作。若是到了選定的時間，但你還沒完成工作的話，你可以延後，但僅此一次。速戰速決，送出最後一份成品，然後關機走人。

最後，有個儀式能傳送訊號通知大腦「工作已完成，該是放鬆的時候」也很重要。你可以散個步、在客廳裡跳舞、一邊欣賞夕陽一邊啜飲熱茶。不必精心，但要刻意（亦即不能只是隨意地瀏覽社群媒體）。

我們的文化沉迷於忙碌。我們存在於一種永恆無盡的狀態，彷彿待辦事項清單無限長，而我們總是沒有時間。這樣的匱乏心態正在一點一滴地削弱我們充分休息與工作的能力。而真相是，在以這種方式生活多年後，我們便筋疲力盡。在你的生活中收回一些時間（先是五分鐘，然後十分鐘，接著或許能空出一整個下午）去散散步，去放空。這將開始傳送豐足的訊號給你的大腦，告訴大腦你擁有的已足夠、你很富足。

健康焦慮症

我們認為自己需要更多的自律，其實通常是需要更多的自愛。

——美國暢銷書作者泰拉·摩爾（Tara Mohr）

說來諷刺，來自健康產業的那種要我們成為（並購買）「最好的自己」的壓力，正在使我們感到焦慮。「自我保健」的做法承諾會讓我們感覺良好且品德高尚，但它們卻帶著隱藏的毒刺：它們既是我們待辦事項清單上的一個項目，也是另一份榨乾我們銀行戶頭，並擠爆我們生活的購買清單，更是一個傳達我們這樣並不足夠的訊息。

透過要求我們做太多並買太多，讓我們感受到失敗與打擊、還有隨之而來的罪惡感與焦慮。還有最重要的是，這樣的「健康」中隱含著我們壞了、需要修復的看法，但事實上我們根本就好好的。真正的自我保健是自愛、社群、自然與休息。進行所有這些複雜儀式的壓力，其實會破壞你的健康。如果自我保健產業的複雜情結，只是增加了你的煩惱和憂慮，那就終止會籍吧。

達成他人目標的焦慮

我的病人韓是移民之女，其父母以逃離共產黨政權的難民身分來到美國。她的父母來到美國時幾乎是一無所有，他們為生存而忙碌，一心只想替女兒創造更好的生活。韓，三十六歲，在銀行擔任後勤支援的工作。她的收入很不錯，而她的父母對她的成功感到相當滿意。

但韓感到痛苦又焦慮。她不愛那份工作，她覺得自己被困在父母沉重的期望之下。她經常跟我說她要辭職去從事幼兒教育事業。然而她也知道，她爸媽會把這視為離譜的行徑，他們認為這在財務上是不智的，背叛了他們辛苦為她提供的一切。

當韓的父母移民時，他們是在可理解的匱乏系統下運作。在那類狀況裡，將幾乎所有的時間和精力都集中在賺錢上，是正確的優先順序。他們想要確保自己的未來和女兒的未來，而且他們成功了。韓獲得了良好的教育基礎讓她能過更好的生活，還存了一些錢。因此，就如我在診療時經常提醒她的，她並不存在於和她父母一樣的匱乏系統中，韓是相對富足的。所以，她的優先順序可以不一樣，也應該不一樣。如果她也只專注於盡可能多賺錢，以犧牲自己的幸福和健康為代價來確保未來，那這一切到底是為了什麼？我一再地在我的病人身上看到這種情況：他們努力地追求一個甚至不是由他們自己設定的目標。

韓依舊在銀行工作。但她已聽見其真焦慮的號角聲，正開始認知到自己一直以來都在盲目地朝著別人的目標努力。她正在仔細地規畫離職。她非常害怕讓家人失望或是顯得忘恩負義。我們的對話已聚焦於在尊敬其父母過去經歷的同時，仍要找到信念，以勇敢地從他們的價值觀中走出來。我提醒韓，其目標是要用心地設計自己的生活，要為自己對工作、薪水、熱情、名聲、責任、購物與休息所做的選擇帶來深刻、有意識的反思。別將目標預設為這世界對你的要求，要考慮所有掛在天平上的因素，並為你自己做出選擇。

放棄完美主義

完美主義是內化的壓迫。

——美國婦女解放運動代表人物葛羅莉亞・斯坦能（Gloria Steinem）

完美主義是一種應對策略，是一種我們試圖取得一席之地的方式。但事實證明，這只會讓我們癱瘓，而且我們本來就該有一席之地，就算我們不完美。尤其因為我們不完美。

首先，請想想為什麼完美主義會是你的首要任務。是否有某種外部力量的產物或早年生活經驗，暗示了你必須總是做得更好？在你小時候的家裡，注意力是否為成就所包圍？若你覺得自己是透過讓父母印象深刻來贏得他們的愛，那你長大後，很有可能就會對自己有嚴格的標準。請退一步問問自己，你是否相信，自己需要有成就或是取悅他人才值得被愛？

其次，你必須認知到，所有事情都是一種權衡取捨。許多人會試圖在任何時候、在所有事情上都表現完美，不論是工作、健康、行動主義，以及為孩子、伴侶、朋友及年邁的父母適時現身。你必須承認，任何時候只要你放多一點力氣在一件事上，某些其他的事情就無可避免地會被犧牲。要做到完美正確是不可能的，所以我們可以放棄這樣的目標。

對很多掙扎於完美主義的焦慮族群而言，他們相信若沒把自己捲成麻花並且榨乾，就表示沒有全力以赴。全力以赴的新定義是這樣的：做出合理的最大努力。什麼樣的努力能讓你感到自豪，而且還能夠在維持休息、平靜和平衡的同時達到？那樣的努力就是你合理的最大努力，而以那樣的努力為目標，能讓你從完美主義標準的暴政之下爬出來，並過著不那麼焦慮的生活。

週日恐懼症

根據新聞工作者德瑞克·湯普森的說法，對許多有焦慮問題的人來說，週日恐懼症（隨著週末即將結束而週間工作日逼近時，都會感覺到的焦慮洪流）的產生，是在「生產力思維」與「休閒思維」之間發生「心理拉鋸戰」的時候[13]。有個重要的考量是，我們要認知到有時週日恐懼症是假焦慮的產物，亦即由晚睡、週六晚上喝酒，以及在星期天早上喝了比平常濃了點的咖啡等所促成的。如果你在飲食、酒精飲料、睡眠時間上快速而隨便，且整個週末都在滑手機的話，你的身體便會奮力與一堆生理壓力反應搏鬥，就像在面對回去上班的前景一樣。

但有時，週日傍晚的恐懼確實具有真焦慮的性質。一旦你採取行動，去重新平衡身體健康並降低假焦慮，你就能在一個好的基礎上，清楚辨別你內在的指南針可能指向何方。有時，週日恐懼症是你的靈魂在反抗工作的產物，因為該工作與你的目標或價值觀不一致。有時我們害怕週一的早晨，不是因為整個週末都很放縱，而是因為我們的工作感覺起來很虛無，沒什麼重要的貢獻。我已見過夠多病患在週日傍晚逐一檢查了他們各式各樣的假焦慮，但卻只找到了深埋在壓力反應之下的深刻見解。我開始領悟到，我們都需要仔細傾聽藏在週日恐懼症背後的真相。

過程勝於結果

我們活在一個重視結果的社會，總是集中注意力在成績和收入、社群媒體的按讚數和追隨者數，以及一般而言世界如何接待我們。但若我們把焦點從結果轉移至過程呢？那是我們唯一負責的部分，也是我們唯一能實際控制的部分。

對於這輩子自己會被如何理解、看待，我們幾乎是毫無主導權。那受制於每個他人的內在偏見，以及機會和運氣，還有一路上的各種誤會。更何況，若我們只聚焦於自己被如何看待，最終就會變形以滿足他人期待。這無可避免地成了一種討好人們的打地鼠遊戲。每當你討好了一個人，就會讓另一個人失望。當你轉為討好另一個人，又會再讓某個其他人失望。而在試圖贏得這場遊戲的過程中，你無可避免地會背叛自己，並且焦慮不安，總覺得有哪裡不太對勁。

所以，請把自己從極度擔心他人印象的壓力中解放出來，就表現自己、做出你合理的最大努力，然後不要執著於結果。

如果你是人類中的敏感成員之一，是我們煤礦坑裡的金絲雀之一，那麼現代生活的某些陰暗面，可能已經慢慢毒害了你，拖住你的靈魂，並灌輸一種你將永遠做不到、永遠無法擁有，或永遠不會足夠的感覺。你勢必要學會調高自己真焦慮的音量，讓它壓過我們文化的噪音汙染，並用它來引導自己朝著新鮮的空氣前進。最終，你將為我們所有人開闢出更好的路徑。

14 連結使人平靜

花費在格蘭特研究資料點上的七十五年與兩千萬美元……通往一個簡單的七字結論：「幸福就是愛。句號。」

——任教於美國哈佛大學的醫學博士兼精神分析學家喬治・威朗特（George Vaillant）

我可以無止盡地一直談論睡眠不足和發炎是如何影響我們的焦慮，我真心相信這些因素會讓我們的感受大不相同。但我做這工作的資歷每增加一年，我就越是理解到，在心理健康方面，很少有什麼比生活中的人際關係更重要。若你有機會坐在餐桌旁和你愛的人聊天，說說笑笑直到凌晨兩點（一邊吃著麵包與義大利麵配紅酒），那麼對你的健康來說，這選擇或許會比拒絕邀請、都吃正確的食物、還有在十點前上床睡覺更好。從各方面看來，我們的健康倚靠的是與他人的連結，甚於其他一切。

但這件事其實不需要由我來告訴你。所有的宗教文字、蘑菇經歷和青春的詩歌都會提供同樣的啟示：正是「愛」能夠解決我們日益增長的不滿情緒。儘管解決辦法很簡單，但真正的考驗在於，我們如何能在生活中找到愛，亦即我們如何展現自己、如何對待彼此、如何為世界服務，以及如何在生活中做出獨特的貢獻。

人類天生就具群體性。演化允許我們從內向安靜到愛交際的範圍內有些許差異，但事實上，做為一個物種，人類無法選擇脫離社會連結，否則便會有認知衰退[1]、壽命縮短[2]及焦慮[3][4]等問題。正如我們已討論過的，幾千年來，我們的生存取決於是否成為部落的一部分，而基於此理由，社群就是一種基因指令。沒有社群，我們就會自然地感到不安，直到再次被自己人包圍為止。我們並非唯一天生如此的哺乳動物。當狗和狼成群結隊地遊蕩時，我們仍能看見其群體本能。甚至連老鼠也被發現擁有對社交連結的偏好：在二〇一八年一項由美國國家藥物濫用研究所的馬爾科．文尼羅（Marco Venniro）博士所領導的研究中，研究人員讓「上癮的」老鼠在與其他老鼠的社交互動，以及海洛因和甲基安非他命兩者之間做選擇，結果這些老鼠們都一致選擇社群而非毒品[5]。且相反的情況也獲得了證實，亦即被隔離的老鼠會開始攝取更多毒品[6]。當然，就如這項研究背後的研究人員們指出的，人類具有比囓齒動物更複雜的社交需求。這些發現對於復原計畫的架構，以及更廣泛地，對於陪伴與連結的固有需求，都提供了有價值的洞見。只不過社群這種東西，說來容易，建立起來卻很難。

尋找你的人

當我們覺得自己與周遭的人們格格不入，或是覺得我們的生活中缺乏好人（沒有足夠寬厚的傾聽者值得與之交友）時，我們就會變得越來越孤獨且焦慮。我鼓勵我的病人睜大眼睛多看看其他機會，以瞭解在這世上存在著如此多的社群，但他們可能必須去探索除了同事或大學友人之外的其他群體。在人們試圖讓自己變得更好的地方找新朋友是個有用的辦法。例如在冥想社群，或十二個步驟聚會（匿名戒酒會）之類的地方交朋友。

然而，建立新連結的另一面，就是利用真焦慮來幫助你辨識自己在現有人際關係中的界線。我有一些病人依舊忠於老朋友，忽略其真焦慮一直在拍他們的肩膀，提醒他們：「這段關係不再是你花費時間和精力的正確對象了。」

我也有一些病人有矯枉過正的傾向。亦即當一段有價值的關係經歷了一次充滿挑戰的爭執時，他們可能太早就將之判定為毒物，並設下激進的界線，但其實他們應該要利用界線來挽救一時走錯了方向的關係。事實上，健康界線的設定，不該被用作拒絕他人或將自己與人際交往隔開的機制。健康的界線應做為一種鼓勵連結的方式來運用，用來滿足我們對人際連結的需求。與其用懲罰性的方式設定界線，就像「我拒絕讓你接近我，以做為對你不良行為的懲罰」，我們可以從「我真的希望我們的關係能順利，但我們現在展現給彼此的某些方式，正在傷害這份的關係」這樣的角度出發，然後為日後的成功實際設置界線，以努力保護這段關係。在這個版本中，我們在為關係的維繫而努力。就這層意義而言，我們的界線能夠促進連結，也能導致分離，而我們可以決定自己想為哪一個方向前進。

關於人們做他們該做的事

我們都希望人們能做他們該做的事。這個人應該要向我道歉、那個人應該要針對我送他的禮物回送一張感謝卡給我、那傢伙不該笨到去支持那個政治人物。

告訴各位一個重大訊息：綜觀歷史，人類，從不曾做過他們該做的事。而我甚至大膽預測：他們也沒打算開始這麼做。所有這樣的等待，其實都是一種抗拒現實的形式。這不僅會造成很大的痛苦，還會阻礙我們享受人際關係。

比較好的策略是：接受現在的狀況，並以之為起點努力，認清人們不會讀心術，無法知道我們的想法，而且每個人都覺得自己才是那個好人。轉念方法「The Work」（轉念功課）的作者暨創始人拜倫・凱蒂（Byron Katie）寫到：「我熱愛現實，不是因為我是個崇尚心靈的人，而是因為與現實爭論會讓我感到痛苦。」[7] 終止與現實的長期爭論，你便能夠解放自己以接受人們本來的樣子，並再次開始喜歡他們。

超越完美的連結

我們的人際關係品質，決定了我們生活的品質。

——心理治療師兼暢銷書作家埃絲特・沛瑞爾（Esther Perel）

若我們真的希望在生活中有連結，就必須容忍伴隨社群而來的混亂。人都是很難搞的，他們會說錯話，而且可能漫不經心又很遲鈍白目，他們會把櫃子打開但忘了關，還會亂動你的東西。但歸根究柢，與我們所愛的人建立有意義的連結，不僅是生物學上的必要條件，也是充實生活的底線。

我的病人諾爾，三十八歲，是兩個孩子的母親。她在家從事數位行銷工作，而她先生則是經常出差。儘管她不斷避免年幼的孩子在她努力工作時入侵她的個人空間，但同時她仍將自己描述為「極度孤獨」。她渴望與成人互動，嚮往真實的連結，而不只是在Zoom視訊會議上和她的同事交談。她跟我說：「我想要和我的女性朋友們連結互動，就像我還沒生小孩時那樣。」

但當我建議諾爾出門去或是邀請別人到她家時，她總會推託說，要喬時間、地點，還要支付保姆費用，實在是太麻煩了，不值得花這麼大的力氣，而且家裡亂七八糟的。她反駁說：「我根本沒時間煮東西，看起來又總是像剛被卡車碾過般。」

為了把社群重新帶進她的生活，我建議諾爾降低待客標準。若我們堅持每次邀人來家裡時都要打掃乾淨，並做出多道菜餚的話，很可能一年只會見到朋友兩次。可是，為了讓神經系統感到平靜且安全，我們需要經常感覺到社群的支持。若你有時間，也有意願，那麼傾注愛、時間與努力為某人做菜，確實是一件美好的事。但諾爾沒有，而且她對自己的期望形成了阻礙，使其自身需求無法被滿足。所以我建議她降低標準，就直接告訴朋友：「我家一團亂，我們當天會買外帶，但無論如何，都請務必要來喔！」於是諾爾便開始每個月邀請女性朋友來家裡幾次。她穿著運動褲，而大家一起坐在堆滿了樂高積木的客廳裡，一邊吃著墨西哥夾餅，一邊談天說笑，笑到流眼淚。諾爾的焦慮有了很大的改善，現在，她已能定期滿足自己對人際連結的基本需求。

早年生活是社交的藍圖

不好的童年經歷，對我們成年後在人際關係中的表現會有持久的影響。若我們的父母塑造了不成熟的情緒，或不良的溝通方式，又或是若我們在自己人生的早期經歷過創傷，那我們就比較有可能在自己的人際關係中受苦。在於成長過程中目睹不健康人際關係的病患身上，我經常看到這種模式，這些病患會卡在糟糕的關係之中，或是不覺得具健康界線的關係有必要。有時，他們會因重複同樣的痛苦模式，而變得非常沮喪，以致於完全停止嘗試與他人連結。若你覺得這狀況聽起來很熟悉，那你可能會想重新認識一下孩童時期的自己。從治療的角度來說，我們可以回到過去並關心年輕的自己，以創造更好的條件來滿足成年時期的社交連結。

雖然我們無法選擇父母，但我們可以「重新教養」自己。當你遭受到有害或疏忽的教養方式的長期影響，寬大地看待自己年輕時的生活過程是很重要的。我們當時都以孩童的思維，盡力做著我們能做的，有些人甚至是掙扎求生，而且都沒有能力理解自己正在經歷的事情。在當時可理解且合適的行為（像是為了「贏得」愛，而把別人的需求放在自己的需求之上，或是因害怕受到傷害而封閉自己，絕不信賴他人），到了現在或許就變得適應不良。幸好，身為成年人的我們，可以告訴年輕的自己當時需要聽到的話：我們是討人喜愛的，而且我們沒有做任何壞事，以致於要遭受不好的對待。

我曾治療一位名叫海克特的四十六歲男性，他在哥哥的身體虐待下長大。這超出了正常兄弟間的打打鬧鬧，導致我的這位病患經常感覺自己真的處於危險之中。當他一再對爸媽控訴哥哥毆打他時，他們總會用一些讓事情不成立的說法來反駁，像是：「一定是你做了什麼惹他生氣的事。」他們顯然沒有能力管理哥哥的行為問題。最終，海克特的哥哥被診斷出了行為規範障礙症（一種發生於年輕族群的嚴重行為與情緒障礙），只可惜這時海克特已將大部分的暴力與指責給內化了。在我們的治療過程中，以及在與一位優秀伴侶長期關係的支持下，海克特成功地接觸到了他的童年自我，減輕了指控與內疚的感覺，理解到他的恐懼是有道理的，並讓他明白，自己是個值得擁有幸福生活的好人。

然而直至今日，這樣的早期童年藍圖，還是會讓海克特感到不安全。這最常顯現為與健康有關的焦慮感。每當海克特覺得自己的身體破爛不堪，他就會去看一輪各種科別的醫生，不停地尋求保證。當他跟我描述這些經歷時，我彷彿能聽見來自其童年時期遙遠的情感回聲，哀求著：「我需要保護。你能幫助我嗎？」因為在童年時期，海克特的父母忽略了他所面臨的真正危險，用了譴責受害者的說法來應付這個問題，於是他就學到了不能信任大人。而今日，醫生們便是海克特童年時那些不值得信任的成年人的替身，所以，他很難接受以這些醫生們的保證做為最終定論。

幸運的是，海克特已找到一些治療方式，能幫助重新編寫那些由創傷所制定的模式。還記得在第11章討論壓力循環時，我們曾提到過的兔子和狼的例子嗎？此循環對創傷治療也具有深刻的影響。當創傷發生時，我們的身體會經歷一場重大的戰鬥、逃跑或凍結反應[8]。若此壓力循環沒有完成，腎上腺素便會繼續滿溢於體內，留給我們需要釋放掉的強烈能量，以及長時間的過度興奮狀態，而只要創傷仍在體內，這情況便會一直持續下去。就彷彿沒被代謝掉的創傷，是一把卡在戰鬥或逃跑反應點火裝置中的鑰匙，使得引擎持續空轉。在那種狀態下，你的潛意識高度警戒，永遠在觀察環境中的威脅。思想與感受全都經由帶有恐懼色彩的創傷鏡頭過濾。互動與感受被感知得比實際上更具威脅性，就類似於海克特擔心自己的健康，但又無法信任醫學上的意見那樣。這有點像是壓力循環的真焦慮版，所以才會更深入而更難以完成。

創傷存在於體內，在結締組織和神經系統的神經與纖維之中，因此談話療法的效用有限。事實上，以言語來打散與重組創傷，即使是在有愛心的治療師的協助下，依舊有可能再次造成創傷。擺脫長期創傷（並最終釋放其持續的壓力循環）的最佳治療方式，就是專門的創傷治療。這類治療包括了：眼動減敏及再經歷治療法（EMDR，Eye Movement Desensitization and Reprocessing），在此治療中病患會閉上眼睛，並於治療師講述其創傷事件時，有節奏地移動眼睛（我們還不完全清楚其作用機制，但過去幾十年的臨床試驗已證實它確實有效[9][10]）；動態神經再訓練系統（DNRS，Dynamic Neural Retraining System），以重新編寫邊緣系統為目標；還有身體經驗（SE，Somatic Experiencing）創傷療法，運用身心鍛煉來釋放創傷。這些治療法都顧及了移動壓力循環中卡住的能量的身體需求，並從邊緣系統和身體的層次去接觸創傷，因此比傳統的談話療法更適合創傷恢復。而以創傷為主的治療法，也特別有助於讓大腦登錄這樣的訊息：那是那時，這是現在，而你很安全。

情感依附與人際關係

我們的童年影響成年後人際關係的另一個方式，是塑造我們的依附類型。基於發展心理學家瑪麗．愛因斯沃斯（Mary Ainsworth，一九一三～一九九九）的相關研究而得的依附理論認為，幼兒時期照顧者的反應建立了我們的依附模式（例如安全型、逃避型、焦慮型或混亂型），且此模式會繼續影響成年後的人際關係。若在成長過程中的照顧者是敏感且反應熱烈的，那麼，這些人便可能發展出安全型依附，意思就是，他們能夠將主要關係做為一種安全可靠的基地來體驗。在醫療上，我所看到的，多半是人們幼兒時期的照顧者沒能適當地調適其情緒與需求的例子。有時這狀況會發生，是因為父母或照顧者有精神疾病，或苦於物質使用障礙（即藥物、酒精等成癮）方面的問題。或者照顧者通常有自己的創傷，還在努力解決；又或是有時生活就是會惡整一家子，使得父母過度專注於壓力源，以致於無法注意到孩子的情感需求。這些都可能創造出焦慮型的依附，並於成年後表現為難以信任他人和恐懼被拋棄。

我也曾見過成年後的焦慮型依附變成一種自證預言（或自我預言實現，Self-fulfilling Prophecy），亦即這可能導致人們於根本不存在侮辱與冒犯之處，感受到侮辱與冒犯，以致於最終趕走了其他人。例如，我有個病人叫采荷拉，陪伴她長大的是有著精神疾病的母親，她母親因為過度憂鬱，以致於無法適切地回應來自采荷拉的各種訊號。在采荷拉三歲時，她母親還曾被收治入院一個月，而這讓采荷拉深信（以幼童神奇的思維方式），一定是自己做了什麼事把媽媽趕走了。現在，已成年的采荷拉認為自己的情緒太多、太豐富，是別人所無法應付的。於是，為了避免被拋棄，采荷拉會找各種辦法來迫使人們花時間跟她相處，例如藉由讓人們感到內疚，或是藉由讓人們同情、憐憫她來達到目的。雖然這能讓一些人勉強現身，但也引起了反感，就長期而言，反而會把人們趕走，創造出她所害怕的被拋棄的情境。然後，這又進一步加深了她原本的不安全感。

若你覺得這聽起來很熟悉，那麼其解決方案就在於，你要承認自己幼兒時期的人際關係，塑造了自己成年後處理人際關係的方式。你可能已經無意識地被熟悉的東西所吸引，找來了不可靠的伴侶。同時，你也可能已經與具安全型依附情感的伴侶擦身而過，因為你覺得「沒有化學反應」。日後當有人顯示出他們是安全可靠的伴侶時，請小心地試著信任他們，儘管那樣可能會讓你顯得脆弱。畢竟這終究才會在你的人際關係與生活中，創造出更持久的安全感與平靜。此外，若你發現自己可能正在潛意識的指令下，使用操縱性的做法來避免被拋棄，那麼，請試試看你能否放棄控制他人的需求，並賦予他們更多的自由。雖然你可能會害怕因此導致人們離開，但其實，這樣往往更能讓大家留下來。在以新方式學習如何現身於人際關係的整個過程中，請持續提醒自己，雖然你有這些傷口，但這些都不是你該有的，而且你一直都是（也永遠都會是）天生就值得被愛的。

與源頭脫節

雖說新冠疫情將「社交距離」一詞帶到了我們文化辭典的最前線，但其實幾十年來，隨著智慧型手機、網路和隨身聽等的問世，我們早已不知不覺地慢慢陷入孤立狀態。而且這一路上，我們還逐漸將孤立編織進了我們的生活，不僅透過科技（將我們更深入地拉進數位社群，遠離真實的生命根源、活的社群），也透過與靈性自我（亦即我所謂的「源頭」）更廣泛地脫節。我用「源頭」這個詞彙來表達會激起我們驚奇感的東西，像是自然和創意表現。這種日益增加的疏離具有心理成本，因為它會伴隨著焦慮情緒的高漲。若是想開拓出一條回到彼此身邊的路徑，並感覺自己是更宏大且包羅萬象的事物的一部分，我們就必須找到開發神秘感與敬畏感的方法。

玩樂神授

創造，就是要找出自己在成年時經常被掩蓋的部分。當我們有了穩定的工作和貸款，並建立了家庭後，在我們的優先事項清單中，創造力的排名便一路下降，甚至成為我們自認再也負擔不起的奢侈品。但藉由從事創造性的行為，用馬歇爾．盧森堡的話來說，我們便是在滿足「豐富生活」的人類基本需求[11]。而當我們不把活在內在的東西表現出來，則會製造出未表達之創造性衝動的真焦慮。

創造並不限於繪畫或舞蹈等，其範疇包括任何能引出你自己個人的和無法預測的自我表達活動，它是一種應該要為了其本身而追求的行動。它提供了基本的自由感、真實感及活力。儘管在學校裡和我們的文化中，人們都越來越不重視創造力與玩樂（同時越來越重視考試和為大學做好準備），但研究始終顯示，追求這些對我們一輩子的健康而言極為重要。

對小孩來說，自由玩耍是完成神經發育之複雜布線程序的必要條件[12]；此外，研究人員還主張，缺乏玩樂的孩童更有可能出現焦慮或憂鬱的問題[13][14]。在整個人生之中，我們需要創造力與玩樂來讓自己放下防備，給自己無盡的時間感和狂野的放縱感。

同樣地，培養我們與快樂的連結也很重要，不論是透過性高潮、歌劇還是巧克力。例如與性快感的連結，便是一種利用我們賦予生命之能量的方式。在生理上，性快感提供了一種焦慮解毒劑。性高潮會促使身體分泌催產素[15]，也就是我們所謂的「愛情荷爾蒙」，以及其他讓人感覺很好的荷爾蒙，例如多巴胺[16]。這些荷爾蒙都具有提振情緒和抗焦慮的效果。而或許最重要的是，同樣的這些荷爾蒙也能夠促進與人的連結感。

自然

野性是必需品。

——美國早期環保運動領袖約翰・繆爾（John Muir）

我們不是在辦公室隔間或工廠、休旅車或地鐵、地下工作室或健身房裡進化的，我們是在大自然裡進化的，伴隨著其所有的景觀、聲音與氣味。對於自然環境，我們有著與生俱來的需求，因此，與自然脫節會讓我們覺得離「家」很遠，而這感覺非常不好。

在日本，有一種叫「森林浴」的傳統做法，人們認為這能抒解壓力，並改善各種不良的精神與身體健康狀態。有越來越多的證據支持，讓自己沉浸在自然中，顯然能減少皮質醇，並改善情緒與焦慮[17][18]。神經科學家發現，走在大自然中能減少反芻思考，且能影響前額葉皮質中的活動[19]，而前額葉皮質是大腦中與焦慮密切相關的一個部分[20]。甚至還有一些小型的研究指出，「接地」（包括如打赤腳走在泥土地或草地上等活動）可能有療癒效果，因為能讓人體和地球之間進行有益的電子交換[21]。你可以選擇健行、爬山或衝浪，又或者只是靜止不動，尋求心靈的平靜。這些行動都會傳送熟悉的訊號給大腦，告訴大腦：「一切都很好，你到家了」。

正如我們在第5章討論過的，花時間在大自然裡，也是重設生理節奏的最佳辦法。若你的焦慮造成了夜間干擾（或是失眠加劇了焦慮），就像我的病人崔維斯那樣，那麼，別忘了回到原始的環境中，那是讓睡眠重回正軌的最佳方法之一。

冒險一躍

我喜歡在現代生活中盡可能模擬「進化條件」。我會試著吃自己身體認可的食物、在日落後避免接觸藍光，並在冷冷的房間裡睡覺。不過有件事我絕不妥協，那就是：熱水澡。我不願意犧牲這一項如此現代化且又如此不自然的奢華。然而跳進冰冷的水中，必定曾是我們進化條件中的一個主要部分。研究已證實，跳進冷水的做法能夠減少發炎[22]，並刺激副交感神經活動[23]，而這有機會讓我們完成壓力循環，或為自律神經系統建立一個新的、更平靜的基準。此外我也發現，就和迷幻藥能在一個晚上提供相當於七年的治療一樣，在冰水浴中冥想，也能在三分鐘內感覺到相當於三年份的瑜珈。

換言之，對於冷水，身體一開始的反應是緊繃、抗拒與壓力，但若你能在面對那種無法抗拒的全面壓制感時，繼續呼吸、保持冷靜，並讓自己屈服，最後就會發展出在自己身心即將陷入恐慌時，保持鎮靜的肌肉記憶。

所以，若你已進入停滯期，沒什麼進展的話，或許可重溫一下我們的進化根源，研究這種跳進冷水的做法。很多人一旦養成了每天洗冷水澡（或者甚至是更恐怖的冰水浴）的習慣，便感覺精力充沛、放鬆且不那麼焦慮。荷蘭人文恩．霍夫（Wim Hof）提出的「冰人呼吸法」[24]已將這種做法正規化，加入了冥想呼吸的技巧，使這樣的體驗不只是可以忍受而已，且對某些人來說，還具有革命性的轉變力。

帶著問題活下去

對某些人來說，源頭的概念包括了「上帝」。或許在某些時候，你曾深刻地感受到上帝，而現在這信仰對你來說已變得根深蒂固。或者你可能對科學探索是如此地深信不疑，以致於覺得上帝的存在是一種不可能的概念。許多人其實都活在上述兩者之間的某處，努力地想要在其中一個方向上感覺到確信無疑。美國總統歐巴馬曾在一次訪問中若有所思地表示：「當我發現有如此多我認識的偉大科學家都擁有虔誠的宗教信仰，儘管宗教在某個程度上被認定與科學相反，但他們卻看不見矛盾之處，這真的是很有意思。」[25]

一九八〇、九〇年代，當我在紐約市的郊區長大時，在我周遭有關信仰上帝的共識可被總結為：信仰上帝是不小心轉到鄉村音樂電臺時（在很快地轉走之前）才會聽到的內容，而大家都心照不宣地瞧不起這件事。我身邊的宗教信仰基本上是科學教，亦即我們所相信且崇拜的是科學探索。懷疑是一種美德。

我徹底贊同批判性思維，但同時，我也懷疑科學的智力菁英主義是否忽略了信仰的真正好處。以崇敬的名義進行的精神修煉和聚會給了人們社群，以及一種理解存在的方式。宗教信仰為許多人提供了一個定期進行精神探究的結構。為了反抗制約，有時也為了反抗被宗教組織給誤導的信仰，許多人也因此失去了每週一次的集體探索，並提出人生更大疑問的儀式。靈性當然不是為生活添加社群、愛心及目標的唯一方式，但它確實在人類如何找到連結與意義的領域中，扮演了重要角色。

直至今日，我仍繼續愛著科學。科學的核心是對真理的追求，以及對事物運作方式的理解。然而，某些科學主義的美德可能會使我們焦慮。在這樣的世界觀裡，我們所珍視的一切感覺，好像都懸盪在隨機性與偶然性的擺布之下。科學主義認為，我們應該用懷疑的態度來面對一切。若我們發現自己很享受敬畏的時刻，並驚嘆於宇宙的奧秘，那我們就必須立刻清醒，並提出科學的解釋。

有個辦法能讓我們維持對真理和科學的強烈追求，同時減輕隨之而來的背景焦慮，那就是：它是個「既是又是」的命題。我們可以一隻腳站在地面上，根植於科學，然後讓另一隻腳飄浮在神秘之中。或許宇宙就是既能用科學解釋，同時又有點神奇的。也許，以一種超出我們能力的方式，對世界的兩種理解都同時為真。

終究，直到我們死亡並進入那個提供了答案的房間之前，我們都不會知道誰是對的，誰又是錯的。或者那個「房間」根本不存在，而這就是你得到的答案。不管怎樣，直到任一種情況發生為止，我們都無法真正知道到底是怎麼一回事。所以在此期間，就跟歐巴馬認識的那些人一樣，儘管我堅信科學的嚴謹，我仍決定接受神聖奧秘的觀念。

若你感覺孤立、孤單、迷失且不踏實，請問問自己：是否有什麼地方讓你確實感覺到自己與某種浩瀚無垠、或遠超出世界外的東西有所連結？那可能是在你仰望星空、深切祈禱、在唱詩班合唱，或坐在物理課的課堂裡時。不論是什麼能為你點燃那火光，就都去做。請將謙卑帶進這些時刻，要知道和自己及他人一同探索這些神秘是有好處的。正如奧地利詩人萊納．里爾克（Rainer Maria Rilke，一八七五～一九二六）的說法：我們可以「帶著問題活下去」，以此做為一種強大的焦慮解毒劑。若你幾十年前基於反抗，而拋棄了宗教信仰做為對那些制約的淨化，但現在卻感覺到在曾是信仰之處出現了一個洞，那麼，請考慮以一種對你來說感覺良好且真實的方式，來恢復與靈性和集體探索的連結。

15／堅持、放手

相信阿拉，但要拴好你的駱駝。

——古阿拉伯諺語，就如九世紀的伊斯蘭教法學家提爾密濟所解釋的，這是先知穆罕默德看到一位忠實的貝都因人沒有拴住駱駝時給出的建議

你的真焦慮就是你的盟友，是可靠地指引著你的北極星。可是一旦你將其訊息付諸實現，就不能只是翹起腳來讓宇宙為你帶路。相反地，即使是遵循內心最深處直覺所指示的方向，你仍需要仔細聆聽下一個提示。要把真焦慮想成是一種看不見的電子圍欄，會在每次你偏離預計的路徑時，把你電回正軌。而當你回到自己的

路徑，那焦慮就會轉化為一種目標感。

事實上，我們真正需要的，也就只是走在自己的路徑上而已。那表示我們成為了我們自己，做著能讓自己開心的事，並做出了最合適的貢獻。當我們和真焦慮做朋友並讓它引導我們，它就能夠為我們和這世界服務。對某些人來說這是宏大的，而對某些人來說，儘管其發生規模並不那麼宏偉，但也從來沒有小過。只要我們做真實的自己，並提供自己獨特的貢獻，它就具有無限的影響力。我們明確清晰地行事，並提升周遭的人們。我們感覺受到指引、充滿目標、清醒且滿足。

放手

最近我有個病人（四十二歲的男性，在此姑且稱他文森），和我分享了放棄控制如何幫助他克服自己的焦慮。對於其高度掌權的法律相關工作，以及從房地產到流行服飾等大大小小的許多購買行為，他說：「這些其實全都是一種出於對被拋棄的恐懼所產生的安全感追求，但真正的答案是，安全不存在於小我，那樣的安全是一種幻覺。真正的安全存在於大我，它無所不在。而且並不脆弱。但要從小我轉換成大我，真的非常困難。」文森已投注如此多的精力在確保自身安全（虛幻的保護感），以致於「現在不必再這麼努力，只要信任大我的安全」這件事，令他感覺相當迷惘。

放棄控制的想法，或是臣服於運作於世上的更大力量（不論你對那些力量的感覺是什麼）並不容易。這是違反直覺的，且一開始可能會讓人覺得自己彷彿如自由落體般下墜。正如莎拉・威爾遜在《First, We Make the Beast Beautiful》一書中，將美國藏傳佛教出家尼僧兼暢銷書作者佩瑪・丘卓（Pema Chodron）的話解釋為：焦慮是在「抗拒未知」[1]。

我們往往太過擔心人生，總在沒得到自己想要的東西時，責怪自己和他人。我們之所以焦慮又筋疲力竭，是因為我們與現實搏鬥，一心認為事情應該要朝著某個方向發展。焦慮其實不是在告訴我們哪裡需要更多的控制，而是在提醒我們何時該放手，何時需要喘口氣並有耐性地、勇敢地看看我們自己獨特的路徑，將把我們帶往何處。

有個古老的道家寓言，說明了我們是如何太快地對此生中所發生的一切做出好壞判斷。那故事說的是，有個種稻的農夫擁有一匹又老又病的馬。這很糟，對吧？不過那農夫決定把馬放走，讓馬能在山上自由自在地安享晚年。儘管農夫的鄰居們全都認為這顯然是個壞消息（農夫一家失去了他們的馬匹），但農夫本人並不那麼想。他說：「讓我們靜觀其變。」結果幾週後，那匹老馬不但恢復了健康活力，還帶著一匹野馬一起回來。鄰居們想要恭喜農夫，因為他突然從沒有馬，變成擁有兩隻馬，真是太幸運了。然而農夫卻停頓了一下，又再說了一次：「讓我們靜觀其變。」後來，當農夫唯一的兒子試圖騎上新來的那匹馬時，被甩下來摔斷了腿。那麼這時，農夫會覺得自己真是倒楣嗎？當他兒子的斷腿被接好、且還在休養以等待痊癒時，皇帝卻下令要打仗了。村裡所有四肢健全的男子都被徵召入伍，最終都死在這場戰爭中，只有農夫年輕的兒子倖免於難。

這不像那些千篇一律地告訴我們「事出必有因」的陳腔濫調。可怕的事情會發生。無謂的暴力、慘痛的意外、可惡的不公不義、野火燎原和流行病等都會發生。而世上大部分的悲劇，都會不成比例地影響本來就已經很弱勢又邊緣的族群。但在持續堅定奮鬥好把事情做對的同時，我們也有必要對前方路途上的意外波折保持開放態度，並在這一切之中，找出我們所能找到的任何平靜的種子。

即使有時這表示，我們必須勇敢地坐在痛苦中，有耐性地等著看那種子會長成什麼。我們永遠不會真的知道正在發生的事情的最終意義，因此，越是能夠適應於屈服並信任某些更廣大的力量（或者至少能對那些力量感到好奇），我們就越不焦慮。當自身企圖抗拒現實時，我都會提醒自己，要對自己無法控制的事物投降。而無可否認地，當損失很大時，這是比較難做到的。

悲傷

二〇一五年七月，當我懷著女兒六個月時，我的母親突然過世了。在經過這麼多年的耐心等待，我很希望她能享受到終於抱到孫女的幸福。我想讓她認識我女兒。我想要在自己為人母的生活中，依然擁有我媽媽溫柔、踏實的存在。至今我仍舊想要。

失去母親這件事強烈挑戰了我的靈性世界觀。就在我需要相信的時候，卻經歷到了令人崩潰的懷疑。我是如此拚命地想知道我母親確實仍持續以靈魂的形式存在，以及她會以某種方式認識我的女兒。我去找了猶太教的拉比、牧師、神父及巫師等（老實說，這是所有成年人都會做的事），因為這些人都能向我保證宇宙中存在有某種更偉大的秩序，而我媽媽的死並非殘酷的偶然。

我母親死得太早，留下了孤獨、悲傷的我，我原本期待著她來幫助我瞭解如何當我孩子的媽，而我看著我那失去了摯愛的父親，卻不知該如何安慰他。在這悲傷過程中的某個時間點，我意識到自己有兩個選擇：一是相信死亡毫無道理。另一則是相信或許事情不止如此，也許我該決定這件事對我的意義。在面對懷疑時，我選擇了把喪親視為互相連結的萬物網路的一部分，而這樣的信念融入了我對某種神聖秩序的理解。

至今我依舊選擇以這種方式來看待這類事件。我知道我可能被矇騙，但這樣的觀點，能讓我在艱難的時刻找到意義與安慰，而不是只留下無盡的焦慮與絕望。這觀點提供了我一種感受的方式，能讓我於今日貼近我的母親，就像她還活著時那樣。而終究，唯有屈服於已發生的事實（亦即徹底接受我母親的死），我才能夠尋找，並且持續尋找位於其核心的平靜，以及在我內心的愛、力量與冷靜。

因此，若當你接到那通電話，然後你的生活就突然陷入了最糟的情況，那麼，在你努力游過超現實、焦慮和痛苦浪潮的同時，請試著建立一條直通熱線。若你感覺可行（即使只是隱約的呼喚），請去探索超越你理解範圍的秩序之可能性。

人生的無常或許確實是毫無道理，但若你能從發生於生活的事件中找到意義，尤其是那些艱難的事件，這或許就能幫助你以更多的彈性與平靜度過困難時刻。

若你能夠保持開放態度，考量我們有可能會繼續以人類所無法理解的方式存在、神秘不見得是空洞的幻夢，那麼，分離感覺就不再那麼永恆，而失去也會變得不再那麼絕對。

最重要的是，在悲傷或艱鉅的時刻，要處於當下，要保持清醒。若是痛，就讓它痛。感受它該有的痛楚，儘管那可能非常、非常地痛。作家伊莉莎白·吉兒伯特（Elizabeth Gilbert）曾說過：「當悲傷來拜訪我時，感覺就像是海嘯來襲。而我已獲得足夠的警告可以說出：『天啊，這件事正在發生』，然後我就跪倒在地，任由它震撼我。」[2]不過，後來談到因癌症而失去伴侶的悲痛時，她也曾告訴歐普拉：「我會接受，全部接受，我會接受整件事情，因為我不想錯過。我不想要遠道而來過著人類的生活，卻錯過了那經驗，所以我只是想要參與整個旅程，不論那可能會是什麼。」[3]

推開情緒上的痛苦無法將之抹除，只會把該痛苦埋進我們的身體，且可能轉化為肉體上的疼痛、疾病、麻木與憤怒，而這些都代表了未完成的悲傷循環。最好是在情緒出現時，就充分感受其完整力量。你能夠應付它。你想要感受它。這是一種對你所失去的人事物表示敬意的方式。

我的女兒現在六歲了，而我的母親，在某種意義上，依舊與我們同在。我相信她會透過特定的歌曲跟我說話，她會到夢裡來找我，甚至某些時候，我會被某種刺痛感所征服，而我將此等同於她的存在。我能聽到她，也能感覺到她，以班迪達禪師（Sayadaw U. Pandita）所謂的「已對一切做好準備的心」[4]，因為我選擇了傾聽。

你的真路徑

若你的靈魂以一種嚇死你的方式迫切地想要提供服務，而你並不覺得那值得，也不覺得自己已準備好，且有能力。這樣的熱血沸騰是不會放過你的。恭喜！你擁有自己的使命感。

——傑亞・約翰（Jaiya John），《Freedom: Medicine Words for Your Brave Revolution》（暫譯：《自由：勇敢革命的醫學詞彙》）

我為瓦倫蒂娜進行治療多年，她在四十二歲那年經歷了很多事。她幼年喪父，故童年時期絕非快樂無憂。她母親沒有足夠的情感資源來處理自己的悲傷，也無法支援瓦倫蒂娜熬過她的悲傷，於是在做兩份工作並獨自照顧三個孩子的同時，產生了酗酒的問題。瓦倫蒂娜本身在發展健康的戀愛關係方面已經遇到問題，而且在財務上也是苦苦掙扎著。

有一天，我們在我的辦公室裡面對面坐著，她談到自己的天主教信仰，並表示她無法接受父親坐在天堂裡往下看著她的想法。她說：「這怎麼可能？他死的時候我才兩歲。他根本不認識我。」對此我感到格外震撼，因為我女兒當時正是兩歲，而我意識到瓦倫蒂娜剛好處於相反的立場。她沒能認識她父親（或者至少，她無法有意識地取得與父親有關的記憶，因為父親死時她太小了），這是個悲傷的事實，但她父親幾乎是肯定認識她的。我女兒是我和我先生的一切，即使在她還只是個蹣跚學步的幼童時，我們就很清楚知道她的特質、個性，以及靈魂。

我將這點分享給瓦倫蒂娜，而在經過這樣的觀點轉換後，她便能夠想像她父親其實就在外面的某處支持著她，因為早在她認識自己之前，父親就已經認識了她。這是瓦倫蒂娜尋找其路徑（她能想像自己和宇宙連結的方式）的過程，在來自某個遙遠處的愛的引導下。

一旦培養出能力，能夠傾聽自己體內的竊竊私語時，我們便能享有內部指南針的好處，它會在我們朝著正確的方向前進及迷路時告訴我們。而這就是我們所需知道的一切。我們永遠無法知道未來會怎樣，而不堅持要知道是一種智慧。只要我們有信念，相信自己就在該在之處，我們便能夠鬆開雙手。如果我們知道可以信任自己的話，真的還會覺得需要控制結果嗎？知道我們在自己的路徑上，朝著正確的方向前進，就已經足夠。

需要有每天刻意的意識與努力，才能夠確保我們的習慣、工作以及與他人的互動，符合我們最高層次的自我。對我來說，「路徑」一詞傳達了對意義與旅程、方向與持續性的理解，而這些堆疊成了一個不只是其各部分總和的人生。此外，路徑也強調了人不必釐清一切的概念；沒有必須到達某處的壓力，只要方向感覺起來正確就行。

如果你是敏感的那一種人（是我們人類族群中的藝術家、感受者、過度思考者或是具直覺力的人），在這一路上難免會有些焦慮，因為只要世界仍不完美，就會有一些傷人的真相存在，而你可能會以比別人更貼近內心的方式感受到這些。你的路徑更為艱難，但卻也是更高度的使命。而真誠和面對每個獨特挑戰的勇氣，能夠照亮路途。一切就從清除阻礙，以過著身體平衡的生活狀態開始，而一旦你信任起自己的真焦慮，便能讓自己繼續朝著正確的方向前進。當你有所偏離，你的真焦慮就會把你推回正軌。你或許不覺得這路徑意義重大，但其實它非常重要。它是你最高層次的表現，是你最深切的焦慮一直堅持要你遵循的東西。

附錄：針對焦慮的藥草與營養補充品

正如你現在應該已理解到的，營養補充品並不是我治療焦慮時的重點。我相信焦慮的主要解決之道，就在於飲食和生活方式的改變搭配精神心理治療。而我認為，傳統醫學以藥治病的觀念沒有抓到關鍵，就像我覺得焦慮並不是一種立普能錠缺乏症，也不是一種茶胺酸缺乏症。不過我承認，有一些維生素、礦物質和藥草確實值得考慮。這並不是一份詳盡的清單，但其中所列的，都是我在進行醫療時，偶爾會推薦的營養補充品。

- 甘胺酸鎂：正如書中已討論過的，我們很難從食物獲得足量的甘胺酸鎂，故我認為多數人都該於睡前補充一百到八百毫克的甘胺酸鎂，以滿足我們的營養需求。這對焦慮、失眠、生理痛及頭痛可能會很有幫助。若是有拉肚子（解稀便）的現象，就減少劑量。

- 甲基化維生素B[1]：很多人都缺乏維生素B，不論是因為營養不足、慢性壓力，還是避孕藥的副作用。我的許多病人還有一種常見的遺傳變異，叫MTHFR突變，這會讓他們的身體很難將葉酸甲基化，基本上就是將某些維生素B轉化為活性形式的能力受損了。因此，我發現補充如L-甲基葉酸和甲基鈷胺素等預甲基化的維生素B通常會有用。而其中甲基鈷胺素（即維生素B12）對吃素或吃全素的人來說尤其重要。
- 維生素D：正如書中已討論過的，我認為從陽光獲得維生素D是比較好的方式，但當曬太陽是不可能的任務或者不安全時，少許在監督下的補充可以是有用的支持。而服用維生素D3時搭配鎂及維生素A、E和K2，更是格外有幫助。
- 薑黃素／薑黃：當發炎在焦慮中扮演要角時，薑黃素／薑黃是讓失調的免疫系統回復平衡的有效支援。而在結合黑胡椒和印度酥油的情況下，薑黃素的效果會更好。

- 魚肝油：魚肝油本身並不是針對焦慮的營養補充品，但做為一種omega-3脂肪酸的來源，我發現它是確保神經元細胞膜健康之整體策略的一部分。而我偏好魚肝油甚於魚油，因為魚肝油也提供脂溶性維生素D、A、E和K。
- 茶胺酸：茶胺酸是綠茶的一種成分，我的一些病人發現這是對其焦慮有幫助的一種支援，而且也有研究支持這點[2]。
- 巴哈急救花精（Bach Rescue Remedy）：這是一種萃取自花朵的花精，我有一些病人喜歡「依需要」服用以緩解焦慮。
- 乙醯半胱胺酸（NAC）：乙醯半胱胺酸是穀胱甘肽的前體，為人體內最重要的抗氧化劑。我發現對於正在經歷停藥過程的病人來說，NAC特別有幫助。此外，我發現它也有助於躁鬱症的支援。
- 印度人參（亦稱南非醉茄或睡茄）：這是一種來自阿育吠陀傳統醫學的適應原草

藥，對我的部分病患有幫助，尤其是女性，於睡前服用。不過，印度人參不能在懷孕和哺乳期間服用[3]。

- 肌醇：必須以肌醇治療時，我通常會建議將粉狀的肌醇（生物利用度最高的形式）放入大水瓶裡與水混合，隨身攜帶，以便整天持續飲用。你可以從少量開始，並逐漸增加至一天十八克的肌醇，因為攝取過快可能會導致胃腸道不適。先嘗試四到六週，然後暫停一陣子。我發現這對強迫症（OCD）格外有幫助。此外，對憂鬱症和恐慌症也有效[4][5]。
- 西番蓮：我的一些病人發現西番蓮對認知焦慮（例如當他們卡在沉思的螺旋中時）特別有幫助。但特別請注意，西番蓮不能和選擇性血清素再回收抑制劑一起使用。
- 洋甘菊與聖羅勒（圖爾西）：我經常建議病人養成在晚上喝一杯洋甘菊茶或圖爾西茶的習慣，以幫助自己在睡前放鬆。

- 益生菌：我通常會建議以發酵食物（而非益生菌）來支援腸道，但在某些時候，例如於抗生素療程後補充腸道菌叢，或是在自然療法醫師或功能性醫學執業醫師的監督下，進行了小腸菌叢過度增生的治療之後，益生菌便是必要的補充品。
- 磷脂醯絲胺酸（腦磷脂）：有些人發現，這對於治療慢性壓力的影響很有幫助。
- 美黃岑、乳白燕麥與檸檬香蜂草：我有一些病人發現，這些對治療以身體為基礎的焦慮（例如生理壓力反應）特別有幫助。

參考註釋

01｜焦慮的年代

1. Ruscio, A. M., Hallion, L. S., Lim, C., Aguilar-Gaxiola, S., Al-Hamzawi, A., Alonso, J., Andrade, L. H., Borges, G., Bromet, E. J., Bunting, B., Caldas de Almeida, J. M., Demyttenaere, K., Florescu, S., de Girolamo, G., Gureje, O., Haro, J. M., He, Y., Hinkov, H., Hu, C., de Jonge, P., Scott, K. M., et al. (2017). "Cross-Sectional Comparison of the Epidemiology of DSM-5 Generalized Anxiety Disorder across the Globe." *JAMA Psychiatry* 74 (5): 465–475. https://doi.org/10.1001/jamapsychiatry.2017.0056.
2. Bandelow, B., & Michaelis, S. (2015). "Epidemiology of Anxiety Disorders in the 21st Century." *Dialogues in Clinical Neuroscience* 17 (3): 327–335 https://doi.org/10.31887/dcns.2015.17.3/bbandelow.
3. Goodwin, R. D., Weinberger, A. H., Kim, J. H., Wu, M., & Galea, S. (2020). "Trends in Anxiety among Adults in the United States, 2008–2018: Rapid Increases among Young Adults." *Journal of Psychiatric Research* 130: 441–446. https://doi.org/10.1016/j.jpsychires.2020.08.014.
4. Pancha, N., Kamal, R., Cox, C., & Garfield, R. (2021). "The Implications of COVID-19 for Mental Health and Substance Use." KFF, February 10.www.kff.org/coronavirus-covid-19/issue-brief/the-implications-of-covid-19-for-mental-health-and-substance-use/.
5. Crocq, M.-A. (2015). "A History of Anxiety: From Hippocrates to DSM." *Dialogues in Clinical Neuroscience* 17 (3): 319–325. https://doi.org/10.31887/DCNS.2015.17.3/macrocq.
6. Crocq, "A History of Anxiety."
7. Crocq, "A History of Anxiety."
8. Ross, J. (2002). *The Mood Cure: The 4-Step Program to Rebalance Your Emotional Chemistry and Rediscover Your Natural Sense of Well-Being* (New York: Viking), 4.

02｜可避免的焦慮

1. Jacka, F. N., O'Neil, A., Opie, R., Itsiopoulos, C., Cotton, S., Mohebbi, M., Castle, D., Dash, S., Mihalopoulos, C., Chatterton, M. L., Brazionis, L., Dean, O. M., Hodge, A. M., & Berk, M. (2017). "A Randomised Controlled Trial of Dietary Improvement for Adults with Major Depression (the'SMILES' Trial)." *BMC Medicine* 15 (1): 23. https://doi.org/10.1186/s12916-017-0791-y.

② Ramaholimihaso, T., Bouazzaoui, F., & Kaladjian, A. (2020). "Curcumin in Depression: Potential Mechanisms of Action and Current Evidence—A Narrative Review." *Frontiers in Psychiatry* 11. https://doi.org/10.3389/fpsyt.2020.572533.

③ Nollet, M., Wisden, W., & Franks, N. (2020). "Sleep Deprivation and Stress: A Reciprocal Relationship." *Interface Focus* 10 (3). https://doi.org/10.1098/rsfs.2019.0092. .

④ Lovallo, W., Whitsett, T., al'Absi, M., Sung, B., Vincent, A., & Wilson, M. (2005). "Caffeine Stimulation of Cortisol Secretion across the Waking Hours in Relation to Caffeine Intake Levels." *Psychosomatic Medicine* 67 (5): 734–739. https://doi.org/10.1097/01.psy.0000181270.20036.06.

⑤ Nagoski, E., & Nagoski, A. (2019). *Burnout: The Secret to Unlocking the Stress Cycle* (New York: Ballantine), 15.

⑥ Vighi, G., Marcucci, F., Sensi, L., Di Cara, G., & Frati, F. (2008). "Allergy and the Gastrointestinal System." Supplement, *Clinical and Experimental Immunology* 153 (S1): 3–6. https://doi.org/10.1111/j.1365-2249.2008.03713.x.

⑦ Hadhazy, A. (2010). "Think Twice: How the Gut's 'Second Brain' Influences Mood and Well-Being." *Scientific American*, February 12. www.scientificamerican.com/article/gut-second-brain.

⑧ Breit, Sigrid, et al. (2018). "Vagus Nerve as Modulator of the Brain–Gut Axis in Psychiatric and Inflammatory Disorders." *Frontiers in Psychiatry* 9: 44. https://dx.doi.org/10.3389%2Ffpsyt.2018.00044.

⑨ Pokusaeva, K., Johnson, C., Luk, B., Uribe, G., Fu, Y., Oezguen, N., Matsunami, R. K., et al. (2016). "GABA-Producing *Bifidobacterium dentium* Modulates Visceral Sensitivity in the Intestine." *Neurogastroenterology & Motility* 29 (1). https://doi.org/10.1111/nmo.12904.

⑩ Strandwitz, P., Kim, K. H., Terekhova, D., Liu, J. K., Sharma, A., Levering, J., McDonald, D., et al. (2018). "GABA-Modulating Bacteria of the Human Gut Microbiota." *Nature Microbiology* 4: 396–403. https://doi.org/10.1038/s41564-018-0307-3.

⑪ Clapp, M., Aurora, N., Herrera, L., Bhatia, M., Wilen, E., & Wakefield, S. (2017). "Gut Microbiota's Effect on Mental Health: The Gut-Brain Axis." *Clinics and Practice* 7 (4): 987. https://doi.org/10.4081/cp.2017.987.

⑫ Cooper, P. J. (2009). "Interactions between Helminth Parasites and Allergy." *Current Opinion in Allergy and Clinical Immunology* 9 (1): 29–37. https://doi.org/10.1097/ACI.0b013e32831f44a6.

03｜有目的的焦慮

① Moody, L., in conversation with Glennon Doyle. (2020). "Glennon Doyle on Overcoming Lyme Disease, Hope During Hard Times, and the Best Relationship Advice." *Healthier Together* (podcast), https://www.lizmoody.com/healthiertogetherpodcast-glennon-doyle.

② Wilson, Sarah. (2018). *First, We Make the Beast Beautiful: A New Journey through Anxiety* (New York: Dey Street), 164.

③ Fitzgerald, F. Scott. (1936). "The Crack-Up." *Esquire*, February.

1. Anxiety and Depression Association of America. (2021). "Sleep Disorders." https://adaa.org/understanding-anxiety/related-illnesses/sleep-disorders.
2. Rasch, B., & Born, J. (2013). "About Sleep's Role in Memory." *Physiological Reviews* 93 (2): 681–766. https://doi.org/10.1152/physrev.00032.2012.
3. Eugene, A. R., & Masiak, J. (2015). "The Neuroprotective Aspects of Sleep." *MEDtube Science* 3 (1): 35–40. https://pubmed.ncbi.nlm.nih.gov/26594659.
4. Dimitrov, S., Lange, T., Gouttefangeas, C., Jensen, A., Szczepanski, M., Lehnnolz, J., Soekadar, S., et al. (2019). "Gαs-Coupled Receptor Signaling and Sleep Regulate Integrin Activation of Human Antigen-Specific T Cells." *Journal of Experimental Medicine* 216 (3): 517–526. https://doi.org/10.1084/jem.20181169.
5. Nunez, K., & Lamoreux, K. (2020). "What Is the Purpose of Sleep?" Healthline, July 20. www.healthline.com/health/why-do-we-sleep.
6. Scharf, M. T., Naidoo, N., Zimmerman, J. E., & Pack, A. I. (2008). "The Energy Hypothesis of Sleep Revisited." *Progress in Neurobiology* 86 (3): 264–280. https://doi.org/10.1016/j.pneurobio.2008.08.003.
7. Jessen, N. A., Munk, A. S., Lundgaard, I., & Nedergaard, M. (2015). "The Glymphatic System: A Beginner's Guide." *Neurochemical Research* 40 (12): 2583–2599. https://doi.org/10.1007/s11064-015-1581-6.
8. Xie, L., Kang, H., Xu, Q., Chen, M. J., Liao, Y., Thiyagarajan, M., O'Donnell, J., Christensen, D. J., Nicholson, C., Iliff, J. J., Takano, T., Deane, R., & Nedergaard, M. (2013). "Sleep Drives Metabolite Clearance from the Adult Brain." *Science* 342 (6156): 373–377. https://doi.org/10.1126/science.1241224.
9. Benveniste, H., Liu, X., Koundal, S., Sanggaard, S., Lee, H., & Wardlaw, J. (2019). "The Glymphatic System and Waste Clearance with Brain Aging: A Review." *Gerontology* 65 (2): 106–119. https://doi.org/10.1159/000490349.
10. Xie et al., "Sleep Drives Metabolite Clearance from the Adult Brain."
11. Reddy, O. C., & van der Werf, Y. D. (2020). "The Sleeping Brain: Harnessing the Power of the Glymphatic System through Lifestyle Choices." *Brain Sciences* 10 (11): 868. https://doi.org/10.3390/brainsci10110868.
12. Tähkämö, L., Partonen, T., & Pesonen, A.-K. (2019). "Systematic Review of Light Exposure Impact on Human Circadian Rhythm." *Chronobiology International* 36 (2): 151–170. https://doi.org/10.1080/07420528.2018.1527773.
13. Peplonska, B., Bukowska, A., & Sobala, W. (2015). "Association of Rotating Night Shift Work with BMI and Abdominal Obesity among Nurses and Midwives." *PLoS ONE* 10 (7). https://doi.org/10.1371/journal.pone.0133761.
14. Vetter, C., Devore, E. E., Wegrzyn, L. R., Massa, J., Speizer, F. E., Kawachi, I., Rosner, B., Stampfer, M. J., & Schernhammer, E. S. (2016). "Association between Rotating Night Shift Work and Risk of Coronary Heart Disease among Women." *JAMA* 315 (16): 1726–1734. https://doi.org/10.1001/jama.2016.4454.
15. Wegrzyn, L. R., Tamimi, R. M., Rosner, B. A., Brown, S. B., Stevens, R. G., Eliassen, A. H., Laden, F., Willett, W. C., Hankinson, S. E., & Schernhammer, E. S. (2017). "Rotating Night-Shift Work and the Risk of Breast Cancer in the Nurses' Health Studies." *American Journal of Epidemiology* 186 (5): 532–540.

https://doi.org/10.1093/aje/kwx140.

16. Szkiela, M., Kusideł, E., Makowiec-Dąbrowska, T., & Kaleta, D. (2020). "Night Shift Work: A Risk Factor for Breast Cancer." *International Journal of Environmental Research and Public Health* 17 (2): 659. https://doi.org/10.3390/ijerph17020659.

17. Taheri, S., Lin, L., Austin, D., Young, T., & Mignot, E. (2004). "Short Sleep Duration Is Associated with Reduced Leptin, Elevated Ghrelin, and Increased Body Mass Index." *PLoS Medicine* 1 (3). https://doi.org/10.1371/journal.pmed.0010062.

18. Yetish, G., Kaplan, H., Gurven, M., Wood, B., Pontzer, H., Manger, P. R., Wilson, C., McGregor, R., & Siegel, J. M. (2015). "Natural Sleep and Its Seasonal Variations in Three Pre-industrial Societies." *Current Biology* 25 (21): 2862–2868. https://doi.org/10.1016/j.cub.2015.09.046.

19. Whitwell, T. (2020). "52 Things I Learned in 2020." Medium, December 1. https://medium.com/fluxx-studio-notes/52-things-i-learned-in-2020-6a380692dbb8.

20. Institute of Medicine (US) Committee on Military Nutrition Research. (2001). "Pharmacology of Caffeine," in *Caffeine for the Sustainment of Mental Task Performance: Formulations for Military Operations* (Washington, DC: National Academies Press). www.ncbi.nlm.nih.gov/books/NBK223808/.

21. Roenneberg, Till. (2012). *Internal Time: Chronotypes, Social Jet Lag, and Why You're So Tired* (Cambridge, MA: Harvard University Press).

22. He, Y., Jones, C. R., Fujiki, N., Xu, Y., Guo, B., Holder Jr., J. L., Rossner, M. J., Nishino, S., & Fu, Y. H. (2009). "The Transcriptional Repressor DEC2 Regulates Sleep Length in Mammals." *Science* 325 (5942): 866–870. https://doi.org/10.1126/science.1174443.

23. Chaput, J. P., Dutil, C., & Sampasa-Kanyinga, H. (2018). "Sleeping Hours: What Is the Ideal Number and How Does Age Impact This?" *Nature and Science of Sleep* 10: 421–430. https://doi.org/10.2147/NSS.S163071.

24. Shi, G., Xing, L., Wu, D., Bhattacharyya, B. J., Jones, C. R., McMahon, T., Chong, S. Y. C., et al. (2019). "A Rare Mutation of β1-Adrenergic Receptor Affects Sleep/Wake Behaviors." *Neuron* 103 (6): 1044–1055. https://doi.org/10.1016/j.neuron.2019.07.026.

25. Watson, N. F., Badr, M. S., Belenky, G., Bliwise, D. L., Buxton, O. M., Buysse, D., Dinges, D. F., Gangwisch, J., Grandner, M. A., Kushida, C., Malhotra, R. K., Martin, J. L., Patel, S. R., Quan, S. F., & Tasali, E. (2015). "Recommended Amount of Sleep for a Healthy Adult: A Joint Consensus Statement of the American Academy of Sleep Medicine and Sleep Research Society." *Sleep* 38 (6): 843–844. https://doi.org/10.5665/sleep.4716.

26. Scullin, M. K., Krueger, M. L., Ballard, H. K., Pruett, N., & Bliwise, D. L. (2018). "The Effects of Bedtime Writing on Difficulty Falling Asleep: A Polysomnographic Study Comparing To-Do Lists and Completed Activity Lists." *Journal of Experimental Psychology: General* 147 (1): 139–146. https://doi.org/10.1037/xge0000374.

27. Boyle, N. B., Lawton, C. L., & Dye, L. (2017). "The Effects of Magnesium Supplementation on Subjective Anxiety and Stress—a Systematic Review." *Nutrients* 9 (5): 429. https://doi.org/10.3390/nu9050429.

28. Serefko, A., Szopa, A., & Poleszak, E. (2016). "*Magnesium and Depression*." Magnesium Research 29 (3): 112–119. https://pubmed.ncbi.nlm.nih.gov/27910808.

29. Chiu, H. Y., Yeh, T.-H., Huang, Y.-C., & Chen, P.-Y. (2016). "Effects of Intravenous and Oral Magnesium on Reducing Migraine: A Meta-Analysis of Randomized Controlled Trials." *Pain Physician* 19 (1): E97–E112. https://pubmed.ncbi.nlm.nih.gov/26752497.

30 Parazzini, F., Di Martino, M., & Pellegrino, P. (2017). "Magnesium in the Gynecological Practice: A Literature Review." *Magnesium Research* 30 (1): 1–7. https://doi.org/10.1684/mrh.2017.0419.

31 Eron, K., Kohnert, L., Watters, A., Logan, C., Weisner-Rose, M., & Mehler, P. S. (2020). "Weighted Blanket Use: A Systematic Review." *AJOT: The American Journal of Occupational Therapy* 74 (2). https://ajot.aota.org/article.aspx?articleid=2763119.

32 Onen, S. H., Onen, F., Bailly, D., & Parquet, P. (1994). "Prévention et traitement des dyssomnies par une hygiene du sommeil" [Prevention and Treatment of Sleep Disorders through Regulation of Sleeping Habits]. *La Presse Médicale* 23 (10): 485–489. https://pubmed.ncbi.nlm.nih.gov/8022726.

33 Ebrahim, I., Shapiro, C., Williams, A., & Fenwick, P. (2013). "Alcohol and Sleep I: Effects on Normal Sleep." *Alcoholism: Clinical and Experimental Research* 37 (4): 539–549. https://doi.org/10.1111/acer.12006.

34 Amaral, F. G., & Cipolla-Neto, J. (2018). "A Brief Review about Melatonin, a Pineal Hormone." *Archives of Endocrinology and Metabolism* 62 (4): 472–479. https://doi.org/10.20945/2359-3997000000066.

35 Cipolla-Neto, J., & Amaral, F. (2018). "Melatonin as a Hormone: New Physiological and Clinical Insights." *Endocrine Reviews* 39 (6): 990–1028. https://doi.org/10.1210/er.2018-00084.

06 | 科技焦慮

1 Haidt, J., & Twenge, J. (2019). "Social Media Use and Mental Health: A Review." Unpublished manuscript, New York University. https://docs.google.com/document/d/1w-HOfseF2wF9YIpXwUUtP65-olnkPyWcgF5BiAtBEy0/edit#.

2 Yuen, E. K., Koterba, E. A., Stasio, M., Patrick, R., Gangi, C., Ash, P., Barakat, K., Greene, V., Hamilton, W., & Mansour, B. (2018). "The Effects of Facebook on Mood in Emerging Adults." *Psychology of Popular Media Culture* 8 (3): 198–206.

3 Shakya, H. B., & Christakis, N. A. (2017). "Association of Facebook Use with Compromised Well-Being: A Longitudinal Study." *American Journal of Epidemiology* 185 (3): 203–211. https://doi.org/10.1093/aje/kww189.

4 Ducharme, J. (2021). "COVID-19 Is Making America's Loneliness Epidemic Even Worse." *Time*, May 8. https://time.com/5833681/loneliness-covid-19/.

5 Loades, M. E., Chatburn, E., Higson-Sweeney, N., Reynolds, S., Shafran, R., Brigden, A., Linney, C., McManus, M. N., Borwick, C., & Crawley, E. (2020). "Rapid Systematic Review: The Impact of Social Isolation and Loneliness on the Mental Health of Children and Adolescents in the Context of COVID-19." *Journal of the American Academy of Child and Adolescent Psychiatry* 59 (11): 1218–1239. https://doi.org/10.1016/j.jaac.2020.05.009.

6 Twenge, J. M., Cooper, A. B., Joiner, T. E., Duffy, M. E., & Binau, S. G. (2019). "Age, Period, and Cohort Trends in Mood Disorder Indicators and Suicide-Related Outcomes in a Nationally Representative Dataset, 2005–2017." *Journal of Abnormal Psychology* 128 (3): 185–199. https://doi.org/10.1037/abn0000410.

7 Twenge, J. M., Martin, G. N., & Spitzberg, B. H. (2019). "Trends in U.S. Adolescents' Media Use, 1976–2016: The Rise of Digital Media, the Decline of TV,

and the (Near) Demise of Print." *Psychology of Popular Media Culture* 8 (4): 329–345. http://dx.doi.org/10.1037/ppm0000203.

8 Riehm, K. E., Feder, K. A., Tormohlen, K. N., Crum, R. M., Young, A. S., Green, K. M., Pacek, L. R., La Flair, L. N., & Mojtabai, R. (2019). "Associations between Time Spent Using Social Media and Internalizing and Externalizing Problems among US Youth." *JAMA Psychiatry* 76 (12): 1266–1273. https://doi.org/10.1001/jamapsychiatry.2019.2325.

9 Lukianoff, Greg, & Haidt, Jonathan. (2018). *The Coddling of the American Mind: How Good Intentions and Bad Ideas Are Setting Up a Generation for Failure* (New York: Penguin), 161.

10 Barthorpe, A., Winstone, L., Mars, B., & Moran, P. (2020)."Is Social Media Screen Time Really Associated with Poor Adolescent Mental Health? A Time Use Diary Study." *Journal of Affective Disorders* 274: 864–870. https://doi.org/10.1016/j.jad.2020.05.106.

11 Saeri, A. K, Cruwys, T., Barlow, F. K., Stronge, S., & Sibley, C. G. (2017). "Social Connectedness Improves Public Mental Health: Investigating Bidirectional Relationships in the New Zealand Attitudes and Values Survey." *Australian & New Zealand Journal of Psychiatry* 52 (4): 365–374. https://doi.org/10.1177/0004867417723990.

12 Saeri et al., "Social Connectedness."

13 Lieberman, Matthew D. (2013). *Social: Why Our Brains Are Wired to Connect* (Oxford: Oxford University Press), 9.

14 Wheeler, M. J., Dunstan, D. W., Smith, B., Smith, K. J., Scheer, A., Lewis, J., Naylor, L. H., Heinonen, I., Ellis, K. A., Cerin, E., Ainslie, P. N., & Green, D. J. (2019). "Morning Exercise Mitigates the Impact of Prolonged Sitting on Cerebral Blood Flow in Older Adults." *Journal of Applied Physiology* 126 (4): 1049–1055. https://doi.org/10.1152/japplphysiol.00001.2019.

15 Lee, Dave. (2017). "Facebook Founding President Sounds Alarm." BBC News, November 9. https://www.bbc.com/news/technology-41936791.

16 Börchers, Stina. (2021). "Your Brain on Instagram, TikTok, & Co.—The Neuroscience of Social Media." *Biologista* (blog), June 29. https://biologista.org/2020/06/29/your-brain-on-instagram-tiktok-co-the-neuroscience-of-social-media/.

17 Lee, "Facebook Founding President Sounds Alarm."

18 Tolle, Eckhart. (1999). *The Power of Now: A Guide to Spiritual Enlightenment* (Novato, CA: New World Library), 22.

19 Packnett Cunningham, Brittany N. (@MsPackyetti). "back . . .but barely!" Twitter, September 2, 2021, https://twitter.com/MsPackyetti/status/1433294762153496576.

07｜思想的食糧

1 Nestle, M. (1993). "Food Lobbies, the Food Pyramid, and U.S. Nutrition Policy." *International Journal of Health Services* 23 (3): 483–496. https://doi.org/10.2190/32f2-2pfb-meg7-8hpu.

2 Brown, Brené. (2019). "What Being Sober Has Meant to Me." *Brené Brown* (blog), May 31. https://brenebrown.com/blog/2019/05/31/what-being-sober-

has-meant-to-me.

3 Fukudome, S., & Yoshikawa, M. (1992). "Opioid Peptides Derived from Wheat Gluten: Their Isolation and Characterization." *FEBS Letters* 296 (1): 107–111. https://doi.org/10.1016/0014-5793(92)80414-c.

4 Malav, T., Zhang, Y., Lopez-Toledano, M., Clarke, A., & Deth, R. (2016). "Differential Neurogenic Effects of Casein-Derived Opioid Peptides on Neuronal Stem Cells: Implications for Redox-Based Epigenetic Changes." *Journal of Nutritional Biochemistry* 37: 39–46. https://doi.org/10.1016/j.jnutbio.2015.10.012.

5 Ekren, Cansu. (2021). "Jameela Jamil Opens Up about Eating Disorder She Suffered from for Years." The Red Carpet, January 3. https://theredcarpet.net/jameela-jamil-opens-up-about-the-eating-disorder-she-experienced-for-years.

6 Blanco-Rojo, R., Sandoval-Insausti, H., López-Garcia, E., Graciani, A., Ordovás, J. M., Banegas, J. R., Rodríguez-Artalejo, F., & Guallar-Castillón, P. (2019). "Consumption of Ultra-Processed Foods and Mortality: A National Prospective Cohort in Spain." *Mayo Clinic Proceedings* 94 (11): 2178–2188. https://doi.org/10.1016/j.mayocp.2019.03.035.

7 Swaminathan, S., Dehghan, M., Raj, J. M., Thomas, T., Rangarajan, S., Jenkins, D., Mony, P., et al. (2021). "Associations of Cereal Grains Intake with Cardiovascular Disease and Mortality across 21 Countries in Prospective Urban and Rural Epidemiology Study: Prospective Cohort Study." *BMJ* 372: m4948. https://doi.org/10.1136/bmj.m4948.

8 Elizabeth, L., Machado, P., Zinöcker, M., Baker, P., & Lawrence, M. (2020). "Ultra-Processed Foods and Health Outcomes: A Narrative Review." *Nutrients* 12 (7): 1955. https://doi.org/10.3390/nu12071955.

9 O'Connor, A. (2016). "How the Sugar Industry Shifted Blame to Fat." *New York Times*, September 12. www.nytimes.com/2016/09/13/well/eat/how-the-sugar-industry-shifted-blame-to-fat.html.

10 Tesfaye, N., & Seaquist, E. R. (2010). "Neuroendocrine Responses to Hypoglycemia." *Annals of the New York Academy of Sciences* 1212 (1): 12–28. https://doi.org/10.1111/j.1749-6632.2010.05820.x.

11 Gonder-Frederick,L. A., Cox, D. J., Bobbitt, S. A., & Pennebaker,J. W. (1989). "Mood Changes Associated with Blood Glucose Fluctuations in Insulin-DependentDiabetes Mellitus." *Health Psychology* 8 (1): 45–59. https://doi.org/10.1037//0278-6133.8.1.45.

12 Urban, M. (2019). "Taming Your Sugar Dragon, Part 1." *Whole30* (blog), July 24. https://whole30.com/sugar-dragon-1. Revised per personal communication on March 30, 2021.

13 Alexander, Scott. (2015). "Things That Sometimes Work if You Have Anxiety." *Slate Star Codex* (blog), July 13. https:// slatestarcodex.com/2015/07/13/things-that-sometimes-work-if-you-have-anxiety.

14 Ascherio, A., Zhang, S. M., Hernán, M. A., Kawachi, I., Colditz, G. A., Speizer, F. E., & Willett, W. C. (2001). "Prospective Study of Caffeine Consumption and Risk of Parkinson's Disease in Men and Women." *Annals of Neurology* 50 (1): 56–63. https://doi.org/10.1002/ana.1052.

15 Moore, Charles. (2015). "Coffee Drinking Lowers Risk of Parkinson's, Type 2 Diabetes, Five Cancers, and More—Harvard Researchers." *Parkinson's News Today*, October 2. https://parkinsonsnewstoday.com/2015/10/02/coffee-drinking-lowers-risk-parkinsons-type-2-diabetes-five-cancers-harvard-

researchers.

16 Lovallo, W. R., Whitsett, T. L., al'Absi, M., Sung, B. H., Vin- cent, A. S., & Wilson, M. F. (2005). "Caffeine Stimulation of Cortisol Secretion across the Waking Hours in Relation to Caffeine Intake Levels." *Psychosomatic Medicine* 67 (5): 734– 739. https://doi.org/10.1097/01.psy.0000181270.20036.06.

17 Lane, J. D., & Williams Jr., R. B. (1987). "Cardiovascular Effects of Caffeine and Stress in Regular Coffee Drinkers." *Psychophysiology* 24 (2): 157–164. https://doi.org/10.1111/j.1469-8986.1987.tb00271.x.

18 Winston, A., Hardwick, E., & Jaberi, N. (2005). "Neuro- psychiatric Effects of Caffeine." *Advances in Psychiatric Treat- ment* 11 (6): 432–439. https://doi.org/10.1192/apt.11.6.432.

19 Brewer, Judson A. (2021). *Unwinding Anxiety: New Science Shows How to Break the Cycles of Worry and Fear to Heal Your Mind* (New York: Avery), 109.

20 Lewis, J. G. (2013). "Alcohol, Sleep, and Why You Might Re-think That Nightcap." *Scitable* (blog), Nature Education, October 28. https://www.nature.com/scitable/blog/mind-read/alcohol_sleep_and_why_you.

21 Griswold, M. G., Fullman, N., Hawley, C., Arian, N., Zimsen,S. R. M., Tymeson, H. D., Venkateswaran, V., et al. (2018). "Alcohol Use and Burden for 195 Countries and Territories, 1990–2016: A Systematic Analysis for the Global Burden of Disease Study 2016." *Lancet* 392 (10152): 1015–1035. https:// doi.org/10.1016/s0140-6736(18)31310-2.

22 Georgetown Behavioral Hospital. (2021). "GABA and Alcohol: How Drinking Leads to Anxiety." *Behavioral Health News* (blog), May 6. www.gbhoh.com/gaba-and-alcohol-how-drinking-leads-to-anxiety/.

23 Camden and Islington NHS Foundation Trust. "The Un- healthy Mix between Alcohol and Mental Health." Accessed October 13, 2021. www.candi.nhs.uk/news/unhealthy-mix-between-alcohol-and-mental-health.

24 Aucoin, M., & Bhardwaj, S. (2016). "Generalized Anxiety Dis- order and Hypoglycemia Symptoms Improved with Diet Modification." *Case Reports in Psychiatry*, https://doi.org/10.1155/2016/7165425.

25 Straub, R. H., & Cutolo, M. (2018). "Psychoneuroimmunology— Developments in Stress Research." *Wiener Medizinische Wochen- schrift* 168: 76–84. https://doi.org/10.1007/s10354-017-0574-2.

26 Environmental Working Group. (2021). "Clean Fifteen™: EWG's 2021 Shopper's Guide to Pesticides in Produce." www.ewg.org/foodnews/clean-fifteen.php.

27 University of Rochester Medical Center. (2021). "Nutrition Facts: Chicken Liver." Health Encyclopedia. https://www.urmc.rochester.edu/encyclopedia/content.aspx?-contenttypeid=76&contentid=05028-1.

28 Hunt, Janet R. (2003). "Bioavailability of Iron, Zinc, and Other Trace Minerals from Vegetarian Diets." *American Journal of Clinical Nutrition* 78 (3): 633S–639S. https://doi.org/10.1093/ajcn/78.3.633s.

29 Johnston, B. C., Zeraatkar, D., Han, M. A., Vernooij, R. W. M., Valli, C., El Dib, R., Marshall, C., et al. (2019). "Unprocessed Red Meat and Processed Meat Consumption: Dietary Guide- line Recommendations from the Nutritional Recommendations (NutriRECS) Consortium." *Annals of Internal Medicine* 171 (10): 756–764. https://doi.org/10.7326/m19-1621.

30 Masters, R. C., Liese, A. D., Haffner, S. M., Wagenknecht, L. E., & Hanley, A. J. (2010). "Whole and Refined Grain Intakes Are Related to Inflammatory Protein Concentrations in Hu- man Plasma." *Journal of Nutrition* 140 (3): 587–594. https:// doi.org/10.3945/jn.109.116640.

31 Giugliano, D., Ceriello, A., & Esposito, K. (2006). "The Ef- fects of Diet on Inflammation: Emphasis on the Metabolic Syndrome." Journal of the American College of Cardiology 48 (4): 677–685. https://doi.org/10.1016/j.jacc.2006.03.052.

32 Gross, L. S., Li, L., Ford, E. S., & Liu, S. (2004). "Increased Consumption of Refined Carbohydrates and the Epidemic of Type 2 Diabetes in the United States: An Ecologic Assess- ment." *American Journal of Clinical Nutrition* 79 (5): 774–779. https://doi.org/10.1093/ajcn/79.5.774.

33 Saris, W. H. M., & Foster, G. D. (2006). "Simple Carbohydrates and Obesity: Fact, Fiction and Future." *International Journal of Obesity* 30 (S3): S1–S3. https://doi.org/10.1038/sj.ijo.0803522.

34 Gentreau, M., Chuy, V., Féart, C., Samieri, C., Ritchie, K., Raymond, M., Berticat, C., & Artero, S. (2020). "Refined Carbohydrate-Rich Diet Is Associated with Long-Term Risk of Dementia and Alzheimer's Disease in Apolipoprotein E ε4 Allele Carriers." *Alzheimer's & Dementia* 16 (7): 1043–1053. https://doi.org/10.1002/alz.12114.

35 Temple, N. (2018). "Fat, Sugar, Whole Grains and Heart Dis- ease: 50 Years of Confusion." Nutrients 10 (1): 39. https://doi.org/10.3390/nu10010039.

36 Swaminathan et al., "Associations of Cereal Grains Intake."

37 Marlett, J. A., McBurney, M. I., & Slavin, J. L. (2002). "Position of the American Dietetic Association: Health Im- plications of Dietary Fiber." *Journal of the American Dietetic Association* 102 (7): 993–1000. https://pubmed.ncbi.nlm.nih.gov/12146567/.

38 Swaminathan et al., "Associations of Cereal Grains Intake."

39 Sadeghi, O., Hassanzadeh-Keshteli, A., Afshar, H., Esmaill- zadeh, A., & Adibi, P. (2017). "The Association of Whole and Refined Grains Consumption with Psychological Disorders among Iranian Adults." *European Journal of Nutrition* 58 (1): 211–225. https://doi.org/10.1007/s00394-017-1585-x.

40 Clarke, G., Fitzgerald, P., Hennessy, A. A., Cassidy, E. M., Quigley, E. M. M., Ross, P., Stanton, C., et al. (2010). "Marked Elevations in Pro-Inflammatory Polyunsaturated Fatty Acid Metabolites in Females with Irritable Bowel Syndrome." *Jour- nal of Lipid Research* 51 (5): 1186–1192. https://doi.org/10.1194/jlr.p000695.

41 Patterson, E., Wall, R., Fitzgerald, G. F., Ross, R. P., & Stanton, C. (2012). "Health Implications of High Dietary Omega-6 Polyunsaturated Fatty Acids." Journal of Nutrition and Metabolism: 1–16. https://doi.org/10.1155/2012/539426.

42 Ginter, E., & Simko, V. (2016). "New Data on Harmful Ef- fects of Trans-Fatty Acids." *Bratislavske Lekarske Listy* 117 (5): 251–253. https://doi.org/10.4149/bll_2016_048.

43 Mozaffarian, D., Aro, A., & Willett, W. C. (2009). "Health Effects of Trans-Fatty Acids: Experimental and Observational Evidence." Supplement 2, *European Journal of Clinical Nutri- tion* 63: S5–S21. https://doi.org/10.1038/sj.ejcn.1602973.

44 Mozaffarian, D., Katan, M. B., Ascherio, A., Stampfer, M. J., & Willett, W. C. (2006). "Trans Fatty Acids and Cardiovas- cular Disease." *New England Journal of Medicine* 354 (15): 1601–1613. https://doi.org/10.1056/NEJMra054035.

45 Perumalla Venkata, R., & Subramanyam, R. (2016). "Eval- uation of the Deleterious Health Effects of Consumption of Repeatedly Heated Vegetable Oil." *Toxicology Reports* 3: 636– 643. https://doi.org/10.1016/j.toxrep.2016.08.003.

46 Le, T. T., Huff, T. B., & Cheng, J.-X. (2009). "Coherent Anti- Stokes Raman Scattering Imaging of Lipids in Cancer Me- tastasis." *BMC Cancer* 9 (42). https://doi.org/10.1186/1471-2407-9-42.

47 Strandwitz, P., Kim, K. H., Terekhova, D., Liu, J. K., Sharma, A., Levering, J., McDonald, D., et al. (2019). "GABA- Modulating Bacteria of the Human Gut Microbiota." *Nature Microbiology* 4 (3): 396–403. https://doi.org/10.1038/s41564-018-0307-3.

48 Stasi, C., Sadalla, S., & Milani, S. (2019). "The Relationship between the Serotonin Metabolism, Gut-Microbiota and the Gut-Brain Axis." *Current Drug Metabolism* 20 (8): 646–655. https://doi.org/10.2174/1389200220666190725115503.

49 Yano, J. M., Yu, K., Donaldson, G. P., Shastri, G. G., Ann, P., Ma, L., Nagler, C. R., et al. (2015). "Indigenous Bacteria from the Gut Microbiota Regulate Host Serotonin Biosynthesis." *Cell* 161 (2): 264–276. https://doi.org/10.1016/j.cell.2015.02.047.

50 Kresser, Chris. (2019). "The Bountiful Benefits of Bone Broth: A Comprehensive Guide." *Chris Kresser* (blog), August 16. https://chriskresser.com/the-bountiful-benefits-of-bone-broth-a-comprehensive-guide/#Bone_Broth_in_Traditional_Cultures.

51 Todorov, A., Chumpalova-Tumbeva, P., Stoimenova-Popova, M., Popova, V. S., Todorieva-Todorova, D., Tzvetkov, N., Hristov, I. G., et al. (2018). "Correlation between Depression and Anxiety and the Level of Vitamin B12 in Patients with Depression and Anxiety and Healthy Controls." *Journal of Biomedical and Clinical Research* 10 (2): 140–145. https://doi.org/10.1515/jbcr-2017-0023.

52 Pandey, A., Dabhade, P., & Kumarasamy, A. (2019). "In- flammatory Effects of Subacute Exposure of Roundup in Rat Liver and Adipose Tissue." *Dose-Response* 17 (2). https://doi.org/10.1177/1559325819843380.

53 Vasiluk, L., Pinto, L. J., & Moore, M. M. (2005). "Oral Bio- availability of Glyphosate: Studies Using Two Intestinal Cell Lines." *Environmental Toxicology and Chemistry* 24 (1): 153. https://doi.org/10.1897/04-088r.1.

54 International Agency for Research on Cancer. (2015). "IARC Monograph on Glyphosate." www.iarc.who.int/featured-news/media-centre-iarc-news-glyphosate/.

55 Palmnäs, M. S. A., Cowan, T. E., Bomhof, M. R., Su, J., Reimer,R. A., Vogel, H. J., Hittel, D. S., & Shearer, J. (2014). "Low- Dose Aspartame Consumption Differentially Affects Gut Microbiota-Host Metabolic Interactions in the Diet-Induced Obese Rat." *PLoS ONE* 9 (10). https://doi.org/10.1371/journal.pone.0109841.

56 Gul, S. S., Hamilton, A. R. L., Munoz, A. R., Phupitakphol, T., Liu, W., Hyoju, S. J., Economopoulos, K. P., et al. (2017). "Inhibition of the Gut Enzyme Intestinal Alkaline Phosphatase May Explain How Aspartame Promotes Glucose Intolerance and Obesity in Mice." *Applied Physiology, Nutrition, and Metab- olism* 42 (1): 77–83. https://doi.org/10.1139/apnm-2016-0346.

57 Claesson, A.-L., Holm, G., Ernersson, A., Lindström, T., & Nystrom, F. H. (2009). "Two Weeks of Overfeeding with Candy, but Not Peanuts, Increases Insulin Levels and Body Weight." *Scandinavian Journal of Clinical and Laboratory Investigation* 69 (5): 598–605. https://doi.org/10.1080/00365510902912754.

1. Amodeo, G., Trusso, M. A., & Fagiolini, A. (2018). "Depres- sion and Inflammation: Disentangling a Clear Yet Complex and Multifaceted Link." Neuropsychiatry 7 (4). https://doi.org/10.4172/neuropsychiatry.1000236.
2. Felger, J. C. (2018). "Imaging the Role of Inflammation in Mood and Anxiety-Related Disorders." *Current Neuropharma- cology* 16 (5): 533–558. https://doi.org/10.2174/1570159X15 666171123201142.
3. Schiepers, O. J., Wichers, M. C., & Maes, M. (2005). "Cytokines and Major Depression." *Progress in Neuro- Psychopharmacology & Biological Psychiatry* 29 (2): 201–217. https://doi.org/10.1016/j.pnpbp.2004.11.003.
4. Felger, "Imaging the Role of Inflammation."
5. Attwells, S., Setiawan, E., Wilson, A. A., Rusjan, P. M., Miz- rahi, R., Miler, L., Xu, C., et al. (2017). "Inflammation in the Neurocircuitry of Obsessive-Compulsive Disorder." *JAMA Psychiatry* 74 (8): 833–840. https://doi.org/10.1001/jamapsy chiatry.2017.1567.
6. Gerentes, M., Pelissolo, A., Rajagopal, K., Tamouza, R., & Hamdani, N. (2019). "Obsessive-Compulsive Disorder: Auto- immunity and Neuroinflammation." *Current Psychiatry Re- ports* 21 (8): 78. https://doi.org/10.1007/s11920-019-1062-8.
7. Johns Hopkins Medicine: Pathology. (2021). "Prevalence of Autoimmune Diseases—Autoimmune Disease." https:// pathology.jhu.edu/autoimmune/prevalence.
8. National Institutes of Health. (2021). "Autoimmunity May Be Rising in the United States." April 8. www.nih.gov/news-events/news-releases/autoimmunity-may-be-rising-united-states.
9. National Institutes of Health, "Autoimmunity May Be Rising."
10. Fasano, A. (2011). "Zonulin and Its Regulation of Intestinal Barrier Function: The Biological Door to Inflammation, Autoimmunity, and Cancer." *Physiological Reviews* 91 (1): 151–175. https://doi.org/10.1152/physrev.00003.2008.
11. Rowley, B., & Monestier, M. (2005). "Mechanisms of Heavy Metal-Induced Autoimmunity." *Molecular Immu- nology* 42 (7): 833–838. https://doi.org/10.1016/j.molimm.2004.07.050.
12. Harding, C., Pytte, C., Page, K., Ryberg, K., Normand, E., Remigio, G., DeStefano, R. A., et al. (2020). "Mold Inha- lation Causes Innate Immune Activation, Neural, Cognitive and Emotional Dysfunction." *Brain, Behavior, and Immunity* 87: 218–228. https://doi.org/10.1016/j.bbi.2019.11.006.
13. Benros, M. E., Waltoft, B. L., Nordentoft, M., Østergaard, S. D., Eaton, W. W., Krogh, J., & Mortensen, P. B. (2013). "Au- toimmune Diseases and Severe Infections as Risk Factors for Mood Disorders: A Nationwide Study." *JAMA Psychiatry* 70 (8): 812–820. https://doi.org/10.1001/jamapsychiatry.2013.1111.
14. Dube, S. R., Fairweather, D., Pearson, W. S., Felitti, V. J., Anda, R. F., & Croft, J. B. (2009). "Cumulative Child- hood Stress and Autoimmune Diseases in Adults." *Psycho- somatic Medicine* 71 (2): 243–250. https://doi.org/10.1097/PSY.0b013e3181907888.

⑮ Vighi, G., Marcucci, F., Sensi, L., Di Cara, G., & Frati, F. (2008). "Allergy and the Gastrointestinal System." *Clinical & Experimental Immunology* 153 (S1): 3–6. https://doi.org/10.1111/j.1365-2249.2008.03713.x.

⑯ Bonaz, B., Bazin, T., & Pellissier, S. (2018). "The Vagus Nerve at the Interface of the Microbiota-Gut-Brain Axis." *Frontiers in Neuroscience* 12. https://doi.org/10.3389/fnins.2018.00049.

⑰ Petra, A. I., Panagiotidou, S., Hatziagelaki, E., Stewart, J. M., Conti, P., & Theoharides, T. C. (2015). "Gut-Microbiota-Brain Axis and Its Effect on Neuropsychiatric Disorders with Sus- pected Immune Dysregulation." *Clinical Therapeutics* 37 (5): 984–995. https://doi.org/10.1016/j.clinthera.2015.04.002.

⑱ Marin, I., Goertz, J., Ren, T., Rich, S., Onengut-Gumuscu, S., Farber, E., Wu, M., et al. (2017). "Microbiota Alteration Is Associated with the Development of Stress-Induced De- spair Behavior." *Scientific Reports* 7 (1): 43859. https://doi.org/10.1038/srep43859.

⑲ Lurie, I., Yang, Y.-X., Haynes, K., Mamtani, R., & Boursi, B. (2015). "Antibiotic Exposure and the Risk for Depression, Anxiety, or Psychosis: A Nested Case-Control Study." *Jour- nal of Clinical Psychiatry* 76 (11): 1522–1528. https://doi.org/ 10.4088/JCP.15m09961.

⑳ Marotta, A., Sarno, E., Del Casale, A., Pane, M., Mogna, L., Amoruso, A., Felis, G. E., & Fiorio, M. (2019). "Effects of Probiotics on Cognitive Reactivity, Mood, and Sleep Quality." *Frontiers in Psychiatry* 10: 164. https://doi.org/10.3389/fpsyt.2019.00164.

㉑ Kato-Kataoka, A., Nishida, K., Takada, M., Suda, K., Kawai, M., Shimizu, K., Kushiro, A., et al. (2016). "Fermented Milk Containing *Lactobacillus casei* Strain Shirota Prevents the Onset of Physical Symptoms in Medical Students under Ac- ademic Examination Stress." *Beneficial Microbes* 7 (2): 153– 156. https://doi.org/10.3920/BM2015.0100.

㉒ Guo, Y., Xie, J.-P., Deng, K., Li, X., Yuan, Y., Xuan, Q., Xie, J., et al. (2019). "*Prophylactic Effects of Bifidobacterium ad- olescentis* on Anxiety and Depression-Like Phenotypes after Chronic Stress: A Role of the Gut Microbiota-Inflammation Axis." *Frontiers in Behavioral Neuroscience* 13: 126. https:// doi.org/10.3389/fnbeh.2019.00126.

㉓ Noonan, S., Zaveri, M., Macaninch, E., & Martyn, K. (2020). "Food & Mood: A Review of Supplementary Prebi- otic and Probiotic Interventions in the Treatment of Anxiety and Depression in Adults." *BMJ Nutrition, Prevention & Health* 3 (2): 351–362. https://doi.org/10.1136/bmjnph-2019-000053.

㉔ Strandwitz, P., Kim, K. H., Terekhova, D., Liu, J. K., Sharma, A., Levering, J., McDonald D., et al. (2018). "GABA- Modulating Bacteria of the Human Gut Microbiota." *Nature Microbiology* 4 (3): 396–403. https://doi.org/10.1038/s41564-018-0307-3.

㉕ Guo et al., "*Prophylactic Effects of Bifidobacterium adolescentis* on Anxiety."

㉖ Daulatzai, M. (2015). "Non-Celiac Gluten Sensitivity Triggers Gut Dysbiosis, Neuroinflammation, Gut-Brain Axis Dys- function, and Vulnerability for Dementia." *CNS & Neurological Disorders—Drug Targets* 14 (1): 110–131. www.ingentaconnect.com/content/ben/cnsnddt/2015/00000014/00000001/art00018#Refs.

㉗ Kaliannan, K., Wang, B., Li, X.-Y., Kim, K.-J., & Kang, J. X. (2015). "A Host-Microbiome Interaction Mediates the Opposing Effects of Omega-6 and Omega-3 Fatty Acids on Metabolic Endotoxemia." *Scientific Reports* 5. https://doi.org/10.1038/srep11276.

㉘ Scaioli, E., Liverani, E., & Belluzzi, A. (2017). "The Imbalance between N-6/N-3 Polyunsaturated Fatty Acids and Inflam- matory Bowel Disease: A

Comprehensive Review and Future Therapeutic Perspectives." *International Journal of Molecular Sciences* 18 (12): 2619. https://doi.org/10.3390/ijms18122619.

29 Clarke, G., Fitzgerald, P., Hennessy, A. A., Cassidy, E. M., Quigley, E. M. M., Ross, P., Stanton, C., et al. (2010). "Marked Elevations in Pro-Inflammatory Polyunsaturated Fatty Acid Metabolites in Females with Irritable Bowel Syn- drome." *Journal of Lipid Research* 51 (5): 1186–1192. https:// doi.org/10.1194/jlr.P000695.

30 Shil, A., & Chichger, H. (2021). "Artificial Sweeteners Neg- atively Regulate Pathogenic Characteristics of Two Model Gut Bacteria, *E. coli and E. faecalis." International Journal of Molecular Sciences* 22 (10): 5228. https://doi.org/10.3390/ijms22105228.

31 Wu, W., Zhou, J., Chen, J., Han, H., Liu, J., Niu, T., & Weng, F. (2020). "Dietary κ-Carrageenan Facilitates Gut Microbiota- Mediated Intestinal Inflammation." Preprint, submitted Au- gust 18. https://doi.org/10.21203/rs.3.rs-56671/v1.

32 Aitbali, Y., Ba-M'hamed, S., Elhidar, N., Nafis, A., Soraa, N., & Bennis, M. (2018). "Glyphosate-Based Herbicide Ex- posure Affects Gut Microbiota, Anxiety and Depression-Like Behaviors in Mice." *Neurotoxicology and Teratology* 67: 44–49. https://doi.org/10.1016/j.ntt.2018.04.002.

33 Imhann, F., Bonder, M. J., Vich Vila, A., Fu, J., Mujagic, Z., Vork, L., Tigchelaar, E. F., et al. (2016). "Proton Pump In- hibitors Affect the Gut Microbiome." *Gut* 65 (5): 740–748. https://doi.org/10.1136/gutjnl-2015-310376.

34 Rogers, M. A. M., & Aronoff, D. M. (2015). "The Influ- ence of Non-Steroidal Anti-Inflammatory Drugs on the Gut Microbiome." *Clinical Microbiology and Infection* 22 (2): 178. e1–178.e9. https://doi.org/10.1016/j.cmi.2015.10.003.

35 Camilleri, M., Lembo, A., & Katzka, D. A. (2017). "Opi- oids in Gastroenterology: Treating Adverse Effects and Cre- ating Therapeutic Benefits." *Clinical Gastroenterology and Hepatology* 15 (9): 1338–1349. https://doi.org/10.1016/j.cgh.2017.05.014.

36 Khalili, H. (2015). "Risk of Inflammatory Bowel Disease with Oral Contraceptives and Menopausal Hormone Therapy: Current Evidence and Future Directions." *Drug Safety* 39 (3): 193–197. https://doi.org/10.1007/s40264-015-0372-y.

37 Levy, J. (2000). "The Effects of Antibiotic Use on Gastro- intestinal Function." *American Journal of Gastroenterology* 95 (1 Suppl.): S8–S10. https://doi.org/10.1016/s0002-9270(99) 00808-4.

38 Olivera, A., Moore, T. W., Hu, F., Brown, A. P., Sun, A., Liotta, D. C., Snyder, J. P., et al. (2012). "Inhibition of the NF-κB Signaling Pathway by the Curcumin Analog, 3,5-Bis(2-Pyridinylmethylidene)-4-piperidone (EF31): Anti- Inflammatory and Anti-Cancer Properties." *International Immunopharmacology* 12 (2): 368–377. https://doi.org/10.1016/j.intimp.2011.12.009.

39 Chainani-Wu, Nita. (2003). "Safety and Anti-Inflammatory Activity of Curcumin: A Component of Tumeric *(Curcuma longa)*." *Journal of Alternative and Complementary Medicine* 9 (1): 161–168. https://doi.org/10.1089/107555303321223035.

40 Grzanna, R., Lindmark, L., & Frondoza, C. G. (2005). "Ginger—An Herbal Medicinal Product with Broad Anti- Inflammatory Actions." *Journal of Medicinal Food* 8 (2): 125– 132. https://doi.org/10.1089/jmf.2005.8.125.

41 Arreola, R., Quintero-Fabián, S., López-Roa, R. I., Flores- Gutiérrez, E. O., Reyes-Grajeda, J. P., Carrera-Quintanar, L., & Ortuño-Sahagún, D. (2015). "Immunomodulation and Anti-Inflammatory Effects of Garlic Compounds." *Journal of Immunology Research* 2015: 1–13. https://doi.

org/10.1155/2015/401630.

42 Dorsch, W., Schneider, E., Bayer, T., Breu, W., & Wagner, H. (1990). "Anti-Inflammatory Effects of Onions: Inhibition of Chemotaxis of Human Polymorphonuclear Leukocytes by Thiosulfinates and Cepaenes." *International Archives of Allergy and Applied Immunology* 92 (1): 39–42. https://doi.org/10.1159/000235221.

43 Calder, Philip C. (2010). "Omega-3 Fatty Acids and Inflam- matory Processes." *Nutrients* 2 (3): 355–374. https://doi.org/10.3390/nu2030355.

44 Zhu, F., Du, B., & Xu, B. (2017). "Anti-Inflammatory Ef- fects of Phytochemicals from Fruits, Vegetables, and Food Legumes: A Review." *Critical Reviews in Food Science and Nutrition* 58 (8): 1260–1270. https://doi.org/10.1080/10408 398.2016.1251390.

45 Centers for Disease Control and Prevention (2021). "Births— Method of Delivery." FastStats, CDC. www.cdc.gov/nchs/fastats/delivery.htm.

46 Shin, H., Pei, Z., Martinez II, K. A., Rivera-Vinas, J. I., Mendez, K., Cavallin, H., & Dominguez-Bello, M. G. (2015). "The First Microbial Environment of Infants Born by C-Section: The Operating Room Microbes." *Microbiome* 3. https://doi.org/10.1186/s40168-015-0126-1.

47 Ledger, W. J., & Blaser, M. J. (2013). "Are We Using Too Many Antibiotics during Pregnancy?" *BJOG: An International Journal of Obstetrics and Gynaecology* 120 (12): 1450–1452. https://doi.org/10.1111/1471-0528.12371.

48 Blaser, Martin J. (2014). *Missing Microbes: How the Overuse of Antibiotics Is Fueling Our Modern Plagues* (New York: Henry Holt), 219.

49 Prescott, J. (2015). "[Review of] *Missing Microbes: How the Overuse of Antibiotics Is Fueling Our Modern Plagues.*" *Cana- dian Veterinary Journal* 56 (12): 1260.

50 Anand, D., Colpo, G. D., Zeni, G., Zeni, C. P., & Teixeira, A. L. (2017). "Attention-Deficit/Hyperactivity Disorder and Inflammation: What Does Current Knowledge Tell Us? A Systematic Review." *Frontiers in Psychiatry* 8: 228. https://doi.org/10.3389/fpsyt.2017.00228.

51 Yudkin, J. S., Kumari, M., Humphries, S. E., & Mohamed- Ali, V. (2000). "Inflammation, Obesity, Stress and Coronary Heart Disease: Is Interleukin-6 the Link?" *Atherosclerosis* 148 (2): 209–214. https://doi.org/10.1016/s0021-9150(99)00463-3.

52 Grivennikov, S. I., Greten, F. R., & Karin, M. (2010). "Im- munity, Inflammation, and Cancer." *Cell* 140 (6): 883–899. https://doi.org/10.1016/j.cell.2010.01.025.

53 Leonard, B. E. (2007). "Inflammation, Depression and Dementia: Are They Connected?" *Neurochemical Research* 32 (10): 1749–1756. https://doi.org/10.1007/s11064-007-9385-y.

54 Berk, M., Williams, L. J., Jacka, F. N., O'Neil, A., Pasco, J. A., Moylan, S., Allen, N. B., et al. (2013). "So Depression Is an Inflammatory Disease, but Where Does the Inflammation Come From?" *BMC Medicine* 11 (1): 200. https://doi.org/10.1186/1741-7015-11-200.

55 Felger, "Imaging the Role of Inflammation in Mood and Anxiety-Related Disorders."

56 Jolliffe, D. A., Camargo, C. A., Sluyter, J. D., Aglipay, M., Aloia, J. F., Ganmaa, D., Bergman P., et al. (2021). "Vitamin D Supplementation to Prevent Acute Respiratory Infections: A Systematic Review and Meta-Analysis of Aggregate Data from Randomised Controlled Trials." *The Lancet Diabetes & Endocrinology* 9 (5): 276–292. https://doi.org/10.1016/S2213-8587(21)00051-6.

57 Picotto, G., Liaudat, A. C., Bohl, L., & Tolosa de Talamoni, N. (2012). "Molecular Aspects of Vitamin D Anticancer Ac- tivity." *Cancer Investigation* 30 (8): 604–614. https://doi.org/10.3109/07357907.2012.721039.

58 Martineau, A. R., Jolliffe, D. A., Hooper, R. L., Greenberg, L., Aloia, J. F., Bergman, P., Dubnov-Raz, G., et al. (2017). "Vitamin D Supplementation to Prevent Acute Respiratory Tract Infections: Systematic Review and Meta-Analysis of In- dividual Participant Data." BMJ 2017 (356): i6583. https:// doi.org/10.1136/bmj.i6583.

59 Akbar, N. A., & Zacharek, M. A. (2011). "Vitamin D: Im- munomodulation of Asthma, Allergic Rhinitis, and Chronic Rhinosinusitis." *Current Opinion in Otolaryngology and Head and Neck Surgery* 19 (3): 224–228. https://doi.org/10.1097/MOO.0b013e3283465687.

60 Aranow, C. (2011). "Vitamin D and the Immune System." *Journal of Investigative Medicine: The Official Publication of the American Federation for Clinical Research* 59 (6): 881–886. https://doi.org/10.2310/JIM.0b013e31821b8755.

61 Littlejohns, T. J., Henley, W. E., Lang, I. A., Annweiler, C., Beauchet, O., Chaves, P. H. M., Fried, L., et al. (2014). "Vitamin D and the Risk of Dementia and Alzheimer Dis- ease." *Neurology* 83 (10): 920–928. https://doi.org/10.1212/wnl.0000000000000755.

62 Wang, T. J., Pencina, M. J., Booth, S. L., Jacques, P. F., Ingels- son, E., Lanier, K., Benjamin, E. J., et al. (2008). "Vitamin D Deficiency and Risk of Cardiovascular Disease." Circula- tion 117 (4): 503–511. https://doi.org/10.1161/circulationaha.107.706127.

63 Lips, P., & van Schoor, N. M. (2011). "The Effect of Vitamin D on Bone and Osteoporosis." *Best Practice & Research Clin- ical Endocrinology & Metabolism* 25 (4): 585–591. https://doi.org/10.1016/j.beem.2011.05.002.

64 Pilz, S., Zittermann, A., Obeid, R., Hahn, A., Pludowski, P., Trummer, C., Lerchbaum, E., et al. (2018). "The Role of Vitamin D in Fertility and during Pregnancy and Lactation: A Review of Clinical Data." *International Journal of Environ- mental Research and Public Health* 15 (10): 2241. https://doi.org/10.3390/ijerph15102241.

65 Picotto et al., "Molecular Aspects of Vitamin D Anticancer Activity."

66 Garland, C. F., Garland, F. C., Gorham, E. D., Lipkin, M., Newmark, H., Mohr, S. B., & Holick, M. F. (2006). "The Role of Vitamin D in Cancer Prevention." *American Journal of Public Health* 96 (2): 252–261. https://doi.org/10.2105/ajph.2004.045260.

67 Fleet, J. C., DeSmet, M., Johnson, R., & Li, Y. (2012). "Vitamin D and Cancer: A Review of Molecular Mechanisms." *Biochemical Journal* 441 (1): 61–76. https://doi.org/10.1042/BJ20110744.

68 Hargrove, L., Francis, T., & Francis, H. (2014), "Vitamin D and GI Cancers: Shedding Some Light on Dark Dis- eases." *Annals of Translational Medicine* 2 (1): 9. https://doi.org/10.3978/j.issn.2305-5839.2013.03.04.

69 Vuolo, L., Di Somma, C., Faggiano, A., & Colao, A. (2012). "Vitamin D and Cancer." *Frontiers in Endocrinology* 3: 58. https://doi.org/10.3389/fendo.2012.00058.

70 Chakraborti, C. K. (2011). "Vitamin D as a Promising An- ticancer Agent." *Indian Journal of Pharmacology* 43 (2): 113– 120. https://doi.org/10.4103/0253-7613.77335.

71 Menon, V., Kar, S. K., Suthar, N., & Nebhinani, N. (2020). "Vitamin D and Depression: A Critical Appraisal of the Evidence and Future Directions." *Indian Journal of Psycholog- ical Medicine* 42 (1): 11–21. https://doi.org/10.4103/IJPSYM.IJPSYM_160_19.

72 Armstrong, D. J., Meenagh, G. K., Bickle, I., Lee, A. S. H., Curran, E.-S., & Finch, M. B. (2007). "Vitamin D Defi- ciency Is Associated with Anxiety and Depression in Fibro- myalgia." *Clinical Rheumatology* 26 (4): 551–554. https://doi.org/10.1007/s10067-006-0348-5.

73 Parva, N. R., Tadepalli, S., Singh, P., Qian, A., Joshi, R., Kandala, H., Nookala, V. K., & Cheriyath, P. (2018). "Prev- alence of Vitamin D Deficiency and Associated Risk Factors in the US Population (2011–2012)." *Cureus* 10 (6). https://doi.org/10.7759/cureus.2741.

74 Mithal, A., Wahl, D. A., Bonjour, J.-P., Burckhardt, P., Dawson-Hughes, B., Eisman, J. A., El-Hajj Fuleihan, G., et al. (2009). "Global Vitamin D Status and Determinants of Hypovitaminosis D." *Osteoporosis International* 20 (11): 1807–1820. https://doi.org/10.1007/s00198-009-0954-6.

75 Kumar, J., Muntner, P., Kaskel, F. J., Hailpern, S. M., & Melamed, M. L. (2009). "Prevalence and Associations of 25-Hydroxyvitamin D Deficiency in US Children: NHANES 2001–2004." *Pediatrics* 124 (3): e362–e370. https://doi.org/10.1542/peds.2009-0051.

76 Amrein, K., Scherkl, M., Hoffmann, M., Neuwersch- Sommeregger, S., Köstenberger, M., Tmava Berisha, A., Mar- tucci, G., et al. (2020). "Vitamin D Deficiency 2.0: An Update on the Current Status Worldwide." *European Journal of Clinical Nutrition* 74 (11): 1498–1513. https://doi.org/10.1038/s41430-020-0558-y.

77 Bradford, P. T. (2009). "Skin Cancer in Skin of Color." *Der- matology Nursing* 21 (4): 170–178. https://www.ncbi.nlm.nih.gov/pmc/articles/PMC2757062.

78 University of Pennsylvania. (2017). "Genes Responsible for Diversity of Human Skin Colors Identified." *ScienceDaily*, October 12. www.sciencedaily.com/releases/2017/10/1710121 43324.htm.

79 University of Pennsylvania, "Genes Responsible."

80 Bradford, "Skin Cancer in Skin of Color."

81 Brenner, M., & Hearing, V. J. (2008). "The Protective Role of Melanin against UV Damage in Human Skin." *Photochemis- try and Photobiology* 84 (3): 539–549. https://doi.org/10.1111/j.1751-1097.2007.00226.x.

82 Montagna, W., & Carlisle, K. (1991). "The Architecture of Black and White Facial Skin." *Journal of the American Academy of Dermatology* 24 (6): 929–937. https://doi.org/10.1016/0190-9622(91)70148-u.

83 Mezza, T., Muscogiuri, G., Sorice, G. P., Prioletta, A., Salo- mone, E., Pontecorvi, A., & Giaccari, A. (2012). "Vitamin D Deficiency: A New Risk Factor for Type 2 Diabetes?" *An- nals of Nutrition & Metabolism* 61 (4): 337–348. https://doi.org/10.1159/000342771.

84 Martin, T., & Campbell, R. K. (2011). "Vitamin D and Diabetes." *Diabetes Spectrum* 24 (2): 113–118. https://doi.org/10.2337/diaspect.24.2.113.

85 Marks, R. (2020). "Obesity, COVID-19 and Vitamin D: Is There an Association Worth Examining?" *Advances in Obe- sity, Weight Management & Control* 10 (3): 59–63. https://doi. org/10.15406/aowmc.2020.10.00307.

86 Castillo, M. E., Costa, L. M. E., Barrios, J. M. V., Díaz, J. F. A., Miranda, J. L., Bouillon, R., & Gomez, J. M. Q. (2020). "Effect of Calcifediol Treatment and Best Available Therapy versus Best Available Therapy on Intensive Care Unit Admission and Mortality among Patients Hospitalized for COVID-19: A

Pilot Randomized Clinical Study." *Journal of Steroid Biochemistry and Molecular Biology* 203. https://doi.org/10.1016/j.jsbmb.2020.105751.

87 Meltzer, D. O., Best, T. J., Zhang, H., Vokes, T., Arora, V., & Solway, J. (2020). "Association of Vitamin D Status and Other Clinical Characteristics with COVID-19 Test Re- sults." *JAMA Network Open* 3 (9). https://doi.org/10.1001/jamanetworkopen.2020.19722.

88 Littlejohns et al., "Vitamin D and the Risk of Dementia and Alzheimer Disease."

89 Garland et al., "The Role of Vitamin D in Cancer Prevention."

90 Bilinski, K., & Boyages, J. (2013). "Association between 25-Hydroxyvitamin D Concentration and Breast Cancer Risk in an Australian Population: An Observational Case-Control Study." *Breast Cancer Research and Treatment* 137 (2): 599– 607. https://doi.org/10.1007/s10549-012-2381-1.

91 Holick, M. F. (2004). "Sunlight and Vitamin D for Bone Health and Prevention of Autoimmune Diseases, Cancers, and Cardiovascular Disease." Supplement, *American Journal of ClinicalNutrition* 80(6):1678S–1688S.https://doi.org/10.1093/ajcn/80.6.1678S.

92 Brøndum-Jacobsen, P., Benn, M., Jensen, G. B., & Nordestgaard, B. G. (2012). "25-Hydroxyvitamin D Levels and Risk of Isch- emic Heart Disease, Myocardial Infarction, and Early Death: Population-Based Study and Meta-Analyses of 18 and 17 Studies." *Arteriosclerosis, Thrombosis, and Vascular Biology* 32 (11): 2794–2802. https://doi.org/10.1161/ATV BAHA.112.248039.

93 Wang et al., "Vitamin D Deficiency and Risk of Cardiovas- cular Disease."

94 Lips & van Schoor, "The Effect of Vitamin D on Bone and Osteoporosis."

95 Brehm, J. M., Celedón, J. C., Soto-Quiros, M. E., Avila, L., Hunninghake, G. M., Forno, E., Laskey, D., et al. (2009). "Serum Vitamin D Levels and Markers of Severity of Child- hood Asthma in Costa Rica." *American Journal of Respira- tory and Critical Care Medicine* 179 (9): 765–771. https://doi.org/10.1164/rccm.200808-1361OC.

96 Munger, K. L., Levin, L. I., Hollis, B. W., Howard, N. S., & Ascherio, A. (2006). "Serum 25-Hydroxyvitamin D Levels and Risk of Multiple Sclerosis." *JAMA* 296 (23): 2832–2838. https://doi.org/10.1001/jama.296.23.2832.

97 Kriegel, M. A., Manson, J. E., & Costenbader, K. H. (2011). "Does Vitamin D Affect Risk of Developing Autoimmune Disease?: A Systematic Review." *Seminars in Arthritis and Rheu- matism* 40 (6): 512–531. https://doi.org/10.1016/j.semarthrit.2010.07.009.

98 Anglin, R. E. S., Samaan, Z., Walter, S. D., & McDonald, S. D. (2013). "Vitamin D Deficiency and Depression in Adults: Sys- tematic Review and Meta-Analysis." *British Journal of Psychiatry* 202 (2): 100–107. https://doi.org/10.1192/bjp.bp.111.106666.

99 Armstrong et al., "Vitamin D Deficiency Is Associated with Anxiety and Depression in Fibromyalgia."

100 Hansen, J. P., Pareek, M., Hvolby, A., Schmedes, A., Toft, T., Dahl, E., & Nielsen, C. T. (2019). "Vitamin D3 Supplemen- tation and Treatment Outcomes in Patients with Depression (D3-Vit-Dep)." *BMC Research Notes* 12 (1): 203. https://doi.org/10.1186/s13104-019-4218-z.

101 Lansdowne, A. T. G., & Provost, S. C. (1998). "Vitamin D3 Enhances Mood in Healthy Subjects during Winter." *Psychopharmacology* 135 (4): 319–323. https://doi.org/10.1007/s002130050517.

102 Mead, M. N. (2008). "Benefits of Sunlight: A Bright Spot for Human Health." *Environmental Health Perspectives* 116 (4): A160–A167. https://doi.

org/10.1289/ehp.116-a160.

103 Kresser, C. (2021). "Vitamin D: More Is Not Better." *Chris Kresser* (blog), June 12. https://chriskresser.com/vitamin-d-more-is-not-better/.

104 Sprouse-Blum, A. S., Smith, G., Sugai, D., & Parsa, F. D. (2010). "Understanding Endorphins and Their Importance in Pain Management." *Hawaii Medical Journal* 69 (3): 70–71. https://www.ncbi.nlm.nih.gov/pmc/articles/PMC3104618.

105 Fell, G. L., Robinson, K. C., Mao, J., Woolf, C. J., & Fisher, D. E. (2014). "Skin β-Endorphin Mediates Addic- tion to UV Light." Cell 157 (7): 1527–1534. https://doi.org/10.1016/j.cell.2014.04.032.

106 Smillie, S. J., King, R., Kodji, X., Outzen, E., Pozsgai, G., Fernandes, E., Marshall, N., et al. (2014). "An Ongoing Role of α-Calcitonin Gene-Related Peptide as Part of a Protective Network against Hypertension, Vascular Hypertrophy, and Oxidative Stress." *Hypertension* 63 (5): 1056–1062. https://doi.org/10.1161/HYPERTENSIONAHA.113.02517.

107 Staniek, V., Liebich, C., Vocks, E., Odia, S. G., Doutreme- puich, J. D., Ring, J., Claudy, A., et al. (1998). "Modulation of Cutaneous SP Receptors in Atopic Dermatitis after UVA Ir- radiation." *Acta Dermato-Venereologica* 78 (2): 92–94. https:// doi.org/10.1080/000155598433386.

108 Pavlovic, S., Liezmann, C., Blois, S. M., Joachim, R., Kruse, J., Romani, N., Klapp, B. F., & Peters, E. M. J. (2010). "Sub- stance P Is a Key Mediator of Stress-Induced Protection from Allergic Sensitization via Modified Antigen Presenta- tion." *Journal of Immunology* 186 (2): 848–855. https://doi.org/10.4049/jimmunol.0903878.

109 Holliman, G., Lowe, D., Cohen, H., Felton, S., & Raj, K. (2017). "Ultraviolet Radiation-Induced Production of Nitric Oxide: A Multi-Cell and Multi-Donor Analysis." *Scientific Reports* 7 (1): 11105. https://doi.org/10.1038/s41598-017-11567-5.

110 Lindqvist, P. G., Epstein, E., Nielsen, K., Landin-Olsson, M., Ingvar, C., & Olsson, H. (2016). "Avoidance of Sun Exposure as a Risk Factor for Major Causes of Death: A Competing Risk Analysis of the Melanoma in Southern Sweden Cohort." *Journal of Internal Medicine* 280 (4): 375–387. https://doi.org/10.1111/joim.12496.

111 Lindqvist et al. "Avoidance of Sun Exposure as a Risk Factor."

112 Aziz, I., Lewis, N. R., Hadjivassiliou, M., Winfield, S. N., Rugg, N., Kelsall, A., Newrick, L., & Sanders, D. S. (2014). "A UK Study Assessing the Population Prevalence of Self-Reported Gluten Sensitivity and Referral Characteristics to Secondary Care." *European Journal of Gastroenterology & Hepatology* 26 (1): 33–39. https://doi.org/10.1097/01.meg.0000435546.87251.f7.

113 *Industrial Safety and Hygiene News*. (2021). "Another Country Bans Glyphosate Use." January 21. www.ishn.com/articles/112144-another-country-bans-glyphosate-use.

114 Reuters staff. (2021). "German Cabinet Approves Legislation to Ban Glyphosate from 2024." Reuters, February 10. www.reuters.com/article/us-germany-farming-lawmaking/german-cabinet-approves-legislation-to-ban-glyphosate-from-2024-idUSKBN2AA1GF.

115 Samsel, A., & Seneff, S. (2013). "Glyphosate, Pathways to Modern Diseases II: Celiac Sprue and Gluten Intolerance." *Interdisciplinary Toxicology* 6 (4): 159–184. https://doi.org/10.2478/intox-2013-0026.

116. Center for Biological Diversity. (2020). "EPA Finds Gly- phosate Is Likely to Injure or Kill 93% of Endangered Species." November 25. https://biologicaldiversity.org/w/news/press-releases/epa-finds-glyphosate-likely-injure-or-kill-93-endangered-species-2020-11-25.

117. Wong, K. V. (2017). "Gluten and Thyroid Health." *Juniper Online Journal of Public Health* 1 (3). https://doi.org/10.19080/jojph.2017.01.555563.

118. Benvenga, S., & Guarneri, F. (2016). "Molecular Mimicry and Autoimmune Thyroid Disease." *Reviews in Endocrine & Metabolic Disorders* 17 (4): 485–498. https://doi.org/10.1007/s11154-016-9363-2.

119. International Agency for Research on Cancer. (2015). "IARC Monograph on Glyphosate." www.iarc.who.int/featured-news/media-centre-iarc-news-glyphosate/.

120. Caio, G., Volta, U., Tovoli, F., & De Giorgio, R. (2014). "Ef- fect of Gluten Free Diet on Immune Response to Gliadin in Patients with Non-Celiac Gluten Sensitivity." *BMC Gastroen- terology* 14 (1): 26. https://doi.org/10.1186/1471-230x-14-26.

121. Hillman, M., Weström, B., Aalaei, K., Erlanson-Albertsson, C., Wolinski, J., Lozinska, L., Sjöholm, I., et al. (2019). "Skim Milk Powder with High Content of Maillard Reaction Prod- ucts Affect Weight Gain, Organ Development and Intestinal Inflammation in Early Life in Rats." *Food and Chemical Tox- icology* 125: 78–84. https://doi.org/10.1016/j.fct.2018.12.015.

122. Fukudome, S., & Yoshikawa, M. (1992). "Opioid Peptides Derived from Wheat Gluten: Their Isolation and Charac- terization." *FEBS Letters* 296 (1): 107–111. https://doi.org/10.1016/0014-5793(92)80414-c.

123. Trivedi, M., Zhang, Y., Lopez-Toledano, M., Clarke, A., & Deth, R. (2016). "Differential Neurogenic Effects of Casein- Derived Opioid Peptides on Neuronal Stem Cells: Impli- cations for Redox-Based Epigenetic Changes." *Journal of Nutritional Biochemistry* 37: 39–46. https://doi.org/10.1016/j.jnutbio.2015.10.012.

124. Liu, Z., & Udenigwe, C. C. (2018). "Role of Food-Derived Opioid Peptides in the Central Nervous and Gastrointestinal Systems." *Journal of Food Biochemistry* 43 (1). https://doi.org/10.1111/jfbc.12629.

125. Trivedi, M. S., Shah, J. S., Al-Mughairy, S., Hodgson, N. W., Simms, B., Trooskens, G. A., Van Criekinge, W., & Deth, R. C. (2014). "Food-Derived Opioid Peptides Inhibit Cysteine Uptake with Redox and Epigenetic Consequences." *Journal of Nutritional Biochemistry* 25 (10): 1011–1018. https://doi.org/10.1016/j.jnutbio.2014.05.004.

126. ScienceDirect."Casomorphin."(2021).www.sciencedirect.com/topics/agricultural-and-biological-sciences/casomorphin.

127. Teschemacher, H., Koch, G., & Brantl, V. (1997). "Milk Protein-Derived Opioid Receptor Ligands." *Biopolymers* 43 (2): 99–117. https://doi.org/10.1002/(SICI)1097-0282(1997) 43:2<99::AID-BIP3>3.0.CO;2-V.

128. Goldmeier, D., Garvey, L., & Barton, S. (2008). "Does Chronic Stress Lead to Increased Rates of Recurrences of Genital Her- pes—A Review of the Psychoneuroimmunological Evidence?" *International Journal of STD & AIDS* 19 (6): 359–362. https:// doi.org/10.1258/ijsa.2007.007304.

129. Mindel, A., & Marks, C. (2005). "Psychological Symptoms Associated with Genital Herpes Virus Infections: Epidemiology and Approaches to Management." *CNS Drugs* 19 (4): 303–312. https://doi.org/10.2165/00023210-200519040-00003.

09 | 女性的荷爾蒙健康與焦慮

❶ Tasca, C., Rapetti, M., Carta, M. G., & Fadda, B. (2012). "Women and Hysteria in the History of Mental Health." *Clinical Practice and Epidemiology in Mental Health* 8: 110–19. https://dx.doi.org/10.2174%2F1745017901208010110.

❷ Minerbi, A., & Fitzcharles, M. A. (2020). "Gut Microbiome: Pertinence in Fibromyalgia." Supplement 123, *Clinical and Experimental Rheumatology* 38 (1): 99–104. https://pubmed.ncbi.nlm.nih.gov/32116215/.

❸ Myhill, S., Booth, N. E., & McLaren-Howard, J. (2009). "Chronic Fatigue Syndrome and Mitochondrial Dysfunction." *International Journal of Clinical and Experimental Medicine* 2 (1): 1–16. https://pubmed.ncbi.nlm.nih.gov/19436827.

❹ Bartels, E. M., Dreyer, L., Jacobsen, S., Jespersen, A., Bliddal, H., & Danneskiold-Samsøe, B. (2009). "Fibromyalgi, diag- nostik og praevalens. Kan kønsforskellen forklares?" [Fibro- myalgia, Diagnosis and Prevalence. Are Gender Differences Explainable?]. *Ugeskr Laeger* 171 (49): 3588–3592. https://pubmed.ncbi.nlm.nih.gov/19954696/.

❺ American Thyroid Association. "General Information/Press Room." AccessedAugust19,2021.www.thyroid.org/media-main/press-room/.

❻ American Thyroid Association, "General Information/PressRoom."

❼ Harvard Health. (2021). "The Lowdown on Thyroid Slowdown." August 17. www.health.harvard.edu/diseases-and-conditions/the-lowdown-on-thyroid-slowdown.

❽ Chiovato, L., Magri, F., & Carlé, A. (2019). "Hypothyroidismin Context: Where We've Been and Where We're Going." *Advances in Therapy* 36: 47–58. https://doi.org/10.1007/s12325-019-01080-8.

❾ Mayo Clinic. (2021). "Premenstrual Syndrome (PMS)—Symptoms and Causes." www.mayoclinic.org/diseases-conditions/premenstrual-syndrome/symptoms-causes/syc-20376780.

❿ Dodson, R. E., Nishioka, M., Standley, L. J., Perovich, L. J.,Brody, J. G., & Rudel, R. A. (2012). "Endocrine Disruptorsand Asthma-Associated Chemicals in Consumer Products." *Environmental Health Perspectives* 120 (7): 935–943. https:// doi.org/10.1289/ehp.1104052.

⓫ Peinado, Francisco M., Iribarne-Durán, Luz M., Ocón-Hernández, Olga, Olea, Nicolás, & Artacho-Cordón, Francisco. (2020). "Endocrine Disrupting Chemicals in Cosmetics and Personal Care Products and Risk of Endometriosis." IntechOpen, Feb- ruary 25. https://www.intechopen.com/chapters/72654.

⓬ Patel, S. (2017). "Fragrance Compounds: The Wolves in Sheep's Clothings." *Medical Hypotheses* 102: 106–111. https://doi.org/10.1016/j.mehy.2017.03.025.

⓭ Dodson et al., "Endocrine Disruptors and Asthma-Associated Chemicals in Consumer Products."

⓮ Weatherly, L. M., & Gosse, J. A. (2017). "Triclosan Expo- sure, Transformation, and Human Health Effects." *Journal of Toxicology and Environmental Health. Part B, Critical Reviews* 20 (8): 447–469. https://doi.org/10.1080/10937404.2017.1399306.

⓯ Rowdhwal, S. S. S., & Chen, J. (2018). "Toxic Effects of Di-2-ethylhexyl Phthalate: An Overview." *BioMed Research International*, 1750368. https://doi.

org/10.1155/2018/1750368.

⑯ Hormann, A. M., Vom Saal, F. S., Nagel, S. C., Stahlhut, R. W., Moyer, C. L., Ellersieck, M. R., Welshons, W. V., Toutain, P. L., & Taylor, J. A. (2014). "Holding Thermal Receipt Pa-per and Eating Food after Using Hand Sanitizer Results in High Serum Bioactive and Urine Total Levels of Bisphenol A (BPA)." *PLoS ONE* 9 (10): e110509. https://doi.org/10.1371/journal.pone.0110509.

⑰ Hayes, T. B., Khoury, V., Narayan, A., Nazir, M., Park, A., Brown, T., Adame, L., et al. (2010). "Atrazine Induces Complete Feminization and Chemical Castration in Male African Clawed Frogs (Xenopus laevis)." *Proceedings of the National Academy of Sciences* 107 (10): 4612–4617. https://doi.org/10.1073/pnas.0909519107.

⑱ Sanders, R. (2010). "Pesticide Atrazine Can Turn Male Frogsinto Females." Berkeley News, March 1. https://news.berkeley.edu/2010/03/01/frogs/.

⑲ Berg, J. M., Tymoczko, J. L., & Stryer, L. (2002). "Important Derivatives of Cholesterol Include Bile Salts and Steroid Hor- mones," in *Biochemistry*, 5th ed. (New York: W. H. Freeman).www.ncbi.nlm.nih.gov/books/NBK22339/.

⑳ Solano, M. E., & Arck, P. C. (2020). "Steroids, Pregnancy and Fetal Development." *Frontiers in Immunology* 10. https://doi.org/10.3389/fimmu.2019.03017.

㉑ Pickworth, C. K. (2016). "Women's Health and Hormonal Axes." Women in Balance Institute. https://womeninbalance.org/2016/12/13/womens-health-and-hormonal-axes/.

㉒ Skovlund, C. W., Mørch, L. S., Kessing, L. V., & Lidegaard, Ø.(2016). "Association of Hormonal Contraception with De- pression." *JAMA Psychiatry* 73 (11): 1154–1162. https://doi.org/10.1001/jamapsychiatry.2016.2387. Erratum in *JAMA Psychiatry* 74 (7): 764. https://doi.org/10.1001/jamapsychiatry.2017.1446.

㉓ Anderl, C., Li, G., & Chen, F. S. (2020). "Oral Contraceptive Use in Adolescence Predicts Lasting Vulnerability to Depres- sion in Adulthood." *Journal of Child Psychology and Psychiatry* 61 (2): 148–156. https://doi.org/10.1111/jcpp.13115.

㉔ Williams, W. V. (2017). "Hormonal Contraception and the Development of Autoimmunity: A Review of the Literature." *Linacre Quarterly* 84 (3): 275–295. https://doi.org/10.1080/0 0243639.2017.1360065.

㉕ Palmery, M., Saraceno, A., Vaiarelli, A., & Carlomagno, G.(2013). "Oral Contraceptives and Changes in Nutritional Re- quirements." *European Review for Medical and Pharmacological Sciences* 17 (13): 1804–1813. https://pubmed.ncbi.nlm.nih.gov/23852908.

㉖ Williams, A.-I., Cotter, A., Sabina, A., Girard, C., Goodman, J., & Katz, D. L. (2005). "The Role for Vitamin B-6 as Treatment for Depression: A Systematic Review." *Family Practice* 22 (5): 532–537. https://doi.org/10.1093/fampra/cmi040.

㉗ Khalili, H., Granath, F., Smedby, K. E., Ekbom, A., Neovius, M., Chan, A. T., & Olen, O. (2016). "Association between Long-Term Oral Contraceptive Use and Risk of Crohn's Dis- ease Complications in a Nationwide Study." *Gastroenterology* 150(7): 1561–1567. https://doi.org/10.1053/j.gastro.2016.02.041.

㉘ Etminan, M., Delaney, J. A. C., Bressler, B., & Brophy, J. M. (2011). "Oral Contraceptives and the Risk of Gallbladder Dis-ease: A Comparative Safety Study." *Canadian Medical Association Journal* 183 (8): 899–904. https://doi.org/10.1503/cmaj.110161.

29 Benagiano, G., Benagiano, M., Bianchi, P., D'Elios, M. M., & Brosens, I. (2019). "Contraception in Autoimmune Diseases." *Best Practice & Research Clinical Obstetrics & Gynaecology* 60: 111–123. https://doi.org/10.1016/j.bpobgyn.2019.05.003.

30 Williams, "Hormonal Contraception and the Development of Autoimmunity: A Review of the Literature."

31 Zimmerman, Y., Eijkemans, M. J., Coelingh Bennink, H. J., Blankenstein, M. A., & Fauser, B. C. (2014). "The Effect of Combined Oral Contraception on Testosterone Levels in Healthy Women: A Systematic Review and Meta-Analysis." *Human Reproduction Update* 20 (1): 76–105. https://doi.org/10.1093/humupd/dmt038.

32 Zimmerman et al., "The Effect of Combined Oral Contraception on Testosterone Levels in Healthy Women: A Systematic Review and Meta-Analysis."

33 Skovlund et al., "Association of Hormonal Contraception with Depression."

34 Barthelmess, E. K., & Naz, R. K. (2014). "Polycystic Ovary Syndrome: Current Status and Future Perspective." *Frontiers in Bioscience* (Elite Edition) 6 (1): 104–119. https://doi.org/10.2741/e695.

35 Jingjing Liu, Qunhong Wu, Yanhua Hao, Mingli Jiao, Xing Wang, Shengchao Jiang, & Liyuan Han. (2021). "Measuring the Global Disease Burden of Polycystic Ovary Syndrome in 194 Countries: Global Burden of Disease Study 2017." *Human Reproduction* 36 (4): 1108–1119. https://doi.org/10.1093/humrep/deaa371.

36 Barkley, G. S. (2008). "Factors Influencing Health Behaviors in the National Health and Nutritional Examination Survey, III (NHANES III)." Social Work in Health Care 46 (4): 57–79. https://doi.org/10.1300/J010v46n04_04.

37 Franks, S., Gharani, N., Waterworth, D., Batty, S., White, D., Williamson, R., & McCarthy, M. (1997). "The Genetic Basis of Polycystic Ovary Syndrome." *Human Reproduction* 12 (12):2641–2648. https://doi.org/10.1093/humrep/12.12.2641.

38 Kasim-Karakas, S. E., Cunningham, W. M., & Tsodikov, A. (2007). "Relation of Nutrients and Hormones in Polycystic Ovary Syndrome." *American Journal of Clinical Nutrition* 85 (3): 688–694. https://doi.org/10.1093/ajcn/85.3.688.

39 Basu, B. R., Chowdhury, O., & Saha, S. K. (2018). "Possible Link between Stress-Related Factors and Altered Body Com- position in Women with Polycystic Ovarian Syndrome." *Jour nal of Human Reproductive Sciences* 11 (1): 10–18. https://doi.org/10.4103/jhrs.JHRS_78_17.

40 Dunaif, A. (1997). "Insulin Resistance and the Polycystic Ovary Syndrome: Mechanism and Implications for Patho- genesis." *Endocrine Reviews* 18 (6): 774–800. https://doi.org/10.1210/edrv.18.6.0318.

41 González, F. (2012). "Inflammation in Polycystic Ovary Syn- drome: Underpinning of Insulin Resistance and Ovarian Dysfunction." *Steroids* 77 (4): 300–305. https://doi.org/10.1016/j.steroids.2011.12.003.

42 Gorpinchenko, I., Nikitin, O., Banyra, O., & Shulyak, A. (2014). "The Influence of Direct Mobile Phone Radiation on Sperm Quality." *Central European Journal of Urology* 67 (1):65–71. https://doi.org/10.5173/ceju.2014.01.art14.

43 Chua, T.-E., Bautista, D. C., Tan, K. H., Yeo, G., & Chen, H. (2018). "Antenatal Anxiety: Prevalence and Patterns in a Routine Obstetric Population." *Annals of the Academy of Med icine*, Singapore 47 (10): 405–412. http://www.annals.edu.sg/pdf/47VolNo10Oct2018/MemberOnly/V47N10p405.pdf.

44 Linnakaari, R., Nelle, N., Mentula, M., Bloigu, A., Gissler, M., Heikinheimo, O., & Niinimäki, M. (2019). "Trends in theIncidence, Rate and Treatment of Miscarriage—NationwideRegister-Study in Finland, 1998–2016." *Human Reproduction* 34 (11): 2120–2128. https://doi.org/10.1093/humrep/dez211.

45 Declercq, E., & Zephyrin, L. (2021). "Maternal Mortality in the United States: A Primer." Commonwealth Fund, Decem- ber 16. www.commonwealthfund.org/publications/issue-brief-report/2020/dec/maternal-mortality-united-states-primer.

46 Centers for Disease Control and Prevention. (2021). "Work-ing Together to Reduce Black Maternal Mortality." Minority Health and Health Equity, CDC. www.cdc.gov/healthequity/features/maternal-mortality/index.html.

47 Berman, J. (2021). "Women's Unpaid Work Is the Backboneof the American Economy." Marketwatch, April 15. www.marketwatch.com/story/this-is-how-much-more-unpaid-work-women-do-than-men-2017-03-07.

48 Tolbert, J., Orgera, K., & Damico, A. (2020). "Key Facts aboutthe Uninsured Population." KFF, November 6. https://www.kff.org/uninsured/issue-brief/key-facts-about-the-uninsured-population.

49 Mental Health America. (2021). "The State of Mental Healthin America." www.mhanational.org/issues/state-mental-health-america.

50 Fairbrother, N., Janssen, P., Antony, M. M., Tucker, E., & Young, A. H. (2016). "Perinatal Anxiety Disorder Prevalence and Incidence." *Journal of Affective Disorders* 200: 148–155. https://doi.org/10.1016/j.jad.2015.12.082.

51 MGH Center for Women's Mental Health. (2015). "Is It Postpartum Depression or Postpartum Anxiety? What's theDifference?" September 30. https://womensmentalhealth.org/posts/is-it-postpartum-depression-or-postpartum-anxiety-whats-the-difference/.

52 Jamieson, D. J., Theiler, R. N., & Rasmussen, S. A. (2006)."Emerging Infections and Pregnancy." *Emerging Infectious Diseases* 12 (11): 1638–1643. https://pubmed.ncbi.nlm.nih.gov/17283611.

53 Khashan, A. S., Kenny, L. C., Laursen, T. M., Mahmood, U., Mortensen, P. B., Henriksen, T. B., & O'Donoghue, K. (2011)."Pregnancy and the Risk of Autoimmune Disease." *PLoS ONE* 6 (5). https://doi.org/10.1371/journal.pone.0019658.

10 | 沉默的流行病

1 Martin, C. B., Hales, C. M., Gu, Q., & Ogden, C. L. (2019)."Prescription Drug Use in the United States, 2015–2016." NCHS Data Brief No. 334, May. Centers for Disease Control and Prevention. www.cdc.gov/nchs/products/databriefs/db334.htm.

2 "America's State of Mind Report." (2020). Express Scripts,April 16. https://www.express-scripts.com/corporate/americas-state-of-mind-report.

3 Christensen, J. C. (2021). "Benzodiazepines Might Be a 'Hidden Element' of the US Overdose Epidemic." CNN, January 20. www.cnn.com/2020/01/20/health/benzodiazepines-prescriptions-study/index.html.

4 Nemeroff, C. B. (2003). "The Role of GABA in the Patho- physiology and Treatment of Anxiety Disorders." *Psycho- pharmacology Bulletin* 37 (4): 133–146. https://pubmed.ncbi.nlm.nih.gov/15131523/.

❺ Lydiard, R. B. (2003). "The Role of GABA in Anxiety Disor- ders." Supplement 3, *Journal of Clinical Psychiatry* 64: 21–27.https://pubmed.ncbi.nlm.nih.gov/12662130.

❻ Griffin III, C. E., Kaye, A. M., Bueno, F. R., & Kaye, A. D. (2013). "Benzodiazepine Pharmacology and Central Nervous System–Mediated Effects." *Ochsner Journal* 13 (2): 214–223.https://www.ncbi.nlm.nih.gov/pmc/articles/PMC3684331.

❼ Barnes Jr., E. M. (1996). "Use-Dependent Regulation of $GABA_A$ Receptors." *International Review of Neurobiology* 39: 53–76. https://doi.org/10.1016/s0074-7742(08)60663-7.

❽ Higgitt, A., Fonagy, P., & Lader, M. (1988). "The Natural History of Tolerance to the Benzodiazepines." Monograph supplement, *Psychological Medicine* 13: 1–55. https://doi.org/10.1017/s0264180100000412.

❾ Cookson, J. C. (1995). "Rebound Exacerbation of Anxiety during Prolonged Tranquilizer Ingestion." *Journal of the Royal Society of Medicine* 88 (9): 544. https://pubmed.ncbi.nlm.nih.gov/7562864.

❿ Alexander, Scott. (2015). "Things That Sometimes Work ifYou Have Anxiety." *Slate Star Codex* (blog), June 13. https:// slatestarcodex.com/2015/07/13/things-that-sometimes-work-if-you-have-anxiety.

⓫ Davies, J., & Read, J. (2019). "A Systematic Review into the In-cidence, Severity and Duration of Antidepressant Withdrawal Effects: Are Guidelines Evidence-Based?" *Addictive Behaviors* 97: 111–121. https://doi.org/10.1016/j.addbeh.2018.08.027.

⓬ Wilson, E., & Lader, M. (2015). "A Review of the Manage-ment of Antidepressant Discontinuation Symptoms." *Therapeutic Advances in Psychopharmacology* 5 (6): 357–368. https://doi.org/10.1177/2045125315612334.

11 ｜ 釋放壓力並學習放鬆

❶ Breit, S., Kupferberg, A., Rogler, G., & Hasler, G. (2018). "Vagus Nerve as Modulator of the Brain–Gut Axis in Psychiatric and Inflammatory Disorders." *Frontiers in Psychiatry* 9. https://doi.org/10.3389/fpsyt.2018.00044.

❷ Tubbs, R. S., Rizk, E., Shoja, M. M., Loukas, M., Barbaro, N., & Spinner, R. J., eds. (2015). *Nerves and Nerve Injuries: Vol. 1: History, Embryology, Anatomy, Imaging, and Diagnostics* (Cambridge, MA: Academic Press).

❸ Sengupta, P. (2012). "Health Impacts of Yoga and Pranayama:A State-of-the-Art Review." *International Journal of Preventive Medicine* 3 (7): 444–458. http://doi.org/10.13016/LXQD-LC0O.

❹ Nemati, A. (2013). "The Effect of Pranayama on Test Anxi-ety and Test Performance." *International Journal of Yoga* 6 (1): 55–60. https://doi.org/10.4103/0973-6131.105947.

❺ Roelofs, K. (2017). "Freeze for Action: Neurobiological Mech-anisms in Animal and Human Freezing." *Philosophical Trans- actions of the Royal Society, Series B, Biological Sciences* 372. https://doi.org/10.1098/rstb.2016.0206.

⑥ Tsuji, H., Venditti Jr., F. J., Manders, E. S., Evans, J. C., Larson, M. G., Feldman, C. L., & Levy, D. (1994). "Reduced HeartRate Variability and Mortality Risk in an Elderly Cohort. The Framingham Heart Study." *Circulation* 90 (2): 878–883. https://doi.org/10.1161/01.cir.90.2.878.

⑦ Buccelletti, E., Gilardi, E., Scaini, E., Galiuto, L., Persiani, R., Biondi, A., Basile, F., & Gentiloni Silveri, N. (2009). "HeartRate Variability and Myocardial Infarction: Systematic Liter- ature Review and Metanalysis." *European Review for Medical and Pharmacological Sciences* 13 (4): 299–307. https://pubmed.ncbi.nlm.nih.gov/19694345.

⑧ Taylor, S. E., Klein, L. C., Lewis, B. P., Gruenewald, T. L., Gurung, R. A. R., & Updegraff, J. A. (2000). "BiobehavioralResponses to Stress in Females: Tend-and-Befriend, Not Fight-or-Flight." *Psychological Review* 107 (3): 411–429. https:// doi.org/10.1037/0033-295x.107.3.411.

⑨ Taylor et al., "Biobehavioral Responses to Stress in Females," 412.

⑩ Taylor et al., "Biobehavioral Responses to Stress in Females," 413.

⑪ Kübler-Ross, Elisabeth, and Kessler, David. (2014). *On Grief and Grieving: Finding the Meaning of Grief through the Five Stages of Loss* (New York: Scribner), 66.

⑫ Konopacki, M., & Madison, G. (2018). "EEG Responses to Shamanic Drumming: Does the Suggestion of Trance State Moderate the Strength of Frequency Components?" *Journal of Sleep and Sleep Disorder Research* 1 (2): 16–25. https://doi.org/10.14302/issn.2574-4518.jsdr-17-1794.

⑬ Drisdale III, J. K., Thornhill, M. G., & Vieira, A. R. (2017). "Specific Central Nervous System Medications Are Associated with Temporomandibular Joint Symptoms." *International Journal of Dentistry*. https://doi.org/10.1155/2017/1026834.

⑭ Goodwin, A. K., Mueller, M., Shell, C. D., Ricaurte, G. A., & Ator, N. A. (2013). "Behavioral Effects and Pharmacokinet-ics of (±)-3,4-Methylenedioxy methamphetamine (MDMA, Ecstasy) after Intragastric Administration to Baboons." *Journal of Pharmacology and Experimental Therapeutics* 345 (3): 342–353. https://doi.org/10.1124/jpet.113.203729.

⑮ Fujita, Y., & Maki, K. (2018). "Association of Feeding Be-havior with Jaw Bone Metabolism and Tongue Pressure." *Japanese Dental Science Review* 54 (4): 174–182. https://doi.org/10.1016/j.jdsr.2018.05.001.

⑯ De Moor, M. H., Beem, A. L., Stubbe, J. H., Boomsma, D. I., & De Geus, E. J. (2006). "Regular Exercise, Anxiety, De- pression and Personality: A Population-Based Study." *Preventive Medicine* 42 (4): 273–279. https://doi.org/10.1016/j.ypmed.2005.12.002.

⑰ Byrne, A., & Byrne, D. G. (1993). "The Effect of Exercise on Depression, Anxiety and Other Mood States: A Review." *Journal of Psychosomatic Research* 37 (6): 565–574. https://doi.org/10.1016/0022-3999(93)90050-p.

⑱ Jayakody, K., Gunadasa, S., & Hosker, C. (2014). "Exercise for Anxiety Disorders: Systematic Review." *British Journal of Sports Medicine* 48 (3): 187–196. https://pubmed.ncbi.nlm.nih.gov/23299048.

⑲ Gleeson, M., Bishop, N., Stensel, D., Lindley, M. R., Mastana, S. S., & Nimmo, M. A. (2011). "The Anti-Inflammatory Effects of Exercise: Mechanisms and Implications for the Prevention and Treatment of Disease." *Nature Reviews Immu nology* 11: 607–615. https://doi.org/10.1038/nri3041.

⑳ Jackson, E. (2013). "Stress Relief: The Role of Exercise in Stress Management." *ACSM's Health & Fitness Journal* 17 (3): 14–19. https://doi.org/10.1249/fit.0b013e31828cb1c9.

21 Harber, V. J., & Sutton, J. R. (1984). "Endorphins and Ex- ercise." *Sports Medicine* 1 (2): 154–171. https://pubmed.ncbi.nlm.nih.gov/6091217.

22 McDonagh, B. (2015). *Dare: The New Way to End Anxiety and Stop Panic Attacks* (Williamsville, NY: BMD Publishing), 32.

23 McDonagh, *Dare*, 49.

12 | 協調

1 Brackett, Marc. (2019). *Permission to Feel: The Power of Emotional Intelligence to Achieve Well-Being and Success* (New York: Celadon Books), 11.

2 Miller, J. J., Fletcher, K., & Kabat-Zinn, J. (1995). "Three- Year Follow-Up and Clinical Implications of a Mindfulness Meditation–Based Stress Reduction Intervention in the Treatment of Anxiety Disorders." *General Hospital Psychiatry* 17 (3): 192–200. https://doi.org/10.1016/0163-8343(95)00025-m.

3 Hofmann, S. G., Sawyer, A. T., Witt, A. A., & Oh, D. (2010). "The Effect of Mindfulness-Based Therapy on Anxiety and Depression: A Meta-Analytic Review." *Journal of Consulting and Clinical Psychology* 78 (2): 169–183. https://doi.org/10.1037/a0018555.

4 Hofmann et al., "Effect of Mindfulness-Based Therapy."

5 Creswell, J. D., Way, B. M., Eisenberger, N. I., & Lieberman,M. D. (2007). "Neural Correlates of Dispositional Mindfulness during Affect Labeling." *Psychosomatic Medicine* 69 (6): 560– 565. https://doi.org/10.1097/PSY.0b013e3180f6171f.

6 Singer, Michael. (2007). *The Untethered Soul: The Journey Beyond Yourself* (Oakland, CA: New Harbinger Publica- tions), 10.

7 Tolle, Eckhart. (1999). *Practicing the Power of Now: Essential Teachings, Meditations, and Exercises from The Power of Now* (Novato, CA: New World Library), 40.

8 Kini, P., Wong, J., McInnis, S., Gabana, N., & Brown, J. W. (2016). "The Effects of Gratitude Expression on Neural Activity." *NeuroImage* 128: 1–10. https://doi.org/10.1016/j.neuroimage.2015.12.040.

9 Whitaker, Holly. (2019). *Quit Like a Woman: The Radical Choice Not to Drink in a Culture Obsessed with Alcohol* (New York: Dial Press), 151.

10 Moody, L., in conversation with Glennon Doyle. (2020). "Glennon Doyle on Overcoming Lyme Disease, Hope During Hard Times, and the Best Relationship Advice." *Healthier Together* (podcast), August 19. https://www.lizmoody.com/healthiertogetherpodcast-glennon-doyle.

11 Urban, M. (@melissau). (2021). "Six real-life boundaries I have recently set, word for word." Instagram, March 23. https://www.instagram.com/p/CMx0fWwsLmN.

12 Whitaker, *Quit Like a Woman*, 115.

13 Collignon, O., Girard, S., Gosselin, F., Saint-Amour, D., Lepore, F., & Lassonde, M. (2010). "Women Process Multisensory Emotion Expressions More Efficiently Than Men." *Neuropsychologia* 48 (1): 220–225. https://doi.org/10.1016/j.neuropsychologia.2009.09.007.

14 Marling, Brit. (2020). "I Don't Want to Be the Strong Fe- male Lead." *New York Times Sunday Review*, February 7. https://www.nytimes.com/2020/02/07/

opinion/sunday/brit-marling-women-movies.html.

15 Kübler-Ross, Elisabeth, and Kessler, David. (2014). *On Grief and Grieving: Finding the Meaning of Grief through the Five Stages of Loss* (New York: Scribner), 214.

16 Carhart-Harris, R. L., Leech, R., Hellyer, P. J., Shanahan, M., Feilding, A., Tagliazucchi, E., Chialvo, D. R., & Nutt, D. (2014). "The Entropic Brain: A Theory of Conscious States Informed by Neuroimaging Research with Psychedelic Drugs." *Frontiers in Human Neuroscience* 8: 20. https://doi.org/10.3389/fnhum.2014.00020.

17 Casey, Nell. (2012). "Just Don't Mention Timothy Leary." *Whole Living* (July–August), 66–71.

18 Fournier, J. C., DeRubeis, R. J., Hollon, S. D., Dimidjian, S., Amsterdam, J. D., Shelton, R. C., & Fawcett, J. (2010). "Antidepressant Drug Effects and Depression Severity: A Patient-Level Meta-Analysis." *JAMA* 303 (1): 47–53. https:// doi.org/10.1001/jama.2009.1943. https://pubmed.ncbi.nlm.nih.gov/20051569/.

19 Goldberg, S. B., Pace, B. T., Nicholas, C. R., Raison, C. L., & Hutson, P. R. (2020). "The Experimental Effects of Psi-locybin on Symptoms of Anxiety and Depression: A Meta-Analysis." *Psychiatry Research* 284. https://doi.org/10.1016/j.psychres.2020.112749.

20 Murrough, J., Iosifescu, D., Chang, L., Al Jurdi, R., Green, C., Perez, A., Iqbal, S., et al. (2013). "Antidepressant Efficacy of Ketamine in Treatment-Resistant Major Depression: A Two-Site Randomized Controlled Trial." *American Journal of Psychiatry* 170 (10): 1134–1142. https://doi.org/10.1176/appi.ajp.2013.13030392.

21 Mitchell, J. M., Bogenschutz, M., Lilienstein, A., Harrison, C., Kleiman, S., Parker-Guilbert, K., Ot'alora, M., et al. (2021). "MDMA-Assisted Therapy for Severe PTSD: A Ran- domized, Double-Blind, Placebo-Controlled Phase 3 Study." *Nature Medicine* 27: 1025–1033. https://doi.org/10.1038/s41591-021-01336-3.

22 Gasser, P., Kirchner, K., & Passie, T. (2014). "LSD-Assisted Psychotherapy for Anxiety Associated with a Life-Threatening Disease: A Qualitative Study of Acute and Sustained Subjective Effects." *Journal of Psychopharmacology* 29 (1): 57–68. https://doi.org/10.1177/0269881114555249.

23 Mash, D. C., Duque, L., Page, B., & Allen-Ferdinand, K. (2018). "Ibogaine Detoxification Transitions Opioid and Cocaine Abusers between Dependence and Abstinence: Clinical Observations and Treatment Outcomes." *Frontiers in Pharmacology* 9: 529. https://doi.org/10.3389/fphar.2018.00529.

24 Muttoni, S., Ardissino, M., & John, C. (2019). "Classical Psychedelics for the Treatment of Depression and Anxiety: A Systematic Review." *Journal of Affective Disorders* 258: 11–24. https://doi.org/10.1016/j.jad.2019.07.076.

25 Taylor, J., Landeros-Weisenberger, A., Coughlin, C., Mul- queen, J., Johnson, J. A., Gabriel, D., Reed, M. O., et al. (2017). "Ketamine for Social Anxiety Disorder: A Randomized, Placebo-Controlled Crossover Trial." *Neuropsychopharmacology* 43 (2): 325–333. https://doi.org/10.1038/npp.2017.194.

26 Mitchell et al., "MDMA-Assisted Therapy."

27 Carhart-Harris, R., Giribaldi, B., Watts, R., Baker-Jones, M., Murphy-Beiner, A., Murphy, R., Martell, J., et al. (2021). "Trial of Psilocybin versus Escitalopram for Depression." *New England Journal of Medicine* 384 (15): 1402–1411. https://doi.org/10.1056/nejmoa2032994.

28 Spriggs, M. J., Kettner, H., & Carhart-Harris, R. L. (2021). "Positive Effects of Psychedelics on Depression and Wellbeing Scores in Individuals Reporting an Eating Disorder." *Eating and Weight Disorders* 26: 1265–1270. https://doi.org/10.1007/ s40519-020-01000-8.

29 Brown, T., & Alper, K. (2017). "Treatment of Opioid Use Disorder with Ibogaine: Detoxification and Drug Use Out- comes." *American Journal of Drug and Alcohol Abuse* 44 (1): 24–36. https://doi.org/10.1080/00952990.2017.1320802.

30 Hart, Carl L. (2021). *Drug Use for Grown-Ups: Chasing Liberty in the Land of Fear* (New York: Penguin).

31 Criminal Justice Policy Organization. (2021). "Cannabis Policy (Marijuana)." www.cjpf.org/cannabis.

32 Dews, F. (2017). "Charts of the Week: Marijuana Use by Race, Islamist Rule in Middle East, Climate Adaptation Savings." Brookings, August 11. www.brookings.edu/blog/brookings-now/2017/08/11/charts-of-the-week-marijuana-use-by-race/.

33 Carhart-Harris, R. L., & Nutt, D. J. (2017). "Serotonin and Brain Function: A Tale of Two Receptors." *Journal of Psychopharmacology* 31 (9): 1091–1120. https://doi.org/10.1177/0269881 117725915.

34 Carhart-Harris, R. L., Roseman, L., Bolstridge, M., et al. (2017). "Psilocybin for Treatment-Resistant Depression: fMRI-Measured Brain Mechanisms." *Science Reports* 7. https://doi.org/10.1038/s41598-017-13282-7.

35 Inserra, A., De Gregorio, D., & Gobbi, G. (2021). "Psy- chedelics in Psychiatry: Neuroplastic, Immunomodulatory, and Neurotransmitter Mechanisms." *Pharmacological Reviews* 73 (1): 202–277. https://doi.org/10.1124/pharmrev.120.000056.

36 Corne, R., & Mongeau, R. (2019). "Utilisation des psy- chédéliques en psychiatrie: Lien avec les Neurotrophines" [Neurotrophic Mechanisms of Psychedelic Therapy]. *Biologie Aujourd' hui* 213 (3–4): 121–129. https://doi.org/10.1051/jbio/2019015.

37 Flanagan, T. W., & Nichols, C. D. (2018). "Psychedelics as Anti-Inflammatory Agents." *International Review of Psychiatry* 30 (4): 363–375. https://doi.org/10.1080/09540261.2018.14 81827.

38 Palhano-Fontes, F., Andrade, K. C., Tofoli, L. F., Santos, C., Crippa, J. A., Hallak, J. E., Ribeiro, S., & de Araujo, D. B. (2015). "The Psychedelic State Induced by Ayahuasca Modulates the Activity and Connectivity of the Default Mode Network." *PLoS ONE* 10 (2). https://doi.org/10.1371/journal.pone.0118143.

39 Siu, W. (@will.siu.md). (2020). "Psychedelics are much more than tools for healing trauma." Instagram, November 26. https://www.instagram.com/p/CID_MOZBtVm.

40 Ross, S., Bossis, A., Guss, J., Agin-Liebes, G., Malone, T., Cohen, B., Mennenga, S. E., et al. (2016). "Rapid and Sustained Symptom Reduction Following Psilocybin Treatment for Anxiety and Depression in Patients with Life- Threatening Cancer: A Randomized Controlled Trial." *Journal of Psychopharmacology* 30 (12): 1165–1180. https://doi.org/10.1177/0269881116675512.

41 Grob, C. S., Danforth, A. L., Chopra, G. S., Hagerty, M., McKay, C. R., Halberstadt, A. L., & Greer, G. R. (2011). "Pi- lot Study of Psilocybin Treatment for Anxiety in Patients with Advanced-Stage Cancer." *Archives of General Psychiatry* 68 (1): 71–78. https://doi.org/10.1001/archgenpsychiatry.2010.116.

42 Griffiths, R. R., Johnson, M. W., Carducci, M. A., Umbricht, A., Richards, W. A., Richards, B. D., Cosimano, M. P., & Klinedinst, M. A. (2016). "Psilocybin

Produces Substan- tial and Sustained Decreases in Depression and Anxiety in Patients with Life-Threatening Cancer: A Randomized Double-Blind Trial." *Journal of Psychopharmacology* 30 (12): 1181–1197. https://doi.org/10.1177/0269881116675513.

43 Barrett, F. S., & Griffiths, R. R. (2018). "Classic Hallucinogens and Mystical Experiences: Phenomenology and Neural Correlates." *Behavioral Neurobiology of Psychedelic Drugs* 36: 393–430. https://doi.org/10.1007/7854_2017_474.

44 Griffiths et al., "Psilocybin."

45 Davis, A. K., Barrett, F. S., May, D. G., Cosimano, M. P., Sepeda, N. D., Johnson, M. W., Finan, P. H., & Griffiths, R. R. (2020). "Effects of Psilocybin-Assisted Therapy on Ma- jor Depressive Disorder." *JAMA Psychiatry* 78 (5): 481–489. https://doi.org/10.1001/jamapsychiatry.2020.3285.

46 Belser, A., personal communication, August 2018.

13｜這正是你停止歌唱的原因

1 Eschner, K. (2021). "The Story of the Real Canary in the Coal Mine." *Smithsonian*, December 30. www.smithsonianmag.com/smart-news/story-real-canary-coal-mine-180961570/.

2 Chevalier, G., Sinatra, S. T., Oschman, J. L., Sokal, K., & Sokal, P. (2012). "Earthing: Health Implications of Recon- necting the Human Body to the Earth's Surface Electrons." *Journal of Environmental and Public Health*. https://doi.org/ 10.1155/2012/291541.

3 Wilson, Sarah. (2018). *First, We Make the Beast Beautiful: A New Journey through Anxiety* (New York: Dey Street), 165.

4 Thompson, D. (2021). "Workism Is Making Americans Mis- erable." *The Atlantic*, February 24. www.theatlantic.com/ideas/archive/2019/02/religion-workism-making-americans-miserable/583441/.

5 Moore, K. (2014). "Millennials Work for Purpose, Not Pay- check." Forbes, October 2. www.forbes.com/sites/karlmoore/2014/10/02/millennials-work-for-purpose-not-paycheck.

6 Vesty, L. (2016). "Millennials Want Purpose over Paychecks. So Why Can't We Find It at Work?" *The Guardian*, September 14. www.theguardian.com/sustainable-business/2016/sep/14/millennials-work-purpose-linkedin-survey.

7 Bertino, J. (2017). "Council Post: Five Things Millennial Workers Want More Than a Fat Paycheck." *Forbes*, October 26. www.forbes.com/sites/forbescoachescouncil/2017/10/26/five-things-millennial-workers-want-more-than-a-fat-paycheck.

8 Thompson, "Workism."

9 Wigert, B. (2020). "Employee Burnout: The Biggest Myth." Gallup, March 13. www.gallup.com/workplace/288539/employee-burnout-biggest-myth.aspx.

10 Brown, Brené. (@BreneBrown). (2015). "The danger of ex- haustion as a status symbol and productivity as a metric for self-worth." Twitter, March 4. https://twitter.com/BreneBrown/status/573209964119867392.

11 Klein, E., in conversation with Anne Helen Petersen and Derek Thompson. (2019). "Work as Identity, Burnout as Lifestyle." *Vox Conversations* (podcast), December 26. https://podcasts.apple.com/us/podcast/work-as-identity-burnout-as-lifestyle/id1081584611?i=1000436045971.

12 McKeown, G. (2014). *Essentialism: The Disciplined Pursuit of Less* (New York: Random House), 8.

13 Thompson, Derek. (2020). "How Civilization Broke Our Brains," review of *Work: A Deep History, from the Stone Age to the Age of Robots, by James Suzman. The Atlantic*, December 13. https://www.theatlantic.com/magazine/archive/2021/01/james-suzman-work/617266.

14 | 連結使人平靜

1 Shankar, A., Hamer, M., McMunn, A., & Steptoe, A. (2013). "Social Isolation and Loneliness." *Psychosomatic Medicine* 75 (2): 161–170. https://doi.org/10.1097/psy.0b013e31827f09cd.

2 Alcaraz, K. I., Eddens, K. S., Blase, J. L., Diver, W. R., Pa- tel, A. V., Teras, L. R., Stevens, V. L., et al. (2018). "Social Isolation and Mortality in US Black and White Men and Women." *American Journal of Epidemiology* 188 (1): 102–109. https://doi.org/10.1093/aje/kwy231.

3 National Academies of Sciences, Engineering, and Medicine. (2020). "Risk and Protective Factors for Social Isolation and Loneliness," in *Social Isolation and Loneliness in Older Adults: Opportunities for the Health Care System* (Washington, DC: National Academies Press). www.ncbi.nlm.nih.gov/books/NBK557971/.

4 Teo, A. R., Lerrigo, R., & Rogers, M. A. M. (2013). "The Role of Social Isolation in Social Anxiety Disorder: A Systematic Review and Meta-Analysis." *Journal of Anxiety Disorders* 27 (4): 353–364. https://doi.org/10.1016/j.janxdis.2013.03.010.

5 Venniro, M., Zhang, M., Caprioli, D., Hoots, J. K., Golden, S. A., Heins, C., Morales, M., Epstein, D. H., & Shaham, Y. (2018). "Volitional Social Interaction Prevents Drug Addic- tion in Rat Models." *Nature Neuroscience* 21 (11): 1520–1529. https://doi.org/10.1038/s41593-018-0246-6.

6 ScienceDaily. (2013). "Socially Isolated Rats Are More Vul- nerable to Addiction, Report Researchers." January 23. www.sciencedaily.com/releases/2013/01/130123165040.htm.

7 Katie, B., & Mitchell, S. (2002). *Loving What Is: Four Questions That Can Change Your Life* (New York: Harmony Books), 2.

8 Roelofs, K. (2017). "Freeze for Action: Neurobiological Mech- anisms in Animal and Human Freezing." *Philosophical Trans- actions of the Royal Society, Series B, Biological Sciences* 372. https://doi.org/10.1098/rstb.2016.0206.

9 Abdulbaghi, A., Larsson, B., & Sundelin-Wahlsten, V. (2007). "EMDR Treatment for Children with PTSD: Results of a Randomized Controlled Trial." *Nordic Journal of Psychiatry* 61 (5): 34–354. https://doi.org/10.1080/08039480701643464.

10 Marcus, S. V., Marquis, P., & Sakai, C. (1997). "Controlled Study of Treatment of PTSD Using EMDR in an HMO Set- ting." *Psychotherapy: Theory, Research, Practice, Training* 34 (3): 307–315. https://doi.org/10.1037/h0087791.

11 Rosenberg, Marshall. (2015). "Requesting That Which Would Enrich Life," chap. 6 in *Nonviolent Communication: A Language of Life*, 3rd ed. (Encinitas,

CA: PuddleDancer Press).

12 Burdette, H. L., & Whitaker, R. C. (2005). "Resurrecting Free Play in Young Children: Looking beyond Fitness and Fatness to Attention, Affiliation, and Affect." *Archives of Pediatrics & Adolescent Medicine* 159 (1): 46–50. https://doi.org/10.1001/archpedi.159.1.46.

13 Brown, S. L. (2014). "Consequences of Play Deprivation." *Scholarpedia* 9 (5): 30449. https://doi.org/10.4249/scholarpedia.30449.

14 Gray, P. (2011). "The Decline of Play and the Rise of Psycho- pathology in Children and Adolescents." *American Journal of Play* 3 (4): 443–463. https://www.psychologytoday.com/files/attachments/1195/ajp-decline-play-published.pdf.

15 Carmichael, M. S., Humbert, R., Dixen, J., Palmisano, G., Greenleaf, W., & Davidson, J. M. (1987). "Plasma Oxytocin Increases in the Human Sexual Response." *Journal of Clinical Endocrinology and Metabolism* 64 (1): 27–31. https://doi.org/10.1210/jcem-64-1-27.

16 Blum, Kenneth, Chen, Amanda L. C., Giordano, John, Bor- sten, Joan, Chen, Thomas J. H., Hauser, Mary, Simpatico, Thomas, Femino, John, Braverman, Eric R., & Barh, Deb- malya. (2012). "The Addictive Brain: All Roads Lead to Dopamine." *Journal of Psychoactive Drugs* 44 (2): 134–143. https://doi.org/10.1080/02791072.2012.685407.

17 Antonelli, M., Barbieri, G., & Donelli, D. (2019). "Effects of Forest Bathing (Shinrin-Yoku) on Levels of Cortisol as a Stress Biomarker: A Systematic Review and Meta-Analysis." *International Journal of Biometeorology* 63 (8): 1117–1134. https://doi.org/10.1007/s00484-019-01717-x.

18 Li, Q. (2019). "Effets des forêts et des bains de forêt (shinrin- yoku) sur la santé humaine: Une revue de la littérature" [Ef- fect of Forest Bathing (Shinrin-Yoku) on Human Health: A Review of the Literature]. *Santé publique* S1 (HS): 135–143. https://doi.org/10.3917/spub.190.0135.

19 Bratman, G., Hamilton, J., Hahn, K., Daily, G., & Gross, J. (2015). "Nature Experience Reduces Rumination and Sub- genual Prefrontal Cortex Activation." *Proceedings of the National Academy of Sciences* 112 (28): 8567–8572. https://doi.org/10.1073/pnas.1510459112.

20 Berkowitz, R. L., Coplan, J. D., Reddy, D. P., & Gorman, J. M. (2007). "The Human Dimension: How the Prefrontal Cortex Modulates the Subcortical Fear Response." *Reviews in the Neurosciences* 18 (3–4): 191–207. https://doi.org/10.1515/revneuro.2007.18.3-4.191.

21 Chevalier, G., Sinatra, S. T., Oschman, J. L., Sokal, K., & Sokal, P. (2012). "Earthing: Health Implications of Reconnect- ing the Human Body to the Earth's Surface Electrons." *Journal of Environmental and Public Health*. https://doi.org/10.1155/2012/291541.

22 Kox, M., van Eijk, L. T., Zwaag, J., van den Wildenberg, J., Sweep, F. C., van der Hoeven, J. G., & Pickkers, P. (2014). "Voluntary Activation of the Sympathetic Nervous System and Attenuation of the Innate Immune Response in Humans." *Proceedings of the National Academy of Sciences of the United States of America* 111 (20): 7379–7384. https://doi.org/10.1073/pnas.1322174111.

23 Mäkinen, T. M., Mäntysaari, M., Pääkkönen, T., Jokelainen, J., Palinkas, L. A., Hassi, J., Leppäluoto, J., et al. (2008). "Autonomic Nervous Function during Whole-Body Cold Ex- posure before and after Cold Acclimation." *Aviation, Space, and Environmental Medicine* 79 (9): 875–882. https://doi.org/10.3357/asem.2235.2008.

24 "Wim Hof Method." Accessed October 15, 2021. www.wimhof method.com.

25 Brown, Brené, interview with Barack Obama. (2020). "Brené with President Barack Obama on Leadership, Family and Service." In *Unlocking Us with Brené Brown* (podcast, 1:04),, December 7. https://brenebrown.com/podcast/brene-with-president-barack-obama-on-leadership-family-and-service.

15｜堅持、放手

❶ Wilson, Sarah. (2018). *First, We Make the Beast Beautiful: A New Journey through Anxiety* (New York: Dey Street), 297.

❷ Gilbert, Elizabeth. (2018). "I AM WILLING." Facebook, June 6. https://www.facebook.com/227291194019670/posts/i-am-willingdear-onesthis-picture-of-me-and-rayya-was-taken-one-year-ago-today-t/1850682221680551.

❸ Oprah Winfrey, W. interview with Elizabeth Gilbert. (2019). "Elizabeth Gilbert Says: I Came Here to Live a Life, Fully, All of It | SuperSoul Sunday." OWN (YouTube video, 2:01), June 6. https://www.youtube.com/watch?v=q8E1gKuwS7I.

❹ Brach, Tara. (2021). "A Heart That Is Ready for Anything." *Tara Brach* (blog), May 15. http://blog.tarabrach.com/2013/05/a-heart-that-is-ready-for-anything.html.

附錄・針對焦慮的藥草與營養補充品

❶ Williams, A.-I., Cotter, A. Sabina, A., Girard, C., Goodman, J., & Katz, D. L. (2005). "The Role for Vitamin B-6 as Treat- ment for Depression: A Systematic Review." *Family Practice* 22 (5): 532–537. https://doi.org/10.1093/fampra/cmi040.

❷ Everett, J. M., Gunathilake, D., Dufficy, L., Roach, P., Thomas, J., Upton, D., & Naumovski, N. (2016). "The- anine Consumption, Stress and Anxiety in Human Clinical Trials: A Systematic Review." *Journal of Nutrition and Intermediary Metabolism* 4: 41–42. http://dx.doi.org/10.1016/j.jnim.2015.12.308.

❸ Pratte, M. A., Nanavati, K. B., Young, V., & Morley, C. P. (2014). "An Alternative Treatment for Anxiety: A Systematic Review of Human Trial Results Reported for the Ayurvedic Herb Ashwagandha (Withania somnifera)." *Journal of Alternative and Complementary Medicine* 20 (12): 901–908. https://doi.org/10.1089/acm.2014.0177.

❹ Mukai, T., Kishi, T., Matsuda, Y., & Iwata, N. (2014). "A Meta-Analysis of Inositol for Depression and Anxiety Dis- orders." *Human Psychopharmacology* 29 (1): 55–63. https:// doi.org/10.1002/hup.2369.

❺ Palatnik, A., Frolov, K., Fux, M., & Benjamin, J. (2001). "Double-Blind, Controlled, Crossover Trial of Inositol versus Fluvoxamine for the Treatment of Panic Disorder." *Journal of Clinical Psychopharmacology* 21 (3): 335–339. https://doi.org/10.1097/00004714-200106000-00014.

❻ National Academies of Sciences, Engineering, and Medicine. (2017). "Mental Health," in *The Health Effects of Cannabis and Cannabinoids: The Current State of Evidence and Recommendations for Research* (Washington, DC: National Academies Press). www.ncbi.nlm.nih.gov/books/NBK425748/.

焦慮新解：區分「假焦慮」、「真焦慮」，瞭解並克服身體的恐懼反應

The Anatomy of Anxiety: Understanding and Overcoming the Body's Fear Response

作　　者　艾倫．沃拉 Ellen Vora
譯　　者　陳亦苓 Bready Chen

責任編輯　許芳菁 Carolyn Hsu
　　　　　黃莀肴 Bess Huang
責任行銷　朱韻淑 Vina Ju
封面裝幀　木木 Lin
版面構成　黃靖芳 Jing Huang
校　　對　葉怡慧 Carol Yeh

發 行 人　林隆奮 Frank Lin
社　　長　蘇國林 Green Su

總 編 輯　葉怡慧 Carol Yeh
主　　編　鄭世佳 Josephine Cheng
行銷主任　朱韻淑 Vina Ju
業務處長　吳宗庭 Tim Wu
業務主任　蘇倍生 Benson Su
業務專員　鍾依娟 Irina Chung
業務秘書　陳曉琪 Angel Chen
　　　　　莊皓雯 Gia Chuang

發行公司　精誠資訊股份有限公司
　　　　　悅知文化
地　　址　105台北市松山區復興北路99號12樓
專　　線　(02) 2719-8811
傳　　真　(02) 2719-7980
網　　址　http://www.delightpress.com.tw
客服信箱　cs@delightpress.com.tw
ＩＳＢＮ　978-986-510-251-7
建議售價　新台幣４８０元
首版一刷　２０２２年11月

國家圖書館出版品預行編目資料

焦慮新解：區分「假焦慮」、「真焦慮」，瞭解並克服身體的恐懼反應／艾倫.沃拉(Ellen Vora)著. 陳亦苓譯. -- 首版 -- 臺北市：精誠資訊股份有限公司,2022.11
416面；14.8×21公分
譯自：The anatomy of anxiety : understanding and overcoming the body's fear response.
ISBN 978-986-510-251-7 (平裝)
1.CST: 焦慮 2.CST: 身心關係

176.52　　111017479

建議分類｜心理勵志

悅知文化
Delight Press

線上讀者問卷 TAKE OUR ONLINE READER SURVEY

我們應該要問：
「我的焦慮
正在告訴我什麼？」

——————《焦慮新解》

請拿出手機掃描以下QRcode或輸入
以下網址，即可連結讀者問卷。
關於這本書的任何閱讀心得或建議，
歡迎與我們分享 :)

https://bit.ly/3ioQ55B